U0925145

职业教育“十三五”规划教材·物流系列

运输作业实务

主　编　张晋虎
副主编　王爱霞　宁铁娜

北京交通大学出版社
·北京·

内容简介

本教材在吸收和借鉴国内外先进物流运输理念和最新研究成果的基础上，密切结合我国物流运输行业发展和物流职业教育教学需求，以“项目教学、任务驱动”式的教材编写结构把本书分为8个项目，系统地讲述了运输基础知识（走近运输）、公路货物运输、铁路货物运输、航空货物运输、水路货物运输、特殊货物运输、多式联运业务、货物运输风险与控制。各项目中均设有多个任务，帮助教师以任务驱动的模式讲授课程，使学生在完成任务的过程中更好地掌握所学知识。本书可作为中职中专物流服务与管理专业的教材，也可作为物流从业人员的业务学习用书。

图书在版编目（CIP）数据

运输作业实务／张晋虎主编．—北京：北京交通大学出版社，2017.12
ISBN 978－7－5121－3398－3

Ⅰ.①运…　Ⅱ.①张…　Ⅲ.①物流-货物运输-中等专业学校-教材　Ⅳ.①F252

中国版本图书馆CIP数据核字（2017）第265172号

运输作业实务

YUNSHU ZUOYE SHIWU

策划编辑：刘建明　陈可亮　　责任编辑：陈跃琴　　助理编辑：陈可亮
出版发行：北京交通大学出版社　　电话：010－51686414　　http：//www.bjtup.com.cn
地　　址：北京市海淀区高梁桥斜街44号　　邮编：100044
印 刷 者：北京时代华都印刷有限公司
经　　销：全国新华书店
开　　本：185 mm×230 mm　　印张：17.5　　字数：392千字
版　　次：2017年12月第1版　　2017年12月第1次印刷
书　　号：ISBN 978－7－5121－3398－3／F·1739
印　　数：1～2000册　　定价：40.00元

本书如有质量问题，请向北京交通大学出版社质监组反映。对您的意见和批评，我们表示欢迎和感谢。
投诉电话：010－51686043，51686008；传真：010－62225406；E-mail：press@bjtu.edu.cn。

前言

近年来我国的国民经济得到飞速发展，综合国力得到大幅提升，经济发展模式正由粗放型向集约型转变。就现阶段而言，现代物流业对我国经济发展模式的转变有着关键性的影响。时任总理的温家宝同志在政府工作报告中曾多次提出将物流业作为我国今后大力发展的重点行业之一。

虽然现代物流业对我国未来经济发展的作用巨大，但由于我国现代物流业起步晚、底子薄，现阶段我国物流业的发展面临着各种各样的困难。最主要的困难就在于我国物流行业中缺乏大量合格的各级各类物流专业人才。其中，物流职业技能人才的需求缺口尤为突出。

为适应我国现代物流业的发展，满足职业技术院校开展物流专业教育和物流职业技能人才培养的需要，北京交通大学出版社联合多家职业院校共同编写了本系列丛书。

为使本书能真正成为贴近职业教育需求的教材，作者在总结多年物流专业教学经验的基础上编纂了本书。本书结合物流运输作业的业务流程和操作规范编写完成，主要具有以下特点：

（1）以就业为导向，适应社会和物流运输行业对人才的需求，体现人才层次特点。

（2）以项目教学为基础，以任务驱动为方法，帮助教师组织教学，符合职业教育特点。

（3）以综合职业素质和职业能力为本位体现职业教育特色。

本课程建议72学时，具体学时分配参考下表：

项目	课程内容	学时数
项目1	走近运输	4
项目2	公路货物运输	12
项目3	铁路货物运输	12
项目4	航空货物运输	10
项目5	水路货物运输	10
项目6	特殊货物运输	10
项目7	多式联运业务	8
项目8	货物运输风险与控制	6
合计		72

本书由天津市交通学校/天津市交通高级技工学校张晋虎老师任主编，天津市物资贸易学校王爱霞老师、宁铁娜老师任副主编。参与编写任务的有：天津市交通学校/天津市交通高级技工学校张晋虎老师、董蕊老师、金磊老师、天津交通职业学院张玉洁老师、天津市物资贸易学校王爱霞老师、宁铁娜老师。全书由张晋虎老师拟定大纲并统稿。

本书在编写过程中得到了北京交通大学出版社、天津市交通学校/天津市交通高级技工学校、天津市物资贸易学校等单位的大力支持，同时还参考了许多学者的著作、教材、论文，在此对相关作者一并表示衷心的感谢。

由于时间仓促，编者水平有限，难免有疏漏之处，恳请读者批评指正。

张晋虎

2017 年 6 月

目录 CONTENTS

项目1

走近运输

◆任务1.1　认识运输◆

【任务目标】

1. 了解货物运输的概念
2. 能说出货物运输方式的分类与特点
3. 能够描述货物运输的基本功能与原则

【任务描述】

在当今高速发展的经济社会中，现代物流业对生产、流通和消费产生了巨大的影响，因而越来越受到社会的重视。然而，对于现代物流来说，最为重要的部分仍然是一个古老而传统的行业——运输业，只是现代物流服务下的运输结构与功能已是今非昔比。

先达货运公司是天津市物流类大型运输企业，张明作为一名先达货运公司经验丰富的运输业务操作员，必须熟练掌握运输业务的基本工作和流程。

【知识准备】

1.1.1　运输的概念

运输是人或物借助运输工具和运输基础设施在空间产生的位置移动，是物流系统中最重要的环节之一，它承担着物流改变空间状态的主要任务。

根据《物流术语》（GB/T 18354—2006）对运输（transportation）的解释，运输是指“用专用运输设备将物品从一地点向另一地点运送。其中包括集货、分配、搬运、中转、装入、卸下、分散等一系列操作”。

1.1.2　货物运输方式的分类与特点

选择经济、合理的运输方式是开展物流运输服务的首要环节，运输的选择方式应当在准确把握住各种现代运输方式的分类和特点的基础之上，根据产品的特点、运输成本、质量、时效等方面综合权衡，做出决策。运输方式的分类见图1－1－1。

1. 按运输的设备及工具分类

现代运输主要有五种基本的方式，即公路运输、铁路运输、水路运输、航空运输和管道运输。在此基础上，还衍生出了多式联运的运输方式，其各种运输方式的特点如下。

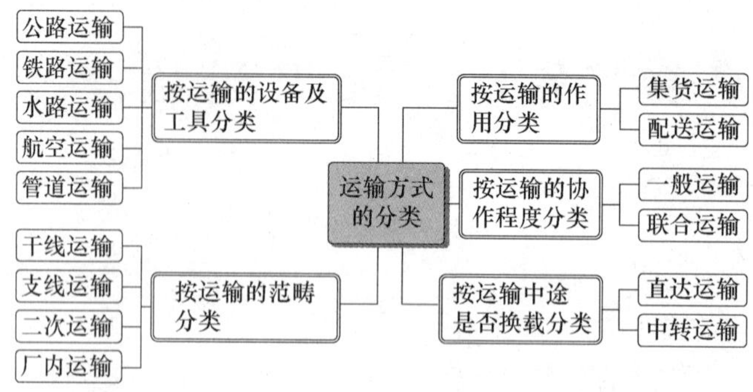

图 1－1－1　运输方式的分类

（1）公路运输。

公路运输的主要优点有：机动灵活、运送速度快、货物损耗小、可提供“门到门”的服务、投资少、距离短、运费较低。主要缺点有：运输能力小、能耗比较高、长途运输成本高。公路运输主要承担中小批量货物的近距离运输，以及铁路和水路运输难以到达地区的长途大批量货运。见图 1－1－2。

（2）铁路运输。

铁路运输是陆地长距离运输的主要方式。其主要的优点是运能大、运行速度快、通用性能较好、不会受到自然条件太大的限制，并且还具有较高的时间准确性，长距离的运输不仅安全平稳，而且运输费用也比较低；但同时也有一定的缺陷，铁路运输的投资会比较大，建设的周期也比较长，短距离的运输费用会很高，相对来说灵活性要差。铁路运输仅适用于在陆地运输中长距离、大运量、时间可计划性强的一般货物。见图 1－1－3。

图 1－1－2　公路运输

图 1－1－3　铁路运输

（3）水路运输。

水路运输主要有沿海、近海、远洋及内河运输四种主要形式，运输能力大、运费低是水路运输的主要优点；其缺点主要是容易受到自然条件的影响，运输的速度也比较慢，安全性与准时性都比较差。水路运输的综合优势比较突出，适用于长距离、大批量、时间性不太强的各种大宗货物的运输。见图 1－1－4。

（4）航空运输。

航空运输的速度比较快，基本不受地形因素影响，时间效益好，对货物包装的要求也相对简单；但它的运输成本高、能耗大。这种方式比较适用于价值高、运费承担能力强的贵重货物或者紧急物资的运送。见图1－1－5。

图1－1－4　水路运输

图1－1－5　航空运输

（5）管道运输。

管道运输是利用管道运送气体、液体或者粉末状固体的一种运输方式。其主要的优点是运量比较大，设施占地少，能耗比较小，安全可靠，费用也比较低；其缺点是专用性强，投资较大，无机动性。主要适用于石油、天然气的运输。见图1－1－6。

图1－1－6　管道运输

各种运输方式特点的比较见表1－1－1。

表1－1－1　各种运输方式特点的比较

运输方式	公路运输		铁路运输		水路运输		航空运输	管道运输
	厢式车	散货	集装箱	散货	集装箱	散货		
运输速度	较快		较快		慢		快	慢
运输距离	短—长		中—长		中—长		中—长	中—长
物料可靠性	较高	较低	较高	较低	较高	低	高	较高
运输时间	较短		较长		长		短	较短
设备载重/t	5～20		50～12 000		1 000～60 000		5～125	30 000～250 000
灵活程度	高		较高		低		较低	低
成本	中		低		低		高	低
自然条件影响	较小	较大	小	较小	较大	大	较大	较大
适合货物	量少、短途运输		陆运大宗货物		大宗、笨重货物		轻型、贵重物品	液体、气体货物

2. 按运输的范畴分类

（1）干线运输。

干线运输是指利用铁路、公路的干线，以及大型船舶的固定航线进行的长距离、大运量的运输，是进行远距离空间位置转移的重要运输形式。一般情况下，干线运输的速度较同种工具其他线路的运输速度要快，成本也比较低。干线运输是运输的主体。

（2）支线运输。

支线运输是指与干线相接的分支线路上的运输。支线运输是干线运输与收、发货地点之间的补充性运输形式，其路程较短，运输量相对较小。支线的建设水平和运输工具水平往往低于干线，因而速度较慢。

（3）二次运输。

二次运输是指经过干线与支线运输到站的货物，还需要再从车站运至仓库、工厂或集贸市场等指定交货地点的运输。

（4）厂内运输。

厂内运输是指在工业企业范围内，直接为生产过程服务的运输，一般在车间与车间之间、车间与仓库之间进行。小企业中的这种运输及大企业内部、仓库内部则不称"运输"，而称"搬运"。

3. 按运输的作用分类

（1）集货运输。

所谓集货运输，是指将分散的货物集聚起来集中运输的一种方式。因为，货物集中后才能利用干线进行大批量、远距离的运输，所以集货运输是干线运输的一种补充性运输，多是短距离、小批量的运输。

（2）配送运输。

配送运输通常采用短距离、小批量、高频率的运输形式，它以服务为目标，以尽可能满足客户要求为优先。如果单从运输的角度看，它是对干线运输的一种补充和完善，属于末端运输、支线运输，主要由汽车运输进行。具有城市轨道货运条件的可以采用轨道运输，对于跨城市的地区配送可以采用铁路运输，或者在河道水域通过船舶运输。配送运输过程中，货物可能是从工厂等生产地仓库直接送至客户，也可能通过批发商、经销商或由配送中心、物流中心转送至客户手中。

4. 按运输的协作程度分类

（1）一般运输。

一般运输主要是指在运输的全部过程中，单一地采用同种运输工具，或是孤立地采用不同种运输工具而在运输过程中没有形成有机协作整体的运输形式。

（2）联合运输。

联合运输是综合利用某一区间中各种不同运输方式的优势进行不同运输方式的协作，使货主能够按一个统一的运输规章或制度，使用同一个运输凭证，享受不同运输方式综合优势的一种运输形式。

联合运输按地域划分有国内联运和国际联运两种，国内联运较为简单，国际联运是联合运输最高水平的体现。联运的最低限度要求是两种不同运输方式进行两程的衔接运输。

5. 按运输中途是否换载分类

（1）直达运输。

直达运输是指把商品从产地直接运到要货单位，中间不需要经过各级批发企业仓库的运输形式。直线运输是指减少商品流通环节，采用最短运距的运输。直达运输与直线运输的合理性是一致的，通常合称为直达运输。

直达运输是合理组织商品运输的重要方法之一。它可以减少商品的周转环节，以及商品的迂回、对流等分歧运输，从而减少商品的损耗，节省运输费用。品种简略、数目很大的商品，或需要尽可能缩短周转时间的商品，应首选直达运输。

直达运输的合理性是有一定条件的，不能认为直达一定优于中转，直线一定好于迂回。在特定的情况下，需要从物流系统整体优化和客户实际需求出发，来判断其合理性。

（2）中转运输。

中转运输是指商品销售部门把商品送到某一适销地点，再进行转运、换装或分运的工作。如发货地用地方管辖的船舶发运，路途中换装交通部所管辖的船舶运输；或火车整车到达后，再用火车零担转运到目的地，都称为中转运输。

中转运输是商品运输的有机组成部分，是连接发货和收货的重要环节。它对于做到统一发、收、转，适应商品多渠道运输，加速商品流转，做到商品合理组配，提高运输质量，节约运输费用，满足人们需要，都有重要的意义。

1.1.3　货物运输的功能与基本原则

1. 运输的功能

（1）产品转移。

无论货物处于何种形态，是原材料、零部件、装配件、在制品，还是制成品；也无论是在制造过程中将转移到哪个工序、哪个生产阶段，或是在流通过程中，运输都是必不可少的。运输的主要功能就是随着货物在价值链中实现位移。

运输的作用是克服产品在生产与需求之间存在的空间和时间上的差异，运输首先实现了产品在空间上移动的功能，即产品转移。

（2）产品存储。

对产品进行临时存储是指将运输车辆临时作为相当昂贵的存储设施。由于移动中的产品需要存储，但是在短时间内又要重新转移，当这种活动造成的货物搬运和装卸成本超过存储在运输工具中的费用时，使用运输的存储功能就是合理的。

2. 运输的基本原则

从事运输管理与营运时有两项基本的原则。

（1）规模经济（economy of scale）：当货件量增加时，单位重量的运输成本会降低的一种特性。

规模经济的特点是随着装运规模的增长，使单位货物的运输成本下降。运输规模经济之所以存在，是因为有关的固定费用包括运输订单的行政管理费用、运输工具投资及装卸费用、管理及设备费用等可以按整批的货物量分摊。另外，通过规模运输还可以享受运价折扣，也可使单位货物的运输成本下降。总之，规模经济使得货物的批量运输显得合理。

（2）距离经济（economy of distance）：单位距离运输成本会随距离增加而减少的特性。

距离经济的特点是每单位距离的运输成本随运输距离的增加而减少。距离经济的合理性类似于规模经济，尤其体现在运输装卸费用上的分摊。距离越长，可使固定费用分摊后的值越小，进而使每单位距离支付的总费用减少。

【任务实施】

步骤一：认识货物运输相关概念

小李认识到现代物流运输除了主要的运输活动以外，还包括集货、分配、搬运、中转、装入、卸下、分散等一系列操作。先达货运公司是一家具有一定规模的运输能力，同时又具有集货、分配、搬运、中转、装入、卸下、分散等功能的现代物流运输企业。

步骤二：清楚货物运输方式的分类与特点

张明归纳了各种货物运输方式的特点，对比其优缺点。小李必须清楚地掌握这些运输方式所具备的优缺点。在水路运输、铁路运输难以到达地区的长途、大批量货物运送，以及水路运输、铁路运输难以发挥优势的短途运输方面，公路运输显现出其优势。将一个集装箱的货物从天津运至青岛，公路运输具有明显的优势。

步骤三：知道货物运输的基本功能与原则

张明帮助小李分析了货物运输的基本功能与原则，明确了他所任职的先达货运公司在承揽运输业务时的基本原则。

【应用训练】

根据项目任务所讲述的内容，利用互联网查找资料，归纳整理对运输的理解，形成总结文档。

【任务评价】

任务评价表

项目	内容	该项目满分	实际得分
步骤一	认识货物运输相关概念	20	
步骤二	清楚货物运输方式的分类与特点	60	
步骤三	知道货物运输的基本功能与原则	20	
合计		100	

【拓展提升】

1. 运输与物流的关系

物流与交通之间存在着密切的关系，物流的全过程始终伴随着生产的全过程，而整个物流过程的实现，则始终离不开交通运输系统。运输的合理化更是降低物流成本的重要途径。因此，方便、快捷、高效、及时、准确、安全的交通运输系统是实现全球化、一体化、信息化的现代化物流的根本保证。运输与物流的关系主要体现在以下几个方面。

（1）运输服务是有效组织输入和输出物流的关键。企业的工厂、仓库与其他供货厂商和客户之间的地理分布直接影响物流的运输费用。因此，运输条件是企业选择工厂、仓库、配送中心等物流设施配置地点时需要考虑的主要因素之一。

（2）运输影响物流的其他构成因素。运输方式的选择决定装运货物的包装要求；使用不同类型的运输工具决定其配套使用的装卸搬运设备，以及接受和发运站台的设计；企业库存储备量的大小，直接受运输状况的影响，发达的运输系统能够比较适量、快速和可靠地补充库存，以达到必要的储备水平。

（3）运输费用在物流费用中占有很大的比重。运输费用是最大的物流成本之一。组织合理运输，以最小的费用、最快的时间，及时、准确、安全地将货物从产地运到销售地，是降低物流费用和提高经济效益的重要途径之一。

（4）运输还与物流的子系统，如包装、装卸、储存、配送有着不可分割的关系。

2. 运输在物流领域的地位

物流企业从生产企业采购产品进行仓储，或是将仓储的物资转移到消费者手中，都离不开运输。运输在物流工作中具有重要的地位。

（1）运输配送是物流网络的构成基础。物流系统是一个网络结构系统，由物流节点（物流中心、配送中心或车站、码头）与运输配送线路构成。物品位置在空间发生的位移，称为线路活动；其他物流活动是在节点上进行的，称为节点活动。无论直供物流网络还是中转物流网络，如果没有线路活动，网络节点将成为孤立的点，网络也就不存在，零售店或用户需要的物品也就无法得到。由此可见，运输配送在物流网络的构成中是一个重要的基础条件。

（2）运输配送是物流系统功能的核心。物流系统具有创造物品的空间效用、时间效用、形质效用三大效用（或称为三大功能）。空间效用通过运输配送来实现，时间效用主要由仓储活动来实现，形质效用由流通加工业务来实现。运输配送是物流系统不可缺少的功能。物流系统的三大功能是主体功能，其他功能（装卸、搬运和信息处理）是从属功能。而主体功能中的运输配送功能的主导地位更加凸现出来，成为所有功能的核心。

（3）运输配送合理化是物流系统合理化的关键。物流合理化是指在各物流子系统合理化基础上形成的最优物流系统总体功能，即系统以尽可能低的成本创造更多的空间效用、时间效用、形质效用。或者从物流承担的主体来说，以最低的成本为用户提供最优质的物流服务。运输配送是各功能的基础与核心，直接影响物流子系统，只有运输配送合理化，才能使物流结构更加合理，总体功能更优。因此，运输配送合理化是物流系统合理化的关键。

◆ 任务 1.2 运输合理化 ◆

【任务目标】

1. 知道物流运输合理化的含义及意义
2. 找出影响物流运输合理化的因素
3. 分析总结不合理运输的现象与合理措施

【任务描述】

由于运输是物流中最为重要的功能要素之一，因此物流合理化在很大程度上依赖于运输合理化。运输的合理化体现在运输活动中的方方面面，通过各种合理化的措施与操作，使运输业务更能够适应现代物流的需要。

作为先达货运公司业务员的张明，在运输业务操作中要注意各种影响因素及处理措施，这决定着运输业务的成功与失败。

【知识准备】

1.2.1 物流运输合理化的含义及意义

物流运输合理化就是在保证物资流向合理的前提下，在整个运输过程中，确保运输质量，以适宜的运输工具、最少的运输环节、最佳的运输线路、最低的运输费用使物资运至目的地。其意义体现在以下几个方面：

（1）物流运输合理化，可以充分利用运输能力，提高运输效率，促进各种运输方式的合理分工，以最小的社会运输劳动消耗，及时满足国民经济的运输需要。

（2）物流运输合理化，可以使货物走最合理的路线，经最少的环节，以最快的时间，取最短的里程到达目的地，从而加速货物流通。既可及时供应市场，又可降低物资部门的流通费用，加速资金周转，减少货损货差，取得良好的社会效益和经济效益。

（3）物流运输合理化，可以消除运输中的种种浪费现象，提高商品运输质量，充分发挥运输工具的效能，节约运力和劳动力；否则，不合理运输将造成大量人力、物力、财力浪费，并相应地转移和追加到产品中去，人为地加大了产品的价值量，提高产品价格，从而加

重需求方的负担。

1.2.2　影响物流运输合理化的因素

物流运输合理化是由各种经济的、技术的和社会的因素相互作用的结果。影响物流运输合理化的因素主要有以下几个方面。

（1）运输距离。运输时间、运输货损、运费、车辆周转等运输的若干技术经济指标，都与运输距离有一定比例关系，运输距离长短是运输是否合理的一个最基本因素。因此，物流公司在组织商品运输时，首先要考虑运输距离，尽可能实现运输路径优化。

（2）运输环节。因为运输业务活动，需要进行装卸、搬运、包装等工作，多一道环节，就会增加起运的运费和总运费。因此，减少运输环节，尤其是同类运输工具的运输环节，对合理运输有促进作用。

（3）运输时间。"时间就是金钱，速度就是效益"，运输不及时，容易失去销售机会，造成商品积压和脱销，尤其是国际贸易市场。

（4）运输工具。各种运输工具都有其使用的优势领域，对运输工具进行优化选择，要根据不同的商品特点，分别利用铁运、水运、汽运等不同的运输工具，选择最佳的运输线路，合理使用运力，以最大限度发挥所用运输工具的优势。

（5）运输费用。运费在全部物流费用中占很大比例，是衡量物流经济效益的重要指标，也是组织合理运输的主要目的之一。

上述因素，既相互联系，又相互影响，有的还相互矛盾。运输时间短了，费用却不一定省，这就要求进行综合分析，寻找最佳方案。在一般情况下，运输时间短，运输费用省，是考虑合理运输的关键，因为这两项因素集中体现了物流过程中的经济效益。

1.2.3　不合理运输的现象与运输合理化的有效措施

1. 不合理运输的现象

不合理运输是针对合理运输而言的。不合理运输违反客观经济效果，违反商品合理流向和各种运力的合理分工。不充分利用运输工具的装载能力，以及环节过多的运输是导致运力紧张、流通不畅和运费增加的重要原因。不合理的运输，一般有以下几个方面。

（1）对流运输。

是指同一种物资或两种能够相互代用的物资，在同一运输线或平行线上，做相对方向的运输，与相对方向路线的全部或一部分发生对流。对流运输又分两种情况：一是明显的对流运输，即在同一运输线上对流。如一方面把甲地的物资运往乙地，而另一方面又把乙地的同样物资运往甲地，产生这种情况大都是由于货主所属的地区不同、企业不同所造成的。二是隐蔽性的对流运输，即把同种物资采用不同的运输方式在平行的两条路线上，朝着相反的方向运输。见图1-2-1。

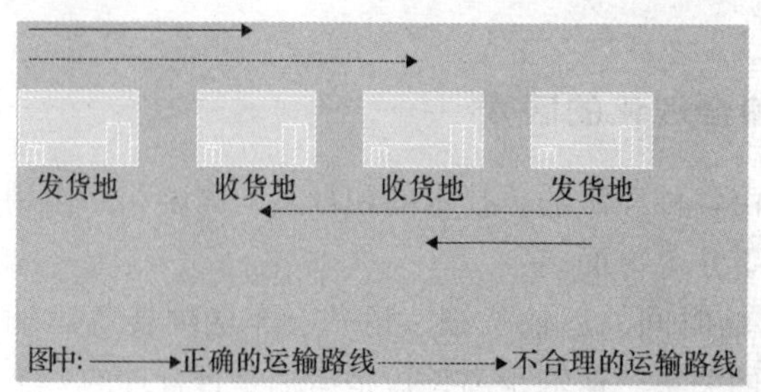

图 1-2-1 对流运输

（2）倒流运输。

是指物资从产地运往销地，然后又从销地运回产地的一种倒流运输现象。倒流运输有两种形式：一是同一物资由销售地或第三地运回原产地；二是由乙地将甲地能够生产且已消费的同种物资运往甲地，而甲地的同种物资又运往丙地。见图 1-2-2。

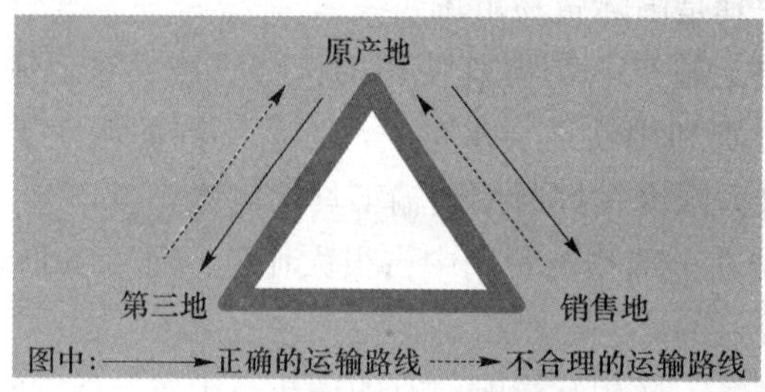

图 1-2-2 倒流运输

（3）迂回运输。

是指物资运输舍近求远绕道而行的现象。物流过程中的计划不周、组织不善或调运差错都容易出现迂回运输现象。见图 1-2-3。

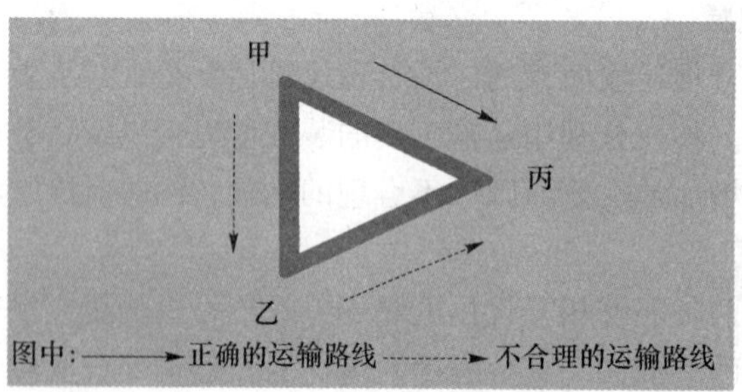

图 1-2-3 迂回运输

（4）重复运输。

是指某种物资本来可以从起运地一次直运到达目的地，但由于批发机构或商业仓库设置

不当，或计划不周等原因人为地运到中途地点（例如中转仓库）卸下后，又二次装运的不合理现象。重复运输增加了一道中间装卸环节，增加了装卸搬运费用，延长了商品在途时间。见图1－2－4。

图1－2－4　重复运输

（5）过远运输。

是指舍近求远的运输现象。即销地本可以由距离较近的产地供应物资，却从远地采购进来；产品不是就近供应消费地，却调给较远的其他消费地，违反了近产近销的原则。这也是一种远程运输，但由于物资的产地与销地客观上存在着过远的距离，所以这种远程运输是不合理的。见图1－2－5。

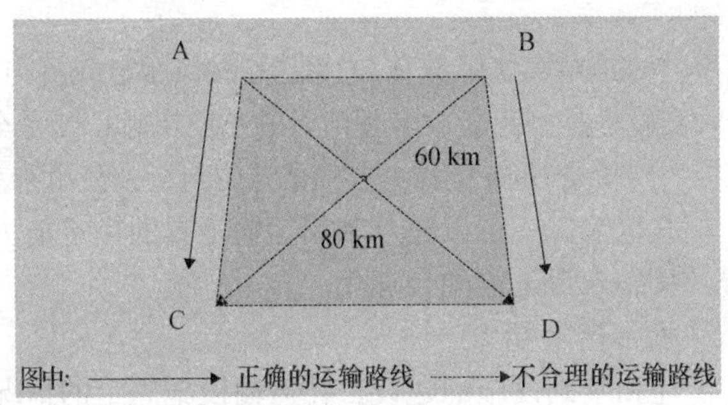

图1－2－5　过远运输

（6）运力选择不当。

选择运输工具时，未能运用其优势，如弃水走陆（增加成本）、铁路和大型船舶的过近运输、运输工具承载能力不当等。

（7）托运方式选择不当。

如可以选择整车运输却选择了零担运输，应当直达却选择了中转，应当中转却选择了直达等，没有选择最佳托运方式。

2. 运输合理化的有效措施

运输合理化是一个系统分析过程，常采用定性与定量相结合的方法，对运输的各个环节和总体进行分析研究，研究的主要内容和方法主要有以下几点。

（1）合理选择运输方式。

各种运输方式都有各自的适用范围和不同的技术经济特征，选择时应进行比较和综合分析。首先，要考虑运输成本的高低和运行速度的快慢，甚至还要考虑商品的性质、数量的大小、运距的远近、货主需要的缓急及风险程度。

（2）合理选择运输工具。

根据不同商品的性质、数量选择不同类型、额定吨位，以及对温度、湿度等有要求的运输车辆。

（3）正确选择运输线路。

运输线路的选择，一般应尽量安排直达、快速运输，尽可能缩短运输时间，否则可安排沿路和循环运输，以提高车辆的容积利用率和里程利用率，从而达到节省运输费用、节约运力的目的。

（4）提高货物包装质量，并改进配送中的包装方法。

货物运输线路的长短、装卸次数的多少都会影响商品的完好程度，所以，应合理地选择包装物料，以提高包装质量。另外，有些商品的运输线路较短，且要采取特殊放置方法（如熨好的衣服应垂挂），则应改变相应的包装。货物包装的改进，对减少货物损失、降低运费支出、降低商品成本有明显的效果。

（5）提高运输工具的实载率。

实载率的含义有两个：一是单车实际载重与运距之积和标定载重与行驶里程之积的比例，在安排单车、单船运输时实载率是判断装载合理与否的重要指标；二是车船的统计指标，即在一定时期内实际完成的货物周转量（吨公里）占载重吨位与行驶公里乘积的百分比。

提高实载率如进行配载运输等，可以充分利用运输工具的额定能力，减少空驶和不满载行驶的时间，减少浪费，从而求得运输的合理化。

（6）减少劳力投入，增加运输能力。

运输的投入主要是能耗和基础设施的建设，在运输设施固定的情况下，尽量减少能源动力投入，从而大大节约运费，降低单位货物的运输成本，达到运输合理化的目的。如在铁路运输中，在机车能力允许的情况下，多加挂车皮；在内河运输中，将驳船编成队航行，由机运船顶推前进；在公路运输中，实行汽车挂车运输，以增加运输能力等。

（7）发展社会化的运输体系。

运输社会化的含义是发展运输的大生产优势，实行专业化分工，打破物流企业自成运输体系的状况。单个物流公司车辆自有、自我服务，不断形成规模，且运量需求有限，难以自我调剂，因而经常容易出现空缺、运力选择不当、不能满载等浪费现象，且配套的接、发货设施、装卸搬运设施也很难有效运行，所以浪费较大。实行运输社会化，可以统一安排运输工具，避免迂回、倒流、空驶、运力选择不当等多种不合理现象，不但可以追求组织效益，而且可以追求规模效益，所以发展社会化的运输体系是运输合理化非常重要的措施。

（8）开展中短距离铁路、公路分流。

在公路运输经济里程范围内，应利用公路运输。这种运输合理化的表现主要有两点：一是对于比较紧张的铁路运输，用公路分流后，可以得到一定程度的缓解，从而加大这一区段的运输通过能力；二是充分利用公路从门到门和在中途运输中速度快且灵活机动的优势，达到铁路运输难以企及的水平。目前在杂货、日用百货及煤炭等货物运输中，较为普遍地采用公路运输。一般认为，目前的公路经济里程为200～500 km。随着高速公路的发展、高速公路网的形成、新型与特殊货车的出现，公路的经济里程有时可达1 000 km以上。

（9）尽量发展直达运输。

直达运输，就是在组织货物运输过程中，越过商业、物资仓库环节或交通中转环节，把货物从产地或起运地直接运到销地或用户，以减少中间环节。直达的优势，尤其是在一次运输批量和用户一次需求量达到了一整车时表现最为突出。此外，在生产资料、生活资料运输中，通过直达，建立稳定的产销关系和运输系统，有利于提高运输的计划水平。

近年来，直达运输的比重逐步增加，它为减少物流中间环节创造了条件。特别需要一提的是，如同其他合理化运输一样，直达运输的合理化也是在一定条件下才能表现出来，如果从用户需求来看，批量大到一定程度，直达是合理的，批量较小时中转是合理的。

（10）进行配载运输。

这是充分利用运输工具的载重量和容积，合理安排装载的货物及方法，以求合理化的一种运输方式。

配载运输往往是轻重商品的合理配载，在以重质货物运输为主的情况下，同时搭载一些轻泡货物，如海运矿石、黄沙等重质货物，在上面捎运木材、毛竹等。在基本不增加运力及不减少重质货物运输的情况下，解决了轻泡货物的搭运，因而效果显著。

（11）提高技术装载量。

依靠科技进步是运输合理化的重要途径，一方面是最大限度地利用运输工具的载重吨位，另一方面是充分使用车船装载容量。主要做法有如下几种：专用散装及罐车解决了粉状、液体物运输损耗大、安全性差等问题；袋鼠式车皮、大型拖挂车解决了大型设备整体运输问题；集装箱船比一般船能容纳更多的箱体，集装箱高速直达加快了运输速度等。

（12）进行必要的流通加工。

有不少产品由于其本身形态及特性问题，很难实现运输的合理化，如果针对货物本身的特性进行适当的加工，就能够有效解决合理运输的问题，例如将造纸原材料在产地先加工成纸浆，后压缩体积。

【任务实施】

步骤一：认识物流运输合理化的含义及意义

小李认识到物流运输合理化体现在运输距离最短、运输时间最省、运输环节最少、运输工具最合理和运输费用最低几个方面的合理化。要想成为先达货运公司一名合格的业务员，在进行运输业务操作时就要注意做到确保运输质量，以适宜的运输工具、最少的运输环节、最佳的运输线路、最低的运输费用使物资运至目的地。

步骤二：找出影响物流运输合理化的因素

张明帮助小李根据公司现有的运输业务的操作过程，总结了运输合理化的关键因素，归纳出影响运输合理化的主要因素有运输距离、环节、工具、时间、费用几个方面。

步骤三：分析总结不合理运输的现象与合理措施

张明为了让小李更清晰地认识运输合理化，总结了运输行业中经常出现的各种不合理的运输现象，帮助小李分析这些不合理的运输现象并总结出相应的补救措施，使小李知道在进行运输作业中如何合理地组织运输。

【应用训练】

根据项目任务所讲述的内容，利用互联网查找资料，归纳整理对运输合理化的理解，形成总结文档。

【任务评价】

任务评价表

项目	内容	该项目满分	实际得分
步骤一	认识物流运输合理化的含义及意义	20	
步骤二	找出影响物流运输合理化的因素	20	
步骤三	分析总结不合理运输的现象与合理措施	60	
合计		100	

【拓展提升】

运输合理的三大指标

广义来讲，合理运输应从三个层面衡量：一是运输系统自身的合理性；二是运输对物流系统的合理性；三是运输对社会影响的合理性。

此处主要是从运输系统自身和物流系统的角度讨论运输的合理性，包括运输成本、运输时间、运输一致性、运输安全。

（1）运输成本。

运输成本是指为两个地理位置间的货物运输所支付的运输费用及行政管理费用、维护运

输期间存货的有关费用和提供额外服务的附加费。

对外包运输服务，运输成本包括在起讫点之间运输收取的运费和各种附加费，如起点的取货费、终点的送货费、保险费等；如果是自有运输，运输成本包括燃油成本、人工成本、维修成本、设备折旧和管理成本等。

如图1－2－6所示，某单位一月需要某种物资Q，用卡车一次运送，用户的月平均库存量为$Q/2$；如果将该用户所需物资与其他用户的物资混合装车，每次给该企业运送$Q/4$，分4次运送，则该用户的月平均库存量降为$Q/8$。显然，后者能使用户的库存费用降为$\frac{1}{3}$。

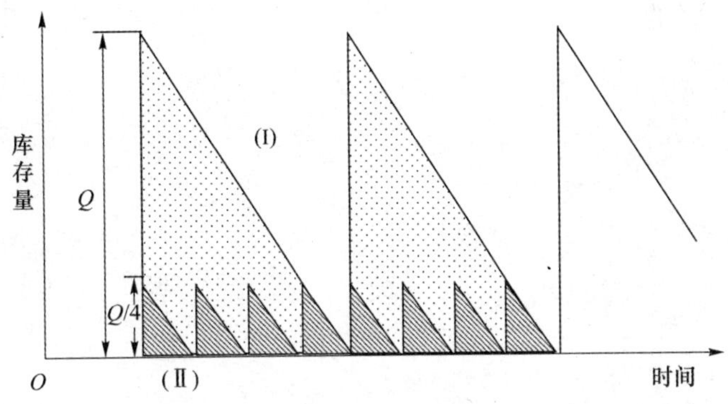

图1－2－6　分次运送

如果不能与其他用户进行混合装车，运输费用高，是否还分4次运送？

关于使用哪一种运输方式更有利的比较，不仅要看运输费用，而且要考虑保管费用。图1－2－7所示为铁路、公路、航空三种运输方式的费用比较。

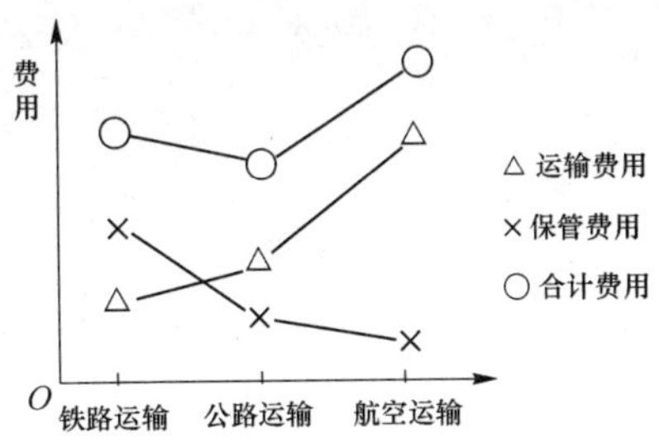

图1－2－7　不同运输方式的费用比较

（2）运输时间。

运输时间也称运输周期，是指完成某起讫点之间特定运输任务所需耗费的时间，包括在途时间和两端点的装卸作业时间。

不能提供门到门直达运输的运输方式，需要由其他方式进行转运，转运时需要换乘转装，转运和换装所花费的时间均应包含在运输时间内。

（3）运输一致性。

运输一致性是指在若干次相同运输中履行某一特定运次所耗费的时间与计划运输时间或前几次运输的平均运输时间相比较的差异性。

运输一致性可用运输时间变化率来衡量。一致性是运输可靠性的反映，被看作是高质量运输的重要特征。

（4）运输安全。

主要指货物安全，即运输过程中货物的灭失与损坏。不同的运输方式下，这种灭失与损坏的可能程度是不一样的。

项目 2

公路货物运输

任务2.1　认识公路货物运输

【任务目标】

1. 认识公路货物运输相关概念
2. 能说出公路货物运输特点
3. 能够描述公路货代经营方式

【任务描述】

公路货物运输是交通运输系统的重要组成部分之一，主要承担中、短途货物运输任务。改革开放以来，我国公路运输业快速发展。从完成的运量和周转量看，公路货运量远远超过其他运输方式，周转量也快速增长，公路运输方式在国民经济及社会发展过程中发挥着越来越重要的作用。我国公路运输服务方式和经营主体日益呈现多样化的趋势。

先达货运公司接受了宏运公司将一个集装箱的服装从太原运至天津的运输业务，运输部经理将此单业务交给业务员张明来组织完成。张明要想顺利完成此单业务，首先他要具备的就是公路货物运输的相关知识，以此作为从事公路运输工作的基础。

【知识准备】

随着高速公路的大量建设、集装箱直达运输的推广及汽车大型化的发展，公路运输在载重量、运输成本等方面的缺点正逐步得到改善。一些国家的公路运输已逐步取代铁路运输的地位，成为长途货运的重要运输方式。

2.1.1　公路运输相关概念

公路运输是利用汽车在公路上运送客货的运输方式，既可供专业运输部门使用，也可以供社会和个人使用，具有机动灵活、覆盖面广和通达度深等特点，是交通运输系统的组成部分之一。公路运输所用运输工具主要是汽车。因此，一般即指汽车运输。在地势崎岖、人烟稀少、铁路和水运不发达的边远和经济落后地区，公路为主要运输方式，起着运输干线作用。图2－1－1为盘山公路运输。

图2－1－1　盘山公路运输

由于公路运输有很强的灵活性，近年来，在有铁路、水路的地区，较长途的大批量运输也开始使用公路运输。

世界经济发达国家的公路运输都发展很快，公路运输所承担的运量占运输总量的80%以上。全世界的运输网总长度为3 000多万km，其中公路为2 000万km，占67%，充分说明公路运输在国民经济中占有非常重要的地位。这是因为公路运输有其特殊的优势：机动灵活，可以实现“门到门”的直达运输。特别是世界范围内高速公路的兴建、集装箱运输和快速客运的发展，以及轿车工业的发展等因素，使公路运输的地位越来越重要。

我国公路在客运量、货运量、客运周转量等方面均遥遥领先于其他运输方式。截至2016年底，全国公路总里程达469.63万km，比2015年增加11.90万km。目前，人口在20万以上城市的高速公路连接率达到90%，路网结构进一步改善，由于运输规模扩大，道路货物运输在综合运输体系中的地位不断上升。

2.1.2 公路运输的特点

1. 公路货物运输的优点

（1）机动灵活，适应性强。

由于公路运输网一般比铁路、水路网的密度要大十几倍，分布面也广，因此公路运输车辆可以“无处不到、无时不有”。公路运输在时间方面的机动性也比较强，车辆可随时调度、装运，各环节之间的衔接时间较短。尤其是公路运输对客、货运量的多少具有很强的适应性，既可以单个车辆独立运输，也可以由若干车辆组成车队同时运输。

（2）可实现“门到门”直达运输。

由于汽车体积较小，中途一般也不需要换装，除了可沿分布较广的路网运行外，还可离开路网深入到工厂企业、农村田间、城市居民住宅等地，即可以把货物从始发地门口直接运送到目的地门口，实现“门到门”直达运输。这是其他运输方式无法与公路运输比拟的特点之一。图2-1-2为康平物流“门到门”运输。

图2-1-2　康平物流“门到门”运输

（3）在中、短途运输中，运送速度较快。

在中、短途运输中，公路运输不需要倒运、转运就可以直接将货物运达目的地。因此，与其他运输方式相比，货物在途时间较短，运送速度较快。

（4）原始投资少，资金周转快。

公路运输与其他运输方式相比，所需固定设施简单，车辆购置费用一般也比较低，因此，投资兴办容易，投资回收期短。

2. 公路货物运输的缺点

（1）运量较小，运输成本较高。

目前，世界上最大的汽车是美国通用汽车公司生产的矿用自卸车，长度超过 20 m，自重 610 t，载重 350 t，但载重仍比火车、轮船小得多；由于汽车载重量小，行驶阻力比铁路大 9 ~ 14 倍，所消耗的燃料又是价格较高的液体汽油或柴油。因此，除了航空运输，就数汽车运输成本最高了。

（2）运行持续性较差。

据有关统计资料表明，在各种现代运输方式中，公路的平均运距是最短的，运行持续性较差。如我国 1998 年公路平均运距客运为 55 km，货运为 57 km，铁路客运为 395 km，货运为 764 km。

（3）安全性较低，环境污染较大。

公路运输交通事故的发生率远超过其他几种运输方式。据历史记载，自汽车诞生以来，已经夺走了 3 000 多万人的生命。特别是 20 世纪 90 年代开始，死于汽车交通事故的人数急剧增加，平均每年达 50 多万人。汽车所排出的尾气和引起的噪声也严重地威胁着人类的健康，是大城市环境污染的最大污染源之一。

2.1.3　公路货代经营方式

1. 公共运输业

公共运输业专业经营汽车货物运输业务，并以整个社会为服务对象的经营方式，主要形式见表 2 – 1 – 1。

表 2 – 1 – 1　公共运输经营形式

类别	经营形式说明
定期定线	不论货载多少，在固定路线上按时间表行驶
定线不定期	在固定路线上视货载情况，派车行驶
定区不定期	在固定的区域内根据货载需要，派车行驶

2. 契约运输业

契约运输业指按照运托双方签订的运输契约运送货物。托运人一般都是一些大的工矿企业，常年运量较大而且稳定。契约期限一般都比较长，短的有半年、一年，长的可达数年。按契约规定，托运人保证提供一定的货运量，承运人保证提供所需的运力。

3. 自用运输业

自用运输业是指工厂、企业、机关自购汽车，专为运送自己的物资和产品，一般不对外营业。

4. 汽车货运代理

汽车货运代理本身不掌握货源也不掌握运输工具，他们以中间人身份一面向货主揽货，一面向运输公司托运，借此收取手续费用和佣金。有的汽车货运代理人专门从事向货主收取零星货载，加以归纳集中成为整车货物，然后自己以托运人名义向运输公司托运，赚取零担和整车货物运费之间的差额。

 【任务实施】

步骤一：认识公路货物运输相关概念

张明认识到公路运输主要承担近距离、小批量的货运。宏运公司一个集装箱的服装从太原运至天津，路程和运量适宜选择集装箱货运汽车，通过公路运输实现。

步骤二：清楚公路货物运输特点

张明归纳了公路货物运输的特点，对比其优缺点。在水路运输、铁路运输难以到达的地区的长途、大批量货运，以及二者难以发挥优势的短途运输方面，公路运输具有明显优势。将一个集装箱的货物从太原运至天津，公路运输具有明显的优势。

步骤三：知道公路货代经营方式

张明分析了不同经营形式的公路货运代理的方式，明确了他所任职的先达货运公司在经营方式上属于契约运输业。

 【应用训练】

根据项目任务所讲述的内容，利用互联网查找资料，归纳整理对公路运输的理解，形成总结文档。

 【任务评价】

任务评价表

项目	内容	该项目满分	实际得分
步骤一	认识公路货物运输相关概念	20	
步骤二	清楚公路货物运输特点	30	
步骤三	知道公路货代经营方式	50	
合计		100	

【拓展提升】

公路运输与其他运输方式的比较

1. 五种运输方式特点的比较

见表2-1-2。

表2-1-2 五种运输方式特点的比较

运输方式＼特点	优点	缺点
公路	速度较快，比较灵活，受自然条件限制较小	投资较多，运量小，运费高
铁路	运量大，连续性强，速度较快，受天气影响小，运费较低	投资多，建设周期长，短途运输成本高
水路	运量大，运费低，投资少	速度较慢，连续性差，受自然条件限制大
航空	速度快，机动灵活	运量小，运费高，受天气影响较大
管道	运量大，运费低，连续性强	投资较多，运货种类少

2. 五种运输方式内容的比较

见表2-1-3。

表2-1-3 五种运输方式内容的比较

内容＼方式	公路	铁路	水路	航空	管道
运载工具	汽车	火车	船舶、货轮	飞机	管道
运速	较快	较快	最慢	最快	较快
运量	较小	较大	大	最小	大
运价	较低	较低	最低	最高	较低
货运最佳选择	各种量小的短途货运和客运	长途大宗货物的运输和客运	运输时间不受限制的大宗或笨重货物、客运	客运为主，轻型、贵重或急需的货物	运输液体、气体、粉末状和颗粒状的货物
其他	机动灵活，耗能多，污染大	造价较高，占地多，耗材多	受自然条件影响大	造价高，要求设备、技术条件高，受天气影响大	连续性强，安全可靠，受天气影响小，但设备投资大，灵活性差

任务 2.2　公路货物运输作业

【任务目标】

1. 知道公路运输的一般流程
2. 能够描述公路整车货物托运和零担货物托运程序
3. 会填制公路货物运单

【任务描述】

在每车次或短途每日多次货物运输中，公路货物运单被视为运输合同。公路货物运单是运输合同成立、承运人收到货物的初步证据，同时也是记录车辆运行和行业统计的原始凭证。在承运人与收、发货人之间发生纠纷时，公路货物运单还是解决纠纷的依据，但它不是物权凭证，不能转让。

2016 年 10 月 15 日张明接到公司客户光明粮油食品有限公司有一批食用油需从北京运至上海的运单计划。此批托运货物及相关详细信息如下：

客户	光明粮油食品有限公司　北京市通州区宋庄 60 号　赵小静　13615148977
收货人	上海宏达连锁经销商　上海市闵行区中北路 83 号　李晨　13808756894
装货地点	北京市通州区宋庄 60 号
卸货地点	上海市闵行区中北路 83 号
货品信息	食用植物油、10 t、50 箱、货物价值 100 000 元
运杂费标准	普通货物基础运价 0.2 元/（t·km），装卸费 9 元/t，单程空驶损失费为运费 ×50%，保价费为货物价值 ×3‰

张明着手完成这单运输业务。

【知识准备】

2.2.1　公路运输的一般流程

见图 2－2－1。

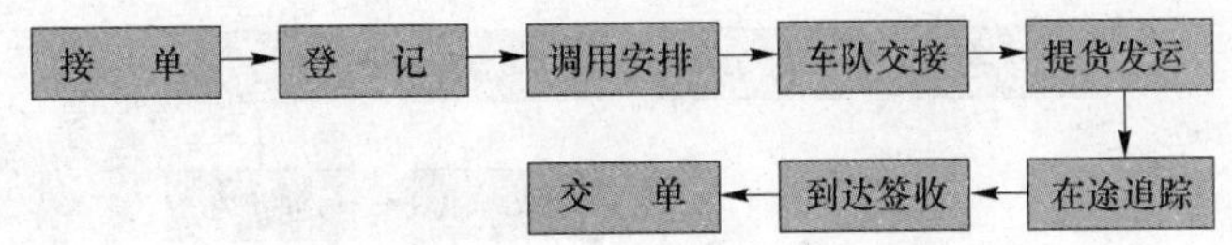

图 2－2－1　公路运输的一般流程

（1）接单。

公路运输主管从客户处接受（传真）运输发送计划，公路运输调度从客户处接受出库提货单证并核对单证。

（2）登记。

运输调度在登记表上登记送货目的地及收货客户标定提货号码；司机（指定人员及车辆）到运输调度中心拿提货单，并在运输登记本上确认签收。

（3）调用安排。

填写运输计划；填写运输在途、送到情况、追踪反馈表；计算机输单。

（4）车队交接。

根据送货方向、重量、体积，统筹安排车辆；报运输计划给客户处，并确认到场提货时间。

（5）提货发运。

按时到达客户提货仓库；检查车辆情况；办理提货手续；提货，盖好车棚，锁好箱门；办好出场手续；电话通知收货客户预达时间。

（6）在途追踪。

建立收货客户档案；司机及时反馈途中信息；与收货人电话联系送货情况；填写跟踪记录；有异常情况及时与客户联系。

（7）到达签收。

电话或传真确认到达时间；司机将回单用 EMS 或传真给运输公司；签收运输单；定期将运输单送至客户处；将送达目的地的信息及时反馈给客户。

（8）交单。

按时准确到达指定卸货地点；货物交接；百分之百签收，保证运输产品的数量和质量与客户出库单一致；了解客户产品在当地市场的销售情况。

2.2.2　公路整车货物托运和零担货物托运程序

1. 整车货物托运程序

见图 2－2－2。

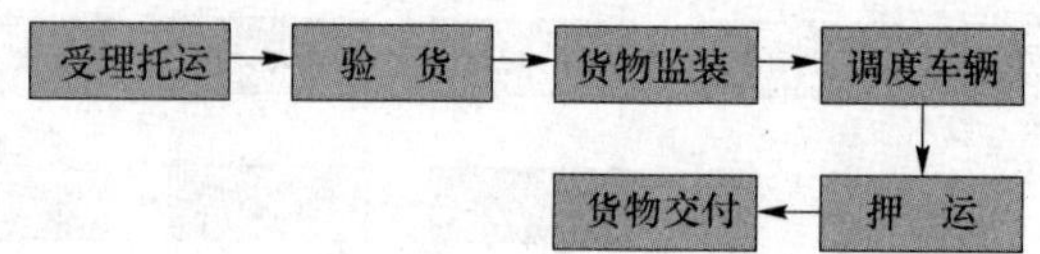

图 2－2－2　整车货物托运程序

（1）受理托运。

要求托运人签填托运单并审核托运单内容；然后确定货物运输里程和运杂费，并进行托运编号及分送。

（2）验货。

① 运单上的货物是否已处于待运状态。

② 装运的货物数量、发运日期有无变更。

③ 货物的包装是否符合运输要求。

④ 装卸场地的机械设备、通行能力是否完好。

（3）货物监装。

要求车辆到达装货点，监装员根据运单内容和发货人联系确定交货；货物装车前，监装员检查货物包装情况；装车完毕后，应清查货位，检查有无错装、漏装。

（4）调度车辆。

应该根据实际任务进行调度安排，包括发布调度命令、等级调度、交付调度命令等。

（5）押运。

掌握押运途中的路况和社会治安保卫力量的情况；拟订预案，送请领导签字；事前检查，依章行进；沉着应急，妥善排障。

（6）货物交付。

① 清点监卸。

② 检查货、票是否相符。

③ 收货人开具作业证明，签收。

④ 发现货物缺失，做记录，开具证明。

⑤ 处理货物事故。

在整车托运中，各岗位人员分工协作，完成各自的工作内容。见表 2－2－1。

表 2－2－1　整车托运岗位人员及工作内容

岗位人员	托运程序	工作内容
托运人	托运受理	填写托运单
托运单审核员、库管员、定价员	承运验货	托运单审核员对托运单内容进行审核和认定；库管员验收货物；定价员现场确定收费

续表

岗位人员	托运程序	工作内容
调度	计划配运	编制车辆运行作业计划和发布调度命令
装卸员、装卸班长	派车装货	装卸员装货物，装卸班长填写装车记录
开单录单员、定价员、收款员、调度员	起票发车	开单录单员制单并录入计算机；定价员计算运杂费；收款员填制货票与收费；调度员填写行车路单
驾驶员	运送与途中管理	货物途中与运送管理
装卸员、驾驶员	到达卸货	卸货、填写交接记录，交付货物后收货人在货票的第四联签收

2. 零担货物托运程序

见图2-2-3。

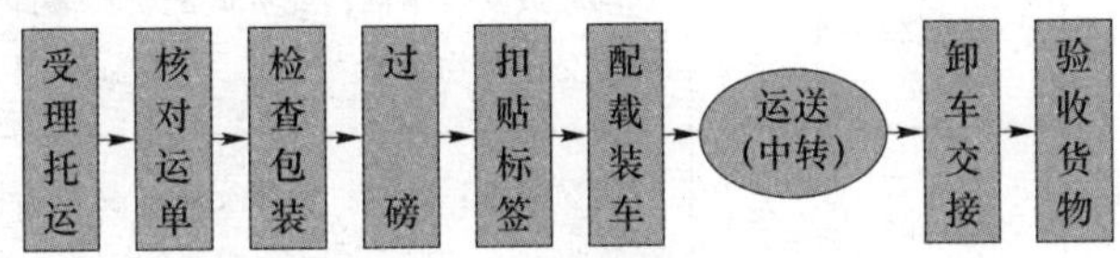

图2-2-3 零担货物托运程序

（1）受理托运。

要求公布办理零担的线路、站点、班期及里程运价；张贴托运须知；办理托运。

（2）核对运单。

核对托运单有无涂改；核对到站与收货人地址；核对货物品名和属性；核对包装、件数、包装标识；核对是否夹带受限物品。

（3）检查包装。

检查包装优劣；发现应包装的货物没有包装，或应有内包装却没有的应该重新包装。

（4）过磅。

过磅，量方作业；司磅，收货人在托运单上签字。

（5）扣贴标签。

认真填写标签内容；在每件货物两端或正侧明显出贴。

（6）配载装车。

按车辆容载量和货物情况进行配载；将各种随货单附于交接清单后；核对货物堆放位置、标识；装车。

（7）卸车交接。

到站，交接货物交接单和有关单证；货运员向卸车人员说明有关要求和注意事项；卸车完毕，办理交接手续，催促收货人来提货。

（8）验收货物。

保持仓库内整洁；以票对货，票票不漏，待运货物要入库；库房要通风、防潮、防火。

在零担托运中，各岗位人员分工协作，完成各自的工作内容。见表2－2－2。

表2－2－2　零担托运岗位人员及工作内容

岗位人员	托运程序	工作内容
托运人、运单审核制作员、验货员	托运受理	填写托运单；审核制作托运单；验货
司磅员、吊签入库组人员、定价员	吊签入库与收费	司磅员对货物进行过磅、量方；吊签入库组人员填写标签并粘贴；定价员确定收费；司磅员、收货人在托运单上签字
调度员、配货员、装卸员	配载装车	调度员安排车辆；配货员配货；装卸员检查车辆，装货上车，填写交运货物清单
仓管员、收货员、收款员、单证员	仓储保管与交货	货物保管；催提；验货交货；交付货物后收货人在货票的第四联签收
装卸员、配货员	零担货物的中转	卸货；配货；装货

2.2.3　公路运单

1. 公路运单是一种承运合同

公路运单是承、托双方订立的运输合同或运输合同证明，它明确规定了货物承运期间双方的权利、责任。其作用主要表现在：

（1）公路运单是公路运输部门开具货票的凭证。

（2）公路运单是调整部门派车、货物装卸和货物到达交付的依据。

（3）公路运单在运输期间发生运输延滞、空驶、运输事故时，是判断双方责任的原始记录。

（4）公路运单是货物收据及交货凭证。

2. 公路运单的种类

（1）甲种运单。

适用于普通货物运输、大件货物运输、危险品货物运输。表2－2－3所示为货运公司道路货物运单——甲种。

表2-2-3　普通、大件、危险品货物运单

×××公司道路货物运单

（××省省内道路货物运单——甲种）

起运日期：　　年　月　日　　　　　　　　　　　　　　　　编号：

<table>
<tr><td>承运人</td><td></td><td>地址
邮编</td><td></td><td>电话传真</td><td></td><td>车牌号</td><td></td><td>运输号</td><td></td><td>车型</td><td></td><td>挂车
车牌号</td><td></td></tr>
<tr><td>托运人</td><td></td><td>地址
邮编</td><td></td><td>电话传真</td><td></td><td>装货
地址</td><td colspan="7"></td></tr>
<tr><td>收货人</td><td></td><td>地址
邮编</td><td></td><td>电话
传真</td><td></td><td>装货
地址</td><td colspan="7"></td></tr>
<tr><td rowspan="2">货物名称
及规格</td><td rowspan="2">包装
形式</td><td rowspan="2">体积/cm^3</td><td rowspan="2">件数</td><td rowspan="2">实际
重量/t</td><td rowspan="2">计费
重量/t</td><td rowspan="2">计费
里程/km</td><td rowspan="2">货物
等级</td><td rowspan="2">运价
率</td><td rowspan="2">运费
金额</td><td colspan="2">其他杂费</td><td colspan="2">保价、保险</td></tr>
<tr><td>费用</td><td>金额</td><td>金额</td><td>费用</td></tr>
<tr><td></td><td></td><td></td><td></td><td></td><td></td><td></td><td></td><td></td><td></td><td>装卸费</td><td></td><td></td><td></td></tr>
<tr><td></td><td></td><td></td><td></td><td></td><td></td><td></td><td></td><td></td><td></td><td>过路费</td><td></td><td></td><td></td></tr>
<tr><td></td><td></td><td></td><td></td><td></td><td></td><td></td><td></td><td></td><td></td><td>过桥费</td><td></td><td></td><td></td></tr>
<tr><td colspan="3">合计</td><td></td><td></td><td></td><td></td><td></td><td></td><td></td><td></td><td></td><td></td><td></td></tr>
<tr><td>货物运单
签订地</td><td></td><td>结算
方式</td><td></td><td colspan="2">付款币种／计价单位</td><td></td><td></td><td>运杂
费合
计</td><td colspan="5">万 千 百 拾 元 角 分</td></tr>
<tr><td>签约
事项</td><td colspan="3"></td><td colspan="4">托运人签章或运输合同编号：

年　月　日</td><td colspan="2">承运人签章：

年　月　日</td><td colspan="4">收货人签章：

年　月　日</td></tr>
</table>

（2）乙种运单。

适用于集装箱运输。表2-2-4所示为适用于集装箱运输的道路货物运单——乙种。

表 2-2-4　集装箱道路货物运单

×××公司道路货物运单

（××省省内道路货物运单——乙种）

起运日期：　　　年　月　日　　　　　　　　　　　　　　　　编号：

承运人		地址邮编		电话传真		车牌号		运输号		车型		挂车车牌号	
托运人		地址邮编		电话传真		装货地址							
收货人		地址邮编		电话传真		装货地址							
集装箱箱型及数量		箱号		标志号		箱名	航次	场站货位		箱货交接方式			
箱内货物名称及规格	包装形式	体积/cm³	件数	实际重量/t	计费重量/t	计费里程/km	货物等级	运价率	运费金额	其他杂费		保价、保险	
										费用	金额	金额	费用
										装卸费			
										过路费			
										过桥费			
合计													
货物运单签订地		结算方式		付款币种／计价单位			运杂费合计	万 千 百 拾 元 角 分					
签约事项				托运人签章或运输合同编号： 年　月　日			承运人签章： 年　月　日			收货人签章： 年　月　日			

（3）丙种运单。

适用于零担货物运输。表 2-2-5 所示为适用于零担货物运输的道路货物运单——丙种。

表 2-2-5　零担货物运单

×××公司道路货物运单

（××省省内道路货物运单——丙种）

托运日期：　　　年　月　日　　　　　　　　　　　　　　　　　　　编号：

起运站：			到达站：				经由：				全程　　km			
托运人			地址				电话				邮编			
收货人			地址				电话				邮编			
货物名称及规格	包装形式	体积/cm^3	件数	实际重量/t	计费重量/t	计费里程/km	运价率/[元/(t·km)]	运费/元	站务费	装车费	中转费	仓理费	保险、保价费	货价
保险、保价价格/元		合计												
货物运单签订地			起运日期　　年　月　日					运杂费合计		万 千 百 拾 元 角 分				
签约事项			承运人签章： 年　月　日				托运人签章： 年　月　日			货运站收货人签章： 年　月　日				

3. 道路货物运单流转程序

（1）甲种、乙种运单流转程序。

第一联，存根：领购新运单和行业统计的依据。

第二联，托运人存查联：交托运人存查并作为运输合同由当事人一方保存。

第三联，承运人存查联：交承运人存查并作为运输合同由当事人一方保存。

第四联，随货同行联：作为载货运行和核算运杂费的凭证。

（2）丙种运单流转程序。

第一联，存根：领购新运单和行业统计的依据。

第二联，托运人存查联：交托运人存查并作为运输合同由当事人一方保存。

第三联，提货联：由托运人邮寄给收货人，凭此联提货。

第四联，运输代理人存查联：交货运代理人存查并作为运输合同由当事人一方保存。

第五联，随货同行联：作为载货运行和核算运杂费的凭证。

4. 公路运单流转程序

（1）甲种、乙种运单流转程序。

第一联，存根：作为领购新运单和行业统计的凭据。

第二联，托运人存查联：交托运人存查，作为运输合同由当事人一方保存。

第三联，承运人存查联：交承运人存查并作为运输合同由当事人另一方保存。

第四联，随货同行联：作为载货运行核算运杂费的凭证，货物运达，经收货人签收后，作为交付货物的依据。

（2）丙种运单流转程序。

第一联，存根：作为领购新运单和行业统计的凭据。

第二联，托运人存查联：交托运人存查，作为运输合同由当事人一方保存。

第三联，提货联：由托运人邮寄给收货人，凭此联提货；也可由托运人委托运输代理人通知收货人，或直接送货上门。收货人在提货联收货人签章处签字盖章，收、提货后由到达站人员收回。

第四联，运输代理人存查联：交运输代理人存查并作为运输合同由当事人另一方保存。

第五联，随货同行联：作为载货运行核算运杂费的凭证，货物运达，经收货人签收后，作为交付货物的依据。

丙种公路运单与汽车零担货物交接清单配套使用。

【任务实施】

步骤一：熟悉公路运输的一般流程

公路货运可以概括为托运、发运、交接三个阶段，其操作流程如下：

公路运输操作流程

[接单→登记]→[调用安排→车队交接→提货发运→在途追踪]→[到达签收→交单]

托运————————→发运————————→交接

张明在这个过程中完成从客户处接受（传真）运输发送计划，通知公路运输调度从客户处接受出库提货单证并核对。

步骤二：掌握公路整车货物托运和零担货物托运程序

光明粮油食品有限公司这批食用油，采用整车托运。张明负责填写运单，交由审核员审核，并通知调度安排车辆。

如果是零担托运，张明负责填写运单，并提交审单，通知司磅称重、量方，通知调度安排车辆，以及配货员配货。

步骤三：会填制公路货物运单

根据任务描述中的详细资料填制公路货物运单。

公路货物运单

日期：2014 - 6 - 5　　　　　　　　　　　　运单编号：　01 - L11 - 0205

发货人	光明粮油食品有限公司	地址	北京市通州区宋庄60号	电话	13615148977	装货地点	北京市通州区宋庄60号		厂休日		
收货人	上海宏达连锁经销商	地址	上海市闵行区中北路83号	电话	13808756894	卸货地点	上海市闵行区中北路83号		厂休日		
付款人	光明粮油食品有限公司	地址	北京市通州区宋庄60号	电话	13615148977	约定起运时间	10月16日	约定到达时间	10月20日	需要车种	厢式货车
货物名称及规格	包装形式	件数	体积/cm^3	件重/kg	重量/t	货物价值/元	货物等级	计费项目	里程/km	单价/[元/(t·km)]	金额/元
食用植物油	纸箱	50		200	10			运费	1 490	0.2	2 980.00
								装卸费		9.00 元/t	90.00
								单程空驶损失费		50%运费	1 490.00
								保价费		3‰	300.00
合计				零万　肆仟　捌佰　陆壹元							
托运记载事项			付款人银行账号	168899382537373		承运人记载事项		承运人银行账号	4033125094785614		
注意事项	1. 托运人请勿填写栏内的项目。 2. 货物名称应填写具体品名，如货物品名过多，不能在运单内逐一填写，须另附物品清单。 3. 保险或保价货物，在相应价格栏中填写货物声明价格。			托运人签章： 年　月　日				承运人签章： 先达物流有限公司 2016年10月15日			

【说明】

1. 填写一张货物运单内的货物必须属于同一托运人。对拼装分卸货物，应将每一拼装或分卸情况在运单记事栏内注明。易腐蚀、易碎货物、易溢漏的液体、危险货物与普通货物，以及性质相抵触、运输条件不同的货物，不得用同一张运单托运。托运人、承运人修改运单时，须签字盖章。
2. 本运单一式两份：（1）受理存根；（2）托运回执。

颁布单位：国家工商管理局经济合同司

颁布时间：

张明完成货物运单后，托运人须在相应位置签字、盖章确认。

【应用训练】

分角色作业。角色设定：制单员，托运人。要求运单填制符合规定，正确无误，不漏填，填写清楚规范。

背景资料：

2014 年 7 月 4 日上午，客户旗美食品有限公司有一批蘑菇罐头需从北京运至上海，此批托运货品的相关详细信息如下。

客户	旗美食品有限公司 北京市怀柔区李庄 86 号 刘梅 13954823489
收货人	上海鼎盛食品超市 上海市普陀区南新路 170 号 齐远 15546825674
装货地点	北京市怀柔区李庄 86 号
卸货地点	上海市普陀区南新路 170 号
货品信息	蘑菇罐头、10 t、50 箱、货物价值 200 000 元
运杂费标准	普通货物基础运价 0. 18 元/（t · km），装卸费 805 元/t，单程空驶损失费为运费 ×45%，保价费为货物价值 ×4‰

请根据以上信息填制公路货物运单。

【任务评价】

任务评价表

项目	内容	该项目满分	实际得分
步骤一	熟悉公路运输的一般流程	10	
步骤二	掌握公路整车货物托运和零担货物托运程序	20	
步骤三	会填制公路货物运单	40	
完成时间		20	
安全操作		10	
合计		100	

【拓展提升】

公路运输注意事项

1. 整车和零担公路运输的注意事项

（1）整车货物公路运输的注意事项。

① 车辆到达发货点时，驾驶员应负责点数、监装、重新整理。

② 在承运货物时，要有发货人开具的与实物相符的发货票和随车移转的文件、单据。

③ 货物运抵目的地，驾驶员应向收货人交清货物，加盖单位公章。

④ 交货时，发现问题做好原始记录（往往都要求签字）。

⑤ 货物运到后，凭有效证件提货。

⑥ 货物交付时，承运人与收货人做好交接工作，发现问题，签字确认。

（2）零担货物公路运输的注意事项。

① 零担托运受限条件较多。

② 受理托运方法：随时托运、预先审批、日历承运。

③ 检查每件货物是否有货物标识。

④ 检查运单和货物标识内容是否完全一致。

⑤ 不能用信用卡、白条交付货物。

2. 填写公路运单的注意事项

① 一张托运单的货物，必须是同一托运人、收货人、装货地、卸货地。

② 易腐、易碎、易溢漏货物不能与普通货物用同一张运单。

③ 托运人要自行装卸的货物，经承运人确认后，在运单内注明。

④ 应使用钢笔或者圆珠笔填写单据，字迹清楚，内容准确。

⑤ 已填运单如有修改，须在更改处签字盖章。

⑥ 准确填写托运人和收货人的名称（姓名）和住址（住所）、电话、邮政编码。

⑦ 准确标明货物的名称、性质、件数、重量、体积及包装方式。

⑧ 一张运单托运的货物必须是同一托运人，对拼装分卸的货物应将每一拼装货物分卸情况在运单记事栏内注明。

⑨ 一张托运单托运的件货，凡不具备同品名、同规格、同包装或为搬家货物时，应提交物品清单。

⑩ 托运集装箱，应注明箱号和铅封印文号码。

⑪ 托运轻泡货物需折算。

⑫ 托运人要求自理装卸车的，经承运人确认后，在运单内注明。

⑬ 托运人委托承运人代递有关证明文件、化验报告或单据等，须在托运人记事栏内注明名称和份数。

⑭ 托运有特殊要求的货物，在运单托运人记事栏内注明商定的运输条件和特约事项。

⑮ 托运人必须准确填写运单的各项内容，字迹要清楚。对所填写的内容及所提供的有关证明文件的真实性负责，并须签字盖章。

⑯ 托运人不如实填写运单，错报、误报货物名称或装卸地点，造成承运人错送、装货落空，以及由此引起的其他损失，托运人应负赔偿责任。

⑰ 货物不一致的，须填写货物清单。

⑱ 托运政府限运和经国家有关部门查验的货物，应附有关准运证明和检验证明，并在运单中注明。

任务 2.3　公路货物运输费用计算

【任务目标】

1. 能够描述公路运输费用的构成
2. 能说出运费的计算公式
3. 学会计算运费

【任务描述】

运输在整个物流中占有很重要的地位，成本占物流总成本的35% ~50%，占商品价格的4% ~10%。运输对物流总成本的节约具有举足轻重的作用。

先达货运公司张明接到新订单，客户要求送一批瓷砖。根据公司公布的一级普货费率为1.2 元/（t · km)，吨次费为16 元/t，该批货物运输距离为36 km，瓷砖为普货三级，计价加成30%，途中通行费35 元。张明按照公路运输的计费要求进行了核算，并且准确无误地上报给客户，得到客户的满意。作为运输员的张明是如何做的呢?

【知识准备】

公路运费均以“元/（t · km)”为计算单位。一般有两种计算标准：一是按货物登记规定基本运费费率，二是以路面登记规定基本运价。凡是一条运输路线包含两种或两种以上的等级公路时，则以实际行驶里程分别计算运价。特殊道路，如山岭、河床、原野地段，则由承托双方另议商定。

2.3.1　公路运输费用

公路运输费用费率分为整车（FCL）和零担（LCL）两种，后者一般比前者高30% ~50%。按我国公路运输部门规定，一次托运货物在2.5 t 以上的整车运输，使用整车费率；

不满2.5 t的为零担运输，使用零担费率。凡1 kg的货物，体积超过4 dm^3的为轻泡货物或尺码货物（measurement cargo）。整车轻泡货物的运费按装载车辆核定吨位计算；零担轻泡货物，按其长、宽、高计算体积，每4 dm^3折合1 kg，以kg为计费单位。此外，还有包车费率（lump sum rate），即按车辆使用时间（小时或天）计算。

2.3.2　公路运输计价的方式与步骤

（1）整批货物的基本运价——指一整批普通货物在等级公路上运输的每吨每公里运价，在计算时，按照货物重量加收吨次费。

（2）零担货物基本运价——指零担普通货物在等级公路上运输的每千克每公里运价。

（3）包车运价——以小时为单位。

（4）公路运费的计算步骤见图2－3－1。

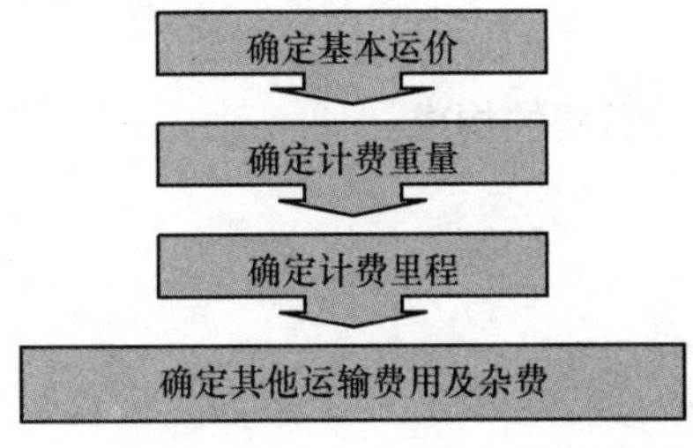

图2－3－1　公路运费的计算步骤

2.3.3　公路运输运价的确定

（1）确定公路运费基础运价。

公路运费基础运价，参见表2－3－1。

表2－3－1　公路运费基础运价

货物	等级（一等/级）	等级（二等/级）	等级（三等/级）
普通	基础运价	基础运价×(1+15%)	基础运价×(1+30%)
特种	基础运价×(1+40%) 基础运价×(1+60%)	基础运价×(1+60%) 基础运价×(1+80%)	—
危险	基础运价×(1+60%) 基础运价×(1+80%)	基础运价×(1+40%) 基础运价×(1+60%)	—
贵重、鲜活	基础运价×(1+40%)	基础运价×(1+60%)	—
快递	基础运价×(1+40%)	—	—

（2）确定公路运输计费重量。

公路运输计费重量，参见表2－3－2。

表 2-3-2　公路运输计费重量

计费形式	计费单位	整批货物	零担货物
一般货物	毛重	吨以下至 100 kg	计费重量为 1 kg
轻泡货物	333 kg/m^3	按车辆标记吨位计算	1 m^3 折合 333 kg
包车运输	—	按车辆标记吨位计算	—
散装货物	—	按体积折算	—

（3）确定计费里程。

公路运费计费单位以 km 为单位，里程可参考“全国主要城市间公路里程表”。

（4）其他运输费用。

【任务实施】

步骤一：能够描述公路运输运费的构成

1. 计费重量

（1）计量单位。

① 整批货物运输以 t 为单位。

② 零担货物运输以 kg 为单位。

③ 集装箱运输以箱为单位。

（2）重量确定。

① 一般货物，按毛重计算。

② 整批货物吨以下计至 100 kg，尾数不足 100 kg 的，四舍五入。

③ 零担货物起码计费重量为 1 kg，重量在 1 kg 以上，尾数不足 1 kg 的，四舍五入。

④ 零担运输轻泡货物以货物包装最长、最宽、最高部位尺寸计算体积，按每 m^3 折合 333 kg 计算重量。

（3）包车运输按车辆的标记吨位计算。

（4）散装货物按体积由各省、自治区、直辖市统一规定重量换算标准计算重量。

2. 计费里程

货物运输计费里程以 km 为单位，尾数不足 1 km 的，进整为 1 km。

3. 包车货运计费时间

包车货运计费时间以 h 为单位。起码计费时间为 4 h；使用时间超过 4 h，按实际包用时间计算。整日包车，每日按 8 h 计算；使用时间超过 8 h，按实际使用时间计算。时间尾数不足 0.5 h 舍去，达到 0.5 h 进整为 1 h。

4. 运价单位

（1）整批运输：元/（t · km）。

（2）零担运输：元/（kg · km）。

（3）集装箱运输：元/（箱·km）。

（4）包车运输：元/（t·h）。

步骤二：能说出运费的计算公式

1. 整批货物运费

运费＝吨次费×计费重量＋整批货物运价×计费重量×计费里程＋运输其他费用

2. 零担货物运费

运费＝零担货物运价×计费重量×计费里程＋货物其他费用

3. 包车运费

运费＝包车时间×单位运价

4. 专线货物运费

运费＝计费重量×运价率＋计费重量×运价率×加成率

步骤三：学会计算运费

张明在本次任务中进行了如下的运费计算：

（1）瓷砖重4 538 kg，超过3 t按整车办理，计费重量为4.5 t。

（2）瓷砖为三级普货（依据任务描述中已知材料），计价加成30%（查表2－3－1）

运价＝基础运价×(1＋30%)＝1.2×(1＋30%)＝1.56元/(t·km)

（3）运费＝吨次费×计费重量＋整批货物运价×计费重量×计费里程＋运输其他费用

＝16×4.5＋1.56×4.5×36＋35＝359.72＝360元

【应用训练】

根据项目任务所讲述的内容，学会公路运输基本的运费计算。注意计算中的相关要求，各项计算要完整、准确。

背景资料：某商场托运两箱毛绒玩具，每箱规格为1.0 m×0.8 m×0.8 m，毛重185.3 kg，该货物运费率为0.002 5元/（kg·km），运输距离120 km，货主要支付多少运费？

【任务评价】

任务评价表

项目	内容	该项目满分	实际得分
步骤一	能够描述公路运输运费的构成	10	
步骤二	能说出运费的计算公式	20	
步骤三	学会计算运费	40	
完成时间		20	
安全操作		10	
合计		100	

【拓展提升】

公路货物运输费用及影响因素

货物运输费用是承运单位向客户提供运输劳务所耗用的费用。除基本运输费用之外，还可能涉及其他收费。

1. 货物运输其他收费

1）调车费

应托运人要求，车辆调往外省、自治区、直辖市或调离驻地临时外出驻点参加营运，调车往返空驶者，可按全程往返空驶里程、车辆标记吨位和调出省基本运价的50%计收调车费。

2）延滞费

（1）发生下列情况，应按计时运价的40%核收延滞费。

① 因托运人或收货人责任引起的超过装卸时间定额。

② 应托运人要求运输特种或专项货物需要对车辆设备改装、拆卸和清理延误的时间。

③ 因托运人或收货人造成不能及时装箱、卸箱、掏箱、拆箱、冷藏箱预冷等情况。

（2）由托运人或收、发货人责任造成的车辆在国外停留，延滞时间造成的延滞费按计时包车运价的60%～80%核收。

（3）因承运人责任引起货物运输期限延误，应根据合同规定，按延滞费标准，由承运人向托运人支付违约金。

3）装货（箱）落空损失费

应托运人要求，车辆开至约定地点装货（箱）落空造成的往返空驶里程，按其运价的50%计收装货（箱）落空损失费。

4）道路阻塞停运费

汽车货物运输过程中，如发生自然灾害等不可抗力造成的道路阻滞，无法完成全程运输，需要就近卸存、接运时，卸存、接运费用由托运人负担。已完运程收取运费；未完运程不收运费；托运人要求回运，回程运费减半；应托运人要求绕道行驶或改变到达地点时，运费按实际行驶里程核收。

5）车辆处置费

应托运人要求，运输特种货物、非标准箱等需要对车辆改装、拆卸和清理所发生的工料费用，均由托运人负担。

6）车辆通行费

车辆通过收费公路、渡口、桥梁、隧道等发生的收费，均由托运人负担。

7）运输变更手续费

托运人要求取消或变更货物托运手续，应核收变更手续费。因变更运输，承运人已发生

的有关费用，应由托运人负担。

2. 公路运输费用需考虑的因素

公路运输费用成本通常受 8 个因素的影响，这些因素在运费的费率中都有体现，分别是运输距离、载货量、货物的疏密度（轻抛货和重货）、装载能力、装卸搬运、责任程度、运输供需因素、服务要求，以上排序也代表了这些因素的重要程度。

（1）运输距离。

运输距离是影响成本的主要因素，直接影响劳动力、燃料、维修保养等变动成本费用。单位成本与距离不是成正比关系，由于货物提取和交付活动会产生一定的固定费用，因此平均计算下来，通常距离越短，单位成本越高，距离越长，单位成本越低。与城际间运输相比，市内运输由于频繁停车，单位成本相对较高，也是基于同样的原因。

（2）载货量。

载货量体现规模经济的特点，通常情况下，单位体积或重量的运输成本随载货量增加而减少，主要是因为货物提取和交付活动的固定费用及行政管理费用，可以随载货量的增加而被分摊，但这种关系受到货车的载货量及尺寸限制。载货量越少，伴随运输所产生的固定费用就越难分摊，所以很多承运商在制定价格时，都有最低收费的标准。

（3）货物的疏密度。

重量和体积因素需要结合起来考虑，如按重量结算费用，承运商肯定不愿拉轻抛货；按体积结算费用，承运商就会把很多成本分摊到运价上去。最理想的状态是重货与轻货能结合装运，既不超重又能充分利用车辆的容积。

（4）装载能力。

装载能力是指产品的具体尺寸对空间利用程度的影响，像比较规则的电器产品，一般能做到 80% ~85% 的装载利用率，如形状不规则则装载较少，超长、特型货物则更少或不能很好地装载。装载能力也受装运规模的影响。

（5）装卸搬运。

如产品的存放方式特殊，需要特别的装卸设备，如托盘运输、捆扎作业等都会影响装卸成本。

（6）责任程度。

责任程度与货物的本身特征有关，如价值、性能、耐震性、包装等，主要涉及货物损毁风险和事故索赔。运输中要考虑到货物的易损坏性、易腐性、易被偷盗性、易自燃性或自爆性、对货物损毁承担责任的大小及单位价值。通过风险控制，也能降低运输成本。

（7）运输供需因素。

运输供需因素主要是指起运地和目的地是否能平衡对流，即是否有回程货物，理想状态下的对流是很难做到的，受制于地区之间的差异，也受季节性因素的影响。一些冷僻线路，虽然距离短，但单程价格高，相当于同距离热门线路的全程价格，就是因为回程货少的缘故而较为冷僻。

（8）服务要求。

服务与成本是成正比的，服务要求高，投入就多，成本就会增加，如加急运输，以及附加的搬运、仓储、分拣服务等。制定服务标准时，关键在于找到服务水平与成本之间的平衡。

【专项法规拓展】

《汽车货物运输规则》（交通运输部发布，2000 年 1 月 1 日施行。）

《汽车运价规则》和《道路运输价格管理规定》（交通运输部、国家发展和改革委员会联合发布，2009 年 9 月 1 日起施行。）

《道路危险货物运输管理规定》（交通运输部发布，2013 年 7 月 1 日起施行。）

《超限运输车辆行驶公路管理规定》（交通运输部发布，2016 年 9 月 21 日起施行。）

《中华人民共和国公路管理条例》（修改版自 2009 年 1 月 1 日起施行。）

建议：可上网查询细则，应用学习。

项目3
铁路货物运输

任务 3.1　认识铁路货物运输

【任务目标】

1. 认识铁路货物运输相关概念及历史发展
2. 能说出铁路货物运输的种类
3. 能够总结分析铁路货物运输的特点

【任务描述】

改革开放的深化及经济产业结构的调整，有力地刺激和促进全社会货物运输需求的增长，交通运输企业焕发出前所未有的活力，各种运输方式发展迅猛。铁路运输将继续发挥大宗货物运输的主力作用和跨区域中长距离运输的优势，以快速货物运输和重载运输作为两个主要发展方向，在我国现代物流运输中发挥着重要作用。

先达货运公司接受了宏运公司一单从西安运至天津港 100 t 货物的运输业务，张明接到任务后，根据运输时间、业务量、运输地点、运输距离等条件，选择铁路运输方式，并制订可行的运输方案，得到审批后执行，顺利完成了任务。要想合理地选择运输方式，就必须事先掌握运输方式的特点及适用范围。

【知识准备】

3.1.1　铁路货物运输相关概念及历史发展

1. 铁路货物运输的概念

铁路货物运输是利用铁路设施、设备运送旅客和货物的一种运输方式，是现代运输主要方式之一，也是构成陆上货物运输的两个基本运输方式之一。它在整个运输领域中占有重要的地位，并发挥着越来越重要的作用。

在国际货运中，铁路货物运输的地位仅次于海洋运输。铁路运输与海洋运输相比，一般不易受气候条件的影响，可保障全年的正常运行，具有高度的连续性。铁路运输还具有载运量较大、运行速度较快、运费较低廉、运输准确、遭受风险较小的优点。

2. 铁路货物运输的历史发展

世界上第一台取得成功的蒸汽机车是乔治·斯蒂芬森在 1829 年建造的“火箭号”。

19 世纪 20 年代，英格兰的史托顿与达灵顿铁路成为第一条成功的蒸汽火车铁路。后来的利物浦与曼彻斯特铁路更显示了铁路的巨大发展潜力。很快铁路便在英国和世界各地通行起来，并且成为世界交通的领导者长达一个世纪，直至飞机和汽车的发明才降低了铁路的重要性。

高架电缆在1888年发明后，首条使用接触网供电的电气化铁路在1892年启用。

第二次世界大战后，以柴油和电力驱动的列车逐渐取代蒸汽推动的列车。20世纪60年代起，多个国家均开始建设高速铁路。同时，货运铁路亦连接至港口，并与船运合作，以货柜运送大量货物以大大降低成本。

目前，在全球236个国家和地区之中，有144个采用铁路运输（包括全世界最小的国家梵蒂冈在内），其中约90个国家和地区提供客运铁路服务。铁路依然是世界上载客量最高的交通工具，拥有无法被取代的地位。

中国第一条铁路吴淞铁路建于上海，由英国人兴建，后被清朝地方官员买回并拆毁（见图3－1－1）。而正式使用的第一条铁路和蒸汽机车则是由李鸿章兴办的开滦煤矿公司所建。

图3－1－1　中国第一条铁路吴淞铁路

3. 我国铁路运输发展现状

《2013—2017年中国铁路运输行业市场前瞻与领先企业经营分析报告》显示：2009年开始，我国铁路建设进入大规模发展阶段；2010年，中国交通基建投资约为2万亿元，其中铁路投资额约为7 000亿元，占全行业的35%；2010年底，全国铁路营业里程9.1万km，居世界第二位；其中高铁运营里程达到8 358 km，在建里程1.7万km，居世界第一；复线率和电气化率分别提高到41%和46%。依据规划，新建高铁将占新建路线里程的50%。目前，高速铁路里程达1.6万km以上，铁路的投资将维持在3.5万亿元左右。中国已经进入了高铁时代。

高铁开通对货运能力的促进作用不可小觑。近年来，全国铁路货物发送量累计完成36.43亿t，同比增加3.1亿t，增长9.3%，其中部分增长缘于高铁开通为既有线腾出货运空间。数据表明，截至目前已开通运营的高铁线路，日均开行动车组近1 200列。仅京津、胶济、武广、郑西、沪宁5条高铁投入运营，就可使既有线增加图定货物列车83对，年增加货物运输能力2.3亿t。

3.1.2　铁路货物运输分类

铁路货物运输分类如图 3－1－2 所示。

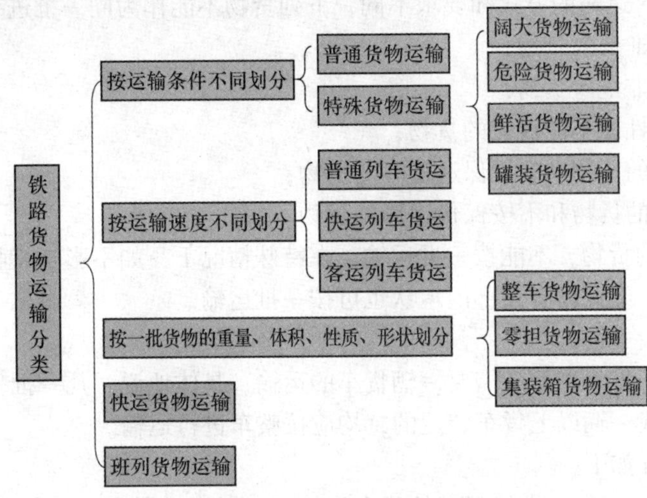

图 3－1－2　铁路货物运输分类

1. 按运输条件不同划分

（1）普通货物运输。

指除按特殊运输条件办理的货物外的其他各种货物运输。

（2）特殊货物运输。

① 阔大货物运输：包括超长货物、集重货物和超限货物，是一些长度长、重量重、体积大的货物。

② 危险货物运输：指在铁路运输中，凡具有爆炸、易燃、毒蚀、放射性等特性，在运输、装卸和储存保管过程中，容易造成人身伤亡和财产毁损而需要特殊防护的货物。

③ 鲜活货物运输：指在铁路运输过程中需要采取制冷、加温、保温、通风、上水等特殊措施，以防止腐烂变质或死亡的货物，以及其他托运人认为须按鲜活货物运输条件办理的货物。鲜活货物分为易腐货物和活动物两大类。易腐货物主要包括肉、鱼、蛋、奶、鲜水果、鲜蔬菜、鲜活植物等；活动物主要包括禽、畜、蜜蜂、活鱼、鱼苗等。

④ 罐装货物运输：指用铁路罐车运输的货物。

2. 按运输速度不同划分

（1）按普通列车办理的货物运输。

（2）按快运列车办理的货物运输。

（3）按客运列车办理的货物运输。

3. 按一批货物的重量、体积、性质、形状划分

“一批”是铁路运输货物的计数单位，铁路承运货物和计算运输费用等均以批为单位。按一批托运的货物，其托运人、收货人、发站、到站和装卸地点必须相同。

由于货物性质、运输的方式和要求不同，下列货物不能作为同一批进行运输：

① 易腐货物和非易腐货物；

② 危险货物和非危险货物；

③ 根据货物的性质不能混装的货物；

④ 投保运输险的货物和未投保运输险的货物；

⑤ 按保价运输的货物和不按保价运输的货物。

运输条件不同的货物，不能按一批运输，在特殊情况下，如不影响货物安全、运输组织和赔偿责任的确定，经铁路有关部门承认也可按一批运输。

（1）整车运输。

整车运输是指一批货物至少需要一辆货车的运输。具体地说，凡一批货物的重量，体积或形状需要以一辆或一辆以上货车装运的，均应按整车进行运输。

整车运输的条件如下。

① 货物的重量与容积。我国现有的货车以棚车、敞车、平车和罐车为主。标记载重量（简称为标重）大多为 50 t 和 60 t，棚车容积在 100 m^3 以上，达到这个重量或容积条件的货物，即应按整车运输。

② 货物的性质与形状。有些货物，虽然其重量、体积不够一车，但按性质与形状需要单独使用一辆货车时，应按整车运输。

③ 需要冷藏、保温、加温运输的货物、规定限按整车运输的危险货物、易于污染其他货物的污秽品、蜜蜂、不易计算件数的货物、未装容器的活动物，应按整车运输。

整车运输装载量大，运输费用较低，运输速度快，能承担的运量也较大，是铁路的主要运输形式。

（2）零担运输。

凡不够整车运输条件的货物，即重量、体积和形状都不需要单独使用一辆货车运输的一批货物，除可使用集装箱运输外，应按零担货物进行运输。零担货物一件体积最小不得小于 0.02 m^3（一件重量在 10 kg 以上的除外）。每批件数不得超过 300 件。

（3）集装箱运输。

使用集装箱装运货物或运输空集装箱，称为集装箱运输。集装箱运输适合于运输精密、贵重、易损的货物。凡适合集装箱运输的货物，都应按集装箱运输。

4. 快运货物运输

为加速货物运输，提高货物运输质量，适应市场经济的需要，铁路开办了快运货物运输（简称快运），在全路的主要干线上开行了快运货物列车。

托运人按整车、集装箱、零担运输的货物，除不宜按快运办理的煤、焦炭、矿石、矿建

等品类的货物外，托运人都可要求铁路按快运办理，经发送铁路局同意并切实做好快运安排，货物即可按快运货物运输。

托运人按快运办理的货物应在“铁路货物运输服务订单”内用红色戳记或红笔注明“快运”字样，经批准后，向车站托运货物时，须提供快运货物运单，车站填写快运货票。

5. 班列货物运输

货运五定班列（简称班列）是指铁路开行的发到站间直通，运行线和车次全程不变，发到日期和时间固定，实行以列、组、车或箱为单位报价、包干办法，即定点、定线、定车次、定时、定价的货物列车。班列按其运输内容分为集装箱货物班列（简称集装箱班列）、鲜活货物班列（简称鲜活班列）、普通货物班列（简称普通班列）。班列的开行周期实行周历，按每周开行×列。

目前班列运行线中集装箱班列26条（其中预留线17条）、普通班列44条（含季节性鲜活班列2条），共70条，遍及京哈、京广、京沪、京九、陇海、浙赣等主要干线，每周开行220列左右。除不明到站的军事运输、超限货物和限速运行的货物外，其他都可以按班列办理运输。

班列运输的特点如下。

（1）运达迅速：班列运行速度双线区间为800 km/天以上，单线区间为500 km/天以上，运达速度快。

（2）手续简便：托运人可在车站一个窗口，一次办理好手续。

（3）运输费用由铁路总公司统一组织测算并公布，除此不得收取或代收任何其他费用，透明度高。

（4）班列在运输组织上实行“五优先、五不准”：即优先配车、优先装车、优先挂运、优先放行、优先卸车，除特殊情况报铁路总公司批准外，不准停限装、不准分界口拒接、不准保留、不准途中解体、不准变更到站。

3.1.3 铁路货物运输的特点

铁路是国民经济的大动脉，铁路运输是现代化运输业的主要运输方式之一，它与其他运输方式相比较，具有以下主要特点。

（1）铁路运输的准确性和连续性强。铁路运输几乎不受气候影响，一年四季可以不分昼夜地进行定期的、有规律的、准确的运转。

（2）铁路运输速度比较快。一般货车速度可达100 km/h左右，远远高于海上运输。

（3）运输量比较大。铁路一列货物列车一般能运送3 000～5 000 t货物，远远高于航空运输和汽车运输。

（4）铁路运输成本较低。铁路运输成本仅为汽车运输成本的几分之一到十几分之一；运输耗油约是汽车运输的二十分之一。

（5）铁路运输安全可靠，风险远比海上运输小。

（6）初期投资大。铁路运输需要铺设轨道、建造桥梁和隧道，建路工程艰巨复杂；需要消耗大量钢材、木材；占用土地，其初期投资大大超过其他运输方式。

另外，铁路运输由运输、机务、车辆、工务、电务等业务部门组成，要具备较强的准确性和连贯性，各业务部门之间必须协调一致，这就要求在运输指挥方面实行统筹安排、统一领导。

【任务实施】

步骤一：认识铁路货物运输概念

张明对小李讲述了铁路运输的历史和铁路发展的现状，以及铁路运输的概念，使小李对铁路运输有了深刻的认识。宏运公司从西安运至天津港的这单100 t的货物，路程和运量适宜选择铁路运输，可通过铁路运输实现。

步骤二：清楚铁路货物运输种类

张明帮助小李归纳了铁路货物运输的种类，宏运公司这单从西安运至天津港的100 t货物的运输业务，以整车运输的方式从西安运至天津港有明显的优势。

步骤三：总结分析铁路货物运输特点

小李通过跟随张明完成这单运输业务，对铁路运输的特点有了明确的认识。

【应用训练】

根据项目任务所讲述的内容，利用互联网查找资料，归纳整理对铁路运输的理解，形成总结文档。

【任务评价】

任务评价表

项目	内容	该项目满分	实际得分
步骤一	认识铁路货物运输概念	20	
步骤二	清楚铁路货物运输种类	30	
步骤三	总结分析铁路货物运输特点	50	
合计		100	

【拓展提升】

铁路货物运输法规

1. 铁路货物运输合同主要的法律依据

（1）《中华人民共和国合同法》是为了保护合同当事人的合法权益，维护社会经济秩序，促进社会主义现代化建设，对合同的订立、效力、履行、变更和转让、权利义务终止、违约责任，以及各项经济合同进行了明确的法律规定。其中对货物运输合同的内容、双方应遵循的基本原则做了一般经济活动方面共同性的规定。

(2)《中华人民共和国铁路法》是为了保障铁路运输和铁路建设的顺利进行而制定的国家法律。它明确规定了铁路和托运人、收货人在铁路货物运输中的权利、义务和责任，也规定了合同执行过程中发生争议时的处理办法，这是国家管理铁路的根本大法，不仅规范了铁路职工的行为，也规范了人民群众的行为。

(3)《铁路货物运输合同实施细则》是结合铁路货物运输实际的特殊性，按照《中华人民共和国合同法》的基本精神和原则，具体规定了铁路货物运输过程中，承运人与托运人、收货人应享有的权利、应承担的义务和责任；详细地规定了铁路货物运输合同的签订、履行、变更和解除；详细地规定了违反合同应承担的责任，以及发生争议的处理办法，是解决问题的直接依据。

(4)《铁路货物运输规程》是根据国家制定的有关方针、政策、法令，以《中华人民共和国合同法》《中华人民共和国铁路法》《铁路货物运输合同实施细则》的基本原则为依据，具体规定了铁路货物运输的基本条件、货物运输合同、货物的搬入搬出、货物的承运和交付、装车和卸车、货运事故的处理和赔偿、承托双方责任的划分。该规程是组织铁路货物运输最直接的依据，承运人、托运人和收货人都必须遵照执行。

2.《铁路货物运输规程》的引申规则及办法

(1) 铁路货物运价规则；
(2) 铁路危险货物运输规则；
(3) 铁路鲜活货物运输规则；
(4) 铁路超限货物运输规则；
(5) 铁路货物装卸加固规则；
(6) 铁路月度货物运输计划编制办法；
(7) 货运日常工作组织办法；
(8) 快运货物运输办法；
(9) 铁路集装箱运输办法；
(10) 铁路货物保价运输办法；
(11) 铁路货物运输杂费管理办法；
(12) 货车延期使用费核收办法；
(13) 根据铁路货物运输规程精神制定的其他办法。

3. 国际铁路联运规章

(1) 国际铁路货物联运协定；
(2) 国际铁路货物联运统一过境运价规程；
(3) 国际铁路联运办法。

4. 同国内相关部门联合制定的货运法规

《铁路和水路货物联运规则》《国际集装箱多式联运管理规则》都是铁道部与交通部为发展铁水联合运输于20世纪八九十年代制定的货运法规。《铁路军事运输计费付费办法》则是铁道部和中国人民解放军总后勤部联合制定的货运法规。

任务3.2　铁路运输设施与设备

【任务目标】

1. 知道铁路运输线路
2. 了解铁路机车与车辆
3. 知道铁路车站知识

【任务描述】

铁路运输设施与设备是铁路货物运输的基础，作为一名货物运输业务人员必须熟悉和掌握铁路运输设施与设备的知识。

先达货运公司接到一单须从北京运至上海200 t食用油的铁路运输业务，此单业务需要业务员张明对铁路线路、机车车辆等有一定的选择，以更好地满足此单业务的需要。

【知识准备】

3.2.1　铁路运输线路

铁路线路承受机车、车辆的重量，并且引导列车的行走方向，所以它是运行的基础。铁路线路是由路基、桥隧建筑物（桥梁、涵洞、隧道）和轨道（钢轨、连接零件、轨枕、道床、爬坡设备和道岔）组成的一个整体工程结构。

1. 铁路

铁路是由路基、轨道和桥隧建筑物组成的一个整体工程结构。

（1）路堤。

路堤是路基设计标高高于地面标高，用土石填筑而成的路基。见图3－2－1。

（2）路堑。

路堑是路基设计标高低于地面标高，通过挖掘而形成的路基。见图3－2－2。

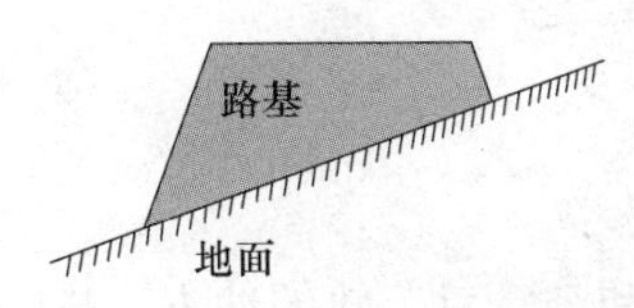

图3-2-1 高于地面标高的路基

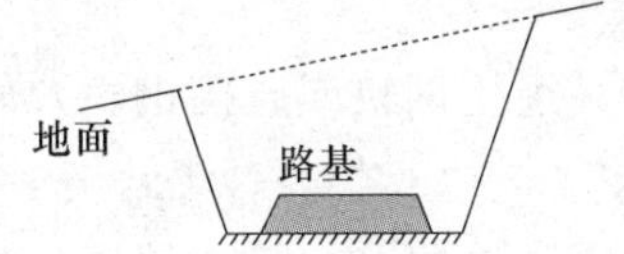

图3-2-2 低于地面标高的路基

(3) 桥梁。

桥梁由桥面、桥跨结构和墩台组成。见图3-2-3。

(4) 涵洞。

涵洞是设于路堤下的填土中，用以通过少量水流的建筑物。见图3-2-4。

图3-2-3 桥梁

图3-2-4 涵洞

(5) 隧道。

隧道是铁路穿越山岭或江河的建筑物。见图3-2-5。

2. 轨道

(1) 钢轨。

稳定性良好的“工”字形宽底式钢轨，由轨头、轨腰和轨底三部分组成。见图3-2-6。

图3-2-5 隧道

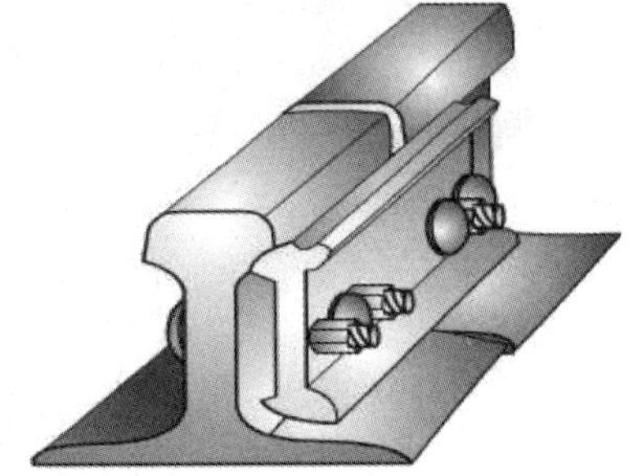

图3-2-6 钢轨

(2) 轨枕。

轨枕将钢轨的力传递给道床，保持钢轨位置和轨距，分为木枕和钢筋混凝土枕两种。

（3）连接零件。

连接零件是连接钢轨或连接钢轨及轨枕的零件。

（4）道床。

道床主要承受轨枕上的载荷并均匀传给路基，缓和车轮对钢轨的冲击，排除轨道中的雨水并保持轨道稳定性。一般采用碎石道砟垫层（坚硬、稳定、不易风化）。

（5）防爬设备。

列车运行时纵向力使钢轨产生的纵向移动称为爬行。防爬措施主要有加强钢轨与轨枕间的扣压力和道床阻力，以及设置防爬器和防爬撑。

（6）道岔。

道岔是铁路线路和线路间连接和交叉设备的总称。道岔是指机车车辆在运行过程中，常常须要由一条线路转入另一条线路，或跨越其他线路。这就须要设置线路的连接与交叉设备。

道岔是铁路轨道的重要组成部分。由于道岔数量多、使用寿命短、限制列车速度、降低行车安全性，与曲线、接头并称为轨道的三大薄弱环节。

① 线路的连接设备：引导机车车辆由一条线路进入另一条线路。见图 3－2－7。

② 线路的交叉设备：引导机车车辆由一条线路跨越另一条线路。见图 3－2－8。

图 3－2－7　线路连接设备

图 3－2－8　线路交叉设备

③ 线路的连接与交叉设备：既可以引导机车车辆由一条线路进入另一条线路，也能够引导机车车辆由一条线路跨越另一条线路。见图 3－2－9。

图 3－2－9　线路的连接与交叉设备

(7) 轨距。

轨距是指线路上两股钢轨头部的内侧距离。各个国家或地区由于当地的风土人情、经济特点各不相同，所以所设计的轨距也有区别。见图3－2－10。一般轨距数值见表3－2－1。

轨道的组成见图3－2－11。

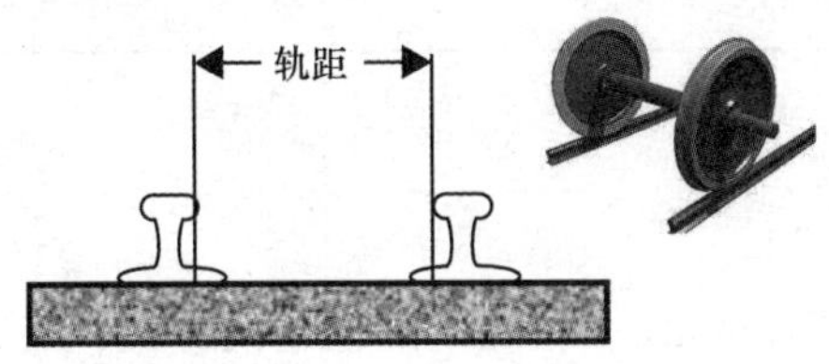

图3－2－10 轨距

表3－2－1 一般轨距数值

轨距名称	轨距/mm	使用地
标准轨	1 435	我国大部分铁路（包括香港）、朝鲜
宽轨	1 530	俄罗斯、哈萨克斯坦
宽轨	1 524	蒙古
窄轨	1 067	我国海南和台湾
米轨	1 000	我国云南部分铁路、越南

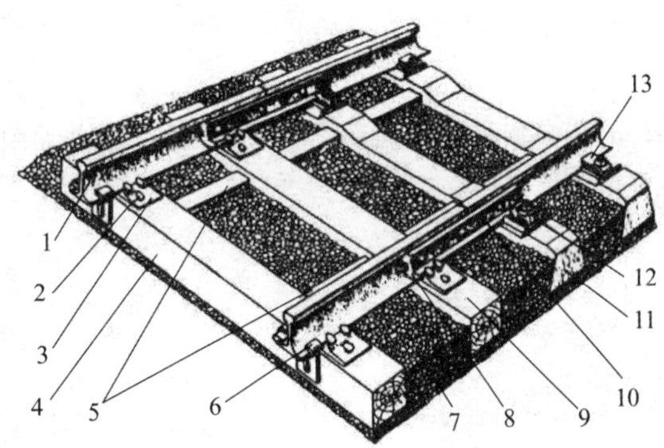

图3－2－11 轨道的组成

1—钢轨；2—普通道钉；3—垫板；4，9—枕木；5—防爬撑；6—防爬器；7—道床；8—鱼尾板；10—螺栓；11—钢筋混凝土轨枕；12—扣板式中间连接零件；13—弹片式中间连接零件

3. 铁路线

不同等级的铁路线见表3－2－2。

表 3－2－2　不同等级的铁路线

线路等级	年输送能力/万 t	行车速度/（km/h）	作用
Ⅰ	≥800	120	在铁路网中起骨干作用
Ⅱ	500～800	100	在铁路网中起辅助作用
Ⅲ	≤500	80	为某一地区服务

我国主要铁路干线如下。

（1）南北干线（“五纵”）。

京哈—京广线、京九线、京沪线、太焦—焦枝—枝柳线、宝成—成昆—南昆线。

（2）东西干线（“三横”）。

京包—包兰线、陇海—兰新线、沪杭—浙赣—湘黔—贵昆线。

3. 2. 2　铁路机车与车辆

1. 机车

机车是铁路运输的基本动力。由于铁路车辆大多不具备动力装置，无论是客车还是货车都必须把许多车辆连接在一起编成一列，由机车牵引才能运行。

铁路上使用的机车按照机车原动力可分为以下几类。

（1）蒸汽机车。

蒸汽机车是以煤炭为能源，加热水使其成为蒸汽，进而转变为机械能用以牵引列车的一种机车。见图 3－2－12。

（2）电力机车。

电力机车靠其顶部升起的受电弓从接触网上取得电能，通过牵引电动机将电能转化成机械能而牵引列车运行。见图 3－2－13。

图 3－2－12　蒸汽机车

图 3－2－13　电力机车

（3）内燃机车。

内燃机车把燃料的热能用内燃机转化为机械能，以牵引机车。见图 3－2－14。

图3－2－14 内燃机车

2. 车辆

车辆是运送客货的工具，在运行中须要连挂成列车由机车牵引前进。车辆按照运送对象不同，可以分为客车和货车。货车的种类很多，有棚车、保温车、敞车、罐车、平车等。

(1) 棚车。

棚车是由侧墙、端墙、地板和车顶组成，在侧墙上开有滑门和通风窗的铁路货车，用以装运贵重和怕日晒雨淋的货物。有的在车内安装火炉、烟囱、床板等，必要时可以运送人员和牲畜。

主要用途：棚车是铁路货车中的通用车辆，用于运送各种粮谷、日用工业品及贵重仪器设备等。见图3－2－15。

图3－2－15 棚车

(2) 保温车。

保温车（又叫冷藏车）是运送鱼、肉、鲜果、蔬菜等易腐货物的专用车辆。这些货物在运送过程中需要保持一定的温度、湿度和通风条件，因此保温车的车体装有隔热材料，车内设有冷却装置、加温装置、测温装置和通风装置等，具有制冷、保温和加温三种性能。

冰箱保温车可分为车端冰箱式和车顶冰箱式两种。

机械保温车按结构分，有单节机械保温车和机械保温车组（包括机冷货物车和机冷发电车）。按供电和制冷方式划分，机械保温车又可分为三大类：

① 集中供电、集中制冷的车组——全列车由发电车集中供电，制冷车集中制冷，采用氨作制冷剂，盐水作冷媒；

② 集中供电，单独制冷的车组——由发电车集中供电，每辆货物车上装有制冷设备单独制冷，采用氟利昂作冷媒，强迫空气循环；

③ 单节机械保温车——每辆车上均装有发电和制冷设备，可以单独发电和制冷，也可使用集中供电的电源。我国的保温车型号主要有冰箱式保温车 B_{11}、B_{14}、B_{16}、B_{17} 和机械保温车 B_{18}、B_{19}、B_{21}、B_{23} 等。见图 3－2－16。

（3）敞车。

敞车是铁路运输中的主型车辆。在我国目前的货车总数中，敞车数量最多，约占 60%。所谓敞车是指具有端壁、侧壁、地板，而无车顶，向上敞开的货车，主要供运送煤炭、矿石、矿建物资、木材、钢材等大宗货物，也可用来运送重量不大的机械设备。若在所装运的货物上蒙盖防水帆布或其他遮篷物后，可代替棚车承运怕雨淋的货物。因此敞车具有很大的通用性。见图 3－2－17。

图 3－2－16　保温车

图 3－2－17　敞车

敞车按卸货方式不同可分为两类：

一类是适用于人工或机械装卸作业的通用敞车；

另一类是适用于大型工矿企业、站场、码头之间成列固定编组运输，用翻车机卸货的敞车。主型通用敞车有 C_{61}、C_{62}、C_{62A}、C_{62B}、C_{64K}、C_{70}、C_{70B}、C_{70H}、C_{76H}（大秦线编组列车）等。

为适应我国既有铁路线路、桥梁的实际承载能力，加快铁路装备现代化进程，满足货车由 60 t 向 70 t 的升级换代要求，齐齐哈尔铁路车辆（集团）有限公司（以下简称齐车公司）于 2003 年开始 70 t 新型通用敞车的研制，2005 年初完成了载重 70 t 的新型通用敞车工作图设计、小批量试制及各项性能试验工作，并于同年 6 月通过了样车的部级审查为 C_{70}。该车载重 70 t，自重 23.8 t。

（4）罐车。

铁路运输罐车按用途可分为轻油类罐车、黏油类罐车、酸碱类罐车、液化气体类罐车和粉状货物罐车；按结构特点可分为有空气包和无空气包罐车、有底架和无底架罐车、上卸式

和下卸式罐车等。

在轻油类罐车中，我国在20世纪50年代初期只能生产载重25 t，有效容积仅为30.5 m^3 的 G_3 型轻油罐车。1953年设计制造了载重50 t、有效容积51 m^3 的 G_{50} 型全焊结构轻油罐车。1967年设计制造了有效容积60 m^3、载重52 t的 G_{60} 型轻油罐车，以及1965年开始制造的有效容积77 m^3、载重63 t的 G_{19} 型无底架轻油罐车。

在黏油类罐车中，有1951年生产的载重30 t，总容积为37 m^3 的 G_4 型黏油罐车；1959年批量生产的 G_{12} 型黏油罐车，载重50 t，总容积52.5 m^3；1966年批量生产的 G_{17} 型黏油罐车，载重52 t，总容积62.1 m^3 等。

在酸碱类罐车中，有1954年开始生产，1958年改进设计的 G_{10} 型浓硫酸罐车，载重50 t，总容积28.5 m^3；1967年设计制造的 G_{11} 型酸碱罐车，载重65 t，总容积38.3 m^3。见图3-2-18。

（5）平车。

平车主要用于运送钢材、木材、汽车、机械设备等体积或重量较大的货物，也可借助集装箱运送其他货物。平车还能适应国防需要，装载各种军用装备。装有活动墙板的平车也可用来装运矿石、沙土、石渣等散粒货物。

我国自行设计和制造了多种平车，从结构上来分，主要有平板式和带活动墙板式两种，车型主要有 N_{12}、N_{17}、N_{16} 和 N_{60} 等，载重量为60 t。见图3-2-19。

图3-2-18 罐车

图3-2-19 平车

3.2.3 铁路车站

铁路车站是铁路的分界点，是办理客货运输、机车车辆作业、进行列车运行组织的基本生产单位，是客流和货流的起点和终点。车站是铁路运输的基本生产单位，它集中了和运输有关的各项技术设备，并参与整个运输过程的各个作业环节。

（1）铁路车站的类型。

按技术作业性质分：中间站、区段站、编组站；

按业务性质分：客运站、货运站、客货运站；

按等级分为：特等站、一、二、三、四、五等站。

（2）车站内的列车线路。

正线：车站内与区间直接连通的线路；

到发线：供接发列车用的线路；

调车线和牵出线：供解体和编组列车用的线路；

货物线：供货物装卸作业的线路；

安全线和避难线：为保证车站安全而设的线路。

1. 中间站

（1）中间站主要任务。

办理列车会让、越行和客货运业务。

（2）中间站主要作业。

列车的到发、会让和越行；

旅客的乘降和行李的承运、保管与交付；

货物承运、装卸、保管、交付及调车作业；

较大的中间站还有始发、终到列车作业。

（3）中间站主要设备。

旅客站舍、旅客站台、雨棚、跨越设备；

货物仓库、站台、装卸机械；

到发线、牵出线和货物线；

信号及通信设备。

2. 区段站

区段站多设在中等城市和铁路网上牵引区段的分界线处。

（1）区段站主要任务。

区段站主要办理货物列车的中转作业，进行机车更换或乘务人员换班，以及解体、编组和摘挂列车。

（2）区段站主要作业。

客、货运设备与中间站基本相同。

运转业务包括旅客列车换发、货物列车中转作业。

机车业务包括更换机车和乘务人员。

车辆业务包括对列车技术状况的检查和车辆检修业务。

此外还包括解体和编组，取、送货作业。

（3）区段站主要设备。

客、货运设备与中间站基本相同。

运转设备包括到发线、调车场、牵出线、机车走行线等。

机务设备包括机务段或机务折返段。

车辆设备包括列车检修所和站修所。

区段站待编列车见图 3－2－20。

图 3－2－20　区段站待编列车

3. 编组站

编组站是办理大量货物列车解体和编组作业，有完善的调车设备的车站，有列车工厂之称。

（1）编组站主要任务。

解编各类货物列车；

组织和取送本地区车流（小运转列车）；

供应列车动力，整备检修机车；

列车的日常技术保养。

（2）编组站主要作业。

运转作业、机车作业和车辆作业。其中，运转作业包括列车到达作业、列车解体作业、列车编组作业和列车出发作业。

（3）编组站主要设备。

办理运转作业的调车设备；

行车设备；

机务设备（机务段）；

车辆设备（车辆段）。

图 3－2－21 所示为编组站正在解编列车。

图 3－2－21　编组站正在解编列车

【任务实施】

步骤一：知道铁路运输线路

铁路线路是由路基、桥隧建筑物（桥梁、涵洞、隧道）和轨道（钢轨、连接零件、轨枕、道床、爬坡设备和道岔）组成的一个整体工程结构。

我国的铁路主干线是由“五纵三横”组成。

张明给小李介绍了铁路线路的组成和我国的铁路主干线，这对完成铁路运输业务至关重要，这能够帮助小李分析判断选择合理的铁路运输线路。

步骤二：了解铁路机车与车辆

铁路运输机车与车辆是铁路运输的核心工具。

张明带着小李了解铁路运输机车与车辆，对机车与车辆的分类及特点进行研究，合理地选择铁路运输机车与车辆，完成铁路运输业务。

步骤三：知道铁路车站知识

铁路车站是铁路运输的基本生产单位，它包括（中间站、区段站、编组站），它集中了和运输有关的各项技术设备，并参与整个运输过程的各个作业环节。

张明和小李一起对铁路车站各功能的站点和各项技术设备进行了解，可以更准确合理地制订运输计划。

【应用训练】

根据项目任务所讲述的内容，利用互联网查找资料，归纳整理对铁路运输设施设备的理解，形成总结文档。

【任务评价】

任务评价表

项目	内容	该项目满分	实际得分
步骤一	知道铁路运输线路	40	
步骤二	了解铁路机车与车辆	30	
步骤三	知道铁路车站知识	30	
合计		100	

【拓展提升】

铁路枢纽与铁路信号

1. 铁路枢纽

(1) 铁路枢纽的概念。

铁路枢纽是在铁路各线交会处或与其他交通线路的连接处，以铁路车站、联络线和进出站线等技术装备构成的铁路综合设施。

(2) 铁路枢纽的功能。

沟通各向铁路线，衔接其他运输方式。

(3) 铁路枢纽的作业内容。

组织各向列车的到发和通过、客货的集散和中转、车辆改编，以及货物承运与换装等。

(4) 全国十大铁路枢纽。

① 北京铁路枢纽；

② 天津铁路枢纽；

③ 上海铁路枢纽；

④ 哈尔滨铁路枢纽；

⑤ 郑州铁路枢纽；

⑥ 武汉铁路枢纽；

⑦ 沈阳铁路枢纽；

⑧ 广州铁路枢纽；

⑨ 兰州铁路枢纽；

⑩ 重庆铁路枢纽。

2. 铁路信号

1) 铁路信号的概念

铁路信号是指用特定的物体（包括灯）的颜色、形状、位置，或用仪表和音响设备等向铁路行车人员传达有关机车车辆运行条件、行车设备状态，以及行车的指示和命令等信息。

2) 信号设备的作用

信号设备的作用是保证列车运行与调车安全，提高铁路通过能力。

3) 信号的种类

(1) 按信号形式分。

① 视觉信号。以物体或灯光的颜色、形状、位置、闪光、数目或数码显示等特征表示的信号。

用信号机、机车信号机、信号旗、信号牌、各种表示器、各种标志及火炬（一种在风雨天气都能点燃并发出火光的视觉信号，司机发现火炬信号的火光时应立即停车）等显示的信号，都是视觉信号。见图3－2－22。

② 听觉信号。以不同器具发出声音的强度、频率和长短等特征表示的信号。

如用号角、口笛、响墩（外形扁圆，内装有少量炸药，防护时，将其放在钢轨上，当车轮压上后会发出爆炸声，要求司机立即停车，见图3－2－23）发出的声音，以及机车、轨道车的鸣笛等发出的信号，都是听觉信号。

图3－2－22　视觉信号

图3－2－23　响墩信号

（2）按信号设备形式分。

① 固定信号。

固定信号是铁路信号设备的重要组成部分，包括固定于地面的信号和固定于机车的信号。在我国铁路上，依据信号的含义，固定信号可分为三类：

（a）要求停车的信号（一般称为"禁止信号"或"停车信号"）；

（b）要求注意或减速运行的信号；

（c）准许按规定速度运行的信号（后两种合称为"进行信号"或"允许信号"）。

最常见的视觉类固定信号的基本颜色及其基本意义如下：

（a）红色，要求停车；

（b）黄色，要求注意或减速行驶；

（c）绿色，准许按规定速度行驶。见图3－2－24。

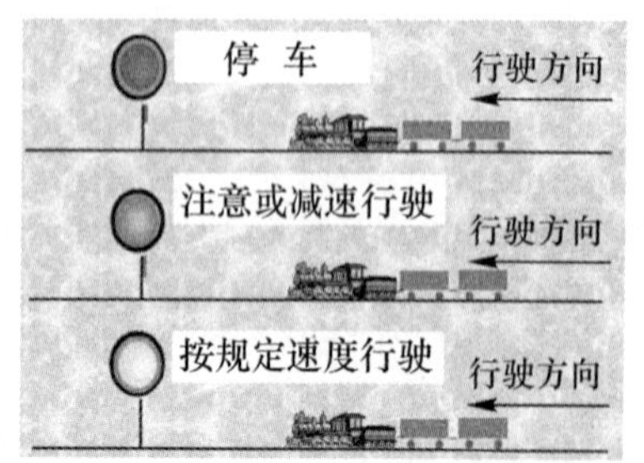

图3－2－24　视觉类固定信号

② 移动信号。

当线路上出现临时性障碍或进行施工，要求列车停车或减速时，须按照规定设置移动信号，安放响墩、火炬或用手信号进行防护，以保证行车安全。

③ 手信号。

手信号是相关行车人员用手持信号旗或信号灯做出各种规定动作来表示停车、减速、发车、通过、引导等信号。

任务 3.3 铁路货物运输作业

【任务目标】

1. 知道铁路运输的一般流程
2. 能够描述铁路整车货物托运和零担货物托运程序
3. 会填制铁路货物运单

【任务描述】

在铁路货物运输业务中，铁路货物运单是一种承运合同，是确定托运人、承运人、收货人在运输过程中的权利、义务和责任的原始依据。同时，它又是托运人向承运人托运货物的申请书，以及承运人承运货物、计收运费、填制货票和理赔的依据。

2014 年 8 月 5 日张明接到公司客户光明粮油食品有限公司有一批食用油须从天津运至拉萨的运单计划。此批托运货物及相关详细信息如下。

客户	光明粮油食品有限公司　天津市西青区中北镇中北工业园 60 号 赵小静　13615148977
收货人	拉萨宏达连锁经销商　拉萨市城关区江苏大道 83 号 李晨　13808756894
装货地点	天津市西青区中北镇中北工业园 60 号
卸货地点	拉萨市城关区江苏大道 83 号
货品信息	食用油、10 t、50 箱、货物价值 100 000 元

张明着手完成这单运输业务。

【知识准备】

3.3.1 铁路运输的一般流程

铁路运输的一般流程见图 3-3-1。

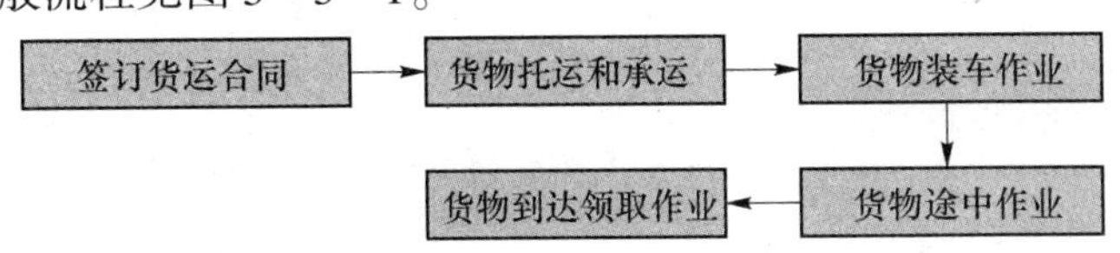

图 3-3-1 铁路运输的一般流程

1. 签订货运合同

货运合同是承运人将货物从发站运输至指定地点，托运人或收货人支付运输费用的合同。货运合同的当事人是承运人、托运人与收货人。根据《中华人民共和国合同法》《铁路货物运输合同实施细则》的规定，承、托双方必须签订货运合同。

铁路货运合同有预约合同和承运合同，都属于书面形式的合同。

1）预约合同

预约合同以“铁路货物运输服务订单”（见表 3－3－1，简称为“订单”）作为合同书，预约合同签订过程就是订单的提报与审定过程。

表 3－3－1 铁路货物运输服务订单

××铁路局 编号：

<table>
<tr><td colspan="6">托运人：
地址：
电话： 邮编：</td><td colspan="6">收货人：
地址：
电话： 邮编：</td></tr>
<tr><td colspan="3">发站</td><td colspan="3">到站（局）</td><td colspan="3">车种/车数</td><td colspan="3">箱型/箱数</td></tr>
<tr><td colspan="6">装货地点</td><td colspan="6">卸货地点</td></tr>
<tr><td colspan="2">货物品名</td><td colspan="2">品名代码</td><td colspan="2">货物价值</td><td colspan="2">件数</td><td colspan="2">货物重量</td><td colspan="2">体积</td></tr>
<tr><td colspan="2"></td><td colspan="2"></td><td colspan="2"></td><td colspan="2"></td><td colspan="2"></td><td colspan="2"></td></tr>
<tr><td colspan="10">要求发站装车期限 月 日前或班列车次 日期： 月 日</td><td colspan="2">付款方式</td></tr>
<tr><td colspan="12">供用户自愿选择的服务项目（由用户填写，需要的项目打√）
□1. 发送综合服务 □5. 清运、消纳垃圾
□2. 到达综合服务 □6. 代购、代加工装载加固材料
□3. 仓储保管 □7. 代对货物进行包装
□4. 篷布服务 □8. 代办一关三检手续</td></tr>
<tr><td colspan="12">说明或其他要求事项</td></tr>
<tr><td colspan="12">承运人报价（包括运费、杂费、服务费） 元，具体项目、金额列后：</td></tr>
<tr><td>序号</td><td>项目名称</td><td>单位</td><td>数量</td><td>收费标准</td><td>金额（元）</td><td>序号</td><td>项目名称</td><td>单位</td><td>数量</td><td>收费标准</td><td>金额（元）</td></tr>
<tr><td></td><td></td><td></td><td></td><td></td><td></td><td></td><td></td><td></td><td></td><td></td><td></td></tr>
<tr><td></td><td></td><td></td><td></td><td></td><td></td><td></td><td></td><td></td><td></td><td></td><td></td></tr>
<tr><td colspan="4">申请人签章
年 月 日</td><td colspan="4">承运人签章
年 月 日</td><td colspan="4">车站指定装车日期及货位</td></tr>
</table>

说明：① 涉及承运人与托运人、收货人的责任和权利，按《铁路货物运输规程》办理。

② 实施货物运输，托运人还应递交货物运单，承运人应按报价核收费用。装卸等在发生后确定的费用，应先列出项目，金额按实际发生核收。

③ 用户发现超出国家计委、铁道部、省级物价部门公告的铁路货运价格及收费项目、标准收费的行为，以及强制服务、强行收费的行为，有权举报。

举报电话：物价部门 铁路部门

（1）订单提报。

① 托运人应于每月 19 日前向铁路提报次月集中审定的订单，其他订单可以随时提报。

② 托运人办理整车货物（包括以整车形式运输的集装箱）运输应提出订单一式两份，与铁路联网的托运人，可通过网络向铁路提报。

③ 订单内容应正确填写，字迹清楚，不得涂改。

（2）订单审定。

订单审定方式有集中审定、随时审定、立即审定等。集中审定是指为编制次月统计划，对每月 19 日前提报的次月订单进行的定期审定；随时审定是指对未列入月编计划的订单进行随时受理、随时审定；立即审定是指对抢险救灾等必须迅速运输的物资审定的方式。

2）承运合同

承运合同以“货物运单”（简称“运单”，见表 3－3－2）作为合同书，托运人按要求填写运单提交承运人，经承运人审核同意并承运后承运合同成立。运单是托运人与承运人之间为运输货物而签订的一种货运合同或货运合同的组成部分。因此，运单既是确定托运人、承运人、收货人在运输过程中的权利、义务和责任的原始依据，又是托运人向承运人托运货物的申请书，承运人承运货物和核收运费、填制货票，以及编制记录和理赔的依据。

零担货物和以零担形式运输的集装箱货物使用运单作为货运合同。整车货物与以整车形式运输的集装箱货物的货运合同包括经审定的订单和运单。

表 3－3－2　货物运单

货物指定于 2011 年 12 月 15 日　　××铁路局
货位
计划号码或运输号码：　　**货物运单**
运到期限　　日　　托运人→发运人→到站→收货人　　货票第　　号

承运人/托运人	装车
承运人/托运人	施封

<table>
<tr><th colspan="5">托运人填写</th><th colspan="7">承运人填写</th></tr>
<tr><td>发　站</td><td colspan="2">新疆</td><td>到站（局）</td><td>（乌）</td><td>车种车号</td><td colspan="2">P3041493
和
P3041494</td><td colspan="2">货车标重</td><td colspan="2"></td></tr>
<tr><td colspan="2">到站所属省（市）、自治区</td><td colspan="3">乌鲁木齐</td><td>施封号码</td><td colspan="6"></td></tr>
<tr><td rowspan="2">托运人</td><td>名 称</td><td colspan="3">A</td><td rowspan="2">经　由</td><td rowspan="2" colspan="2"></td><td rowspan="2" colspan="2">铁路货车篷布号</td><td rowspan="2" colspan="2"></td></tr>
<tr><td>住 址</td><td></td><td>电话</td><td></td></tr>
<tr><td rowspan="2">收货人</td><td>名 称</td><td colspan="3">F</td><td rowspan="2">运价里程</td><td rowspan="2" colspan="2"></td><td rowspan="2" colspan="2">集装箱号码</td><td rowspan="2" colspan="2"></td></tr>
<tr><td>住 址</td><td></td><td>电话</td><td></td></tr>
<tr><td rowspan="2">货物名称</td><td rowspan="2">件数</td><td rowspan="2">包装</td><td rowspan="2">货物价格</td><td rowspan="2">托运人确定重量（kg）</td><td rowspan="2">承运人确定重量（kg）</td><td rowspan="2">计费重量</td><td rowspan="2">运价类型</td><td rowspan="2">运价号</td><td rowspan="2">运价率</td><td colspan="2">现　　付</td></tr>
<tr><td>费别</td><td>金额</td></tr>
<tr><td>天山种子</td><td>2 400 件</td><td></td><td>50kg/件</td><td>120 000</td><td>120 000</td><td></td><td>火车</td><td></td><td></td><td></td><td></td></tr>
<tr><td>合　计</td><td></td><td></td><td></td><td></td><td></td><td></td><td></td><td></td><td></td><td></td><td></td></tr>
<tr><td>托运人记载事项</td><td colspan="2"></td><td colspan="2">保 险：</td><td>承运人记载事项</td><td colspan="6"></td></tr>
</table>

注：本单不作为收款凭据，托运人签约需见背面。　　托运人盖章或签字　年　月　日　　到站交付日期戳　　发站承运日期戳

领货凭证

车种及车号
票第　　号
到期限　　日

发站	新疆	
托运人	A	
收货人	F	
货物名称	件数	重量
天山种子	2 400 件	120 000 kg
托运人盖章或签字		
发站承运日期戳		

注：收货人须知见背面

续表

领货凭证、货物运单（背面）

领货凭证（背面）	货物运单（背面）
收货人领货须知： 1．收货人接到托运人寄交的领货凭证后，应及时向到站联系领取货物。 2．收货人领取货物已超过免费暂存期限时，应按规定支付货物暂存费。 3．收货人在到站领取货物，如遇货物未到时，应要求到站在本证背面加盖车站戳证明货物未到。	托运人须知： 1．托运人持本货物运单向铁路托运货物，证明并确认和愿意遵守铁路货物运输的有关规定。 2．货物运单所记载的货物名称、重量与货物的实际完全相符，托运人对其真实性负责。 3．货物的内容、品质和价值是托运人提供的，承运人在接收和承运货物时并未全部核对。 4．托运人应及时将领货凭证寄交收货人，凭以联系到站领取货物。

货物运单填写说明：

①“发站”栏和“到站（局）”栏，应分别按“铁路货物运价里程表”规定的站名完整填写，不得填写简称。“到站（局）”填写到达主管铁路局名的第一个字，例如：（哈）、（上）、（广）等，但到达北京铁路局的，则填写（京）字。

②“到站所属省（市）、自治区”栏，填写到站所在地的省（市）、自治区名称。托运人填写的到站、到达局和到站所属省（市）、自治区名称，三者必须相符。

③“托运人”栏应该详细填写发货人姓名或发货单位的名称、所在地地址以及联系电话。

④“收货人”栏应该详细填写收货人姓名或收货单位的名称、所在地地址以及联系电话。

⑤“件数”栏，应按货物名称及包装种类，分别记明件数。若是集装箱运输，则以集装箱的个数为准，而不是按货物的件数计算。

⑥“包装”栏以货物的外包装为准，若是集装箱货物应在包装栏填写“集装箱”，并注明是几吨箱。

⑦货物价格按货物的实际价格算。

⑧“托运人确定重量（kg）”栏，集装箱货物以集装箱的最大载重量算。

运单内各栏有更改时，在更改处，属于托运人填记事项，应由托运人盖章证明；属于承运人填记事项，应由车站加盖站名戳记。承运人对托运人填记事项除按《货物运单和货票填制办法》第17条规定内容可以更改外，其他内容不得更改。

2. 货物托运和承运

1）运单

（1）运单的作用。

运单是托运人与承运人之间，为运输货物而签订的一种运输合同或运输合同的组成部分。它是确定托运人、承运人、收货人在铁路运输中的权利、义务和责任的原始依据。运单既是托运人向承运人托运货物的申请书，也是承运人承运货物和核收运费、填制货票，以及编制记录和备查的依据。运单由货物运单和领货凭证两部分组成。

（2）运单的传递过程。

货物运单：托运人→发站→到站→收货人。

领货凭证：托运人→发站→托运人→收货人→到站。

（3）运单的种类。

① 现付运单：黑色印刷。

② 到付或后付运单：红色印刷。

③ 快运货物运单：黑色印刷，将“货物运单”改为“快运货物运单”字样。

④ 剧毒品专用运单：黄色印刷，并有剧毒品标志图形。

（4）运单的填写。

运单填写的基本要求如下。

① 正确：要求填记的内容和方法符合规定。

② 完备：要求填记的事项，必须填写齐全，不得遗漏。如危险货物不但要填写货物的名称，而且要填写其编号。

③ 真实：要求实事求是地填写，内容不得虚假隐瞒。如不能错报、匿报货物品名。

④ 详细：要求填写的品名应具体，有具体名称的不填概括名称，如双人床、沙发、立柜不能填写为家具。

⑤ 清楚：填写字迹清晰，应使用钢笔、毛笔、圆珠笔或加盖戳记、打字机打印或印刷等方法填写，不能用红色墨水笔填写，文字规范，以免造成办理上的错误。

⑥ 更改盖章：运单内填写各栏有更改时，在更改处，属于托运人填记事项，应由托运人盖章证明；属于承运人填记事项，应由车站加盖站名戳记。

2）货物的托运与受理

托运：托运人向承运人提出货物运单和运输要求，称为货物的托运。

所托运的货物应符合一批的要求，不得将不能按一批托运的货物作为一批托运。

托运人向承运人交运货物，应向车站按批提出货物运单一份。托运人向车站提出货物运单，即说明其向铁路详细而正确提出了书面申请，并愿意遵守铁路货物运输的有关规定，履行义务，且货物已准备就绪，随时可以移交承运人。

受理：车站对托运人提出的货物运单，经审查符合运输要求，在货物运单上签上货物搬入或装车日期后，即为受理。

3）进货与验货

（1）进货：托运人凭车站签证后的货物运单，按指定日期将货物搬入货场指定的货位即为进货。

托运人进货时，应根据货物运单核对是否符合签证上的搬入日期，以及品名与现货是否相等。经检查无误后，方准搬入货场。

（2）验货：进货验收是为了保证货物运输安全、完整，以及复查承运人与托运人是否存在检查疏忽。若存在，则可能会使不符合运输要求的货物进入运输过程，造成或扩大货物的损失。

检查的内容主要有以下几项：

① 货物的名称、件数是否与货物运单的记载相符。

② 货物的状态是否良好。

③ 货物的运输包装和标记及加固材料是否符合规定。托运人托运货物，应根据货物的性质、重量、运输种类、运输距离、气候及货车装载等条件，使用符合运输要求、便于装卸和保证货物安全的运输包装。

④ 货物的标记（货签）是否齐全、正确。

⑤ 货件上的旧标记是否撤换或抹消。

⑥ 装载整车货物所需要的货车装备物品或加固材料是否齐备。

4）货物的件数、重量

在铁路运输过程中，保证货物的件数和重量的完整是承运人必须履行的义务。因此，铁路明确规定了确定货物件数和重量的范围。

按整车运输的货物，原则上按件数和重量承运，但有些非成件货物或一批货物件数过多而且规格不同，在承运、装卸、交接和交付时，点件费时、费力，只能按重量承运，不再计算件数。只按重量承运，不计算件数的货物有：

① 散堆装货物；

② 以整车运输的、规格相同（规格在 3 种以内视为规格相同）的、超过 2 000 件的货物；

③ 规格不同、一批数量超过 1 600 件的成件货物。

整车货物与集装箱货物，由托运人确定重量；零担货物除标准重量、标记重量或有过秤清单及一件重量超过车站衡器最大称量的货物外，由承运人确定重量，并核收过秤费。

5）货票

整车货物装车后（零担货物过秤后，集装箱货物装箱后），货运员将签收的运单移交货运室填制货票，核收运杂费。

货票是铁路运输货物的凭证，也是一种具有财务性质的票据（见表 3－3－3），可以作为承运货物的依据和交接运输的凭证。

货票一式四联。甲联为发站存查联；乙联为报告联，由发站报发局；丙联由发站给托运人报销用；丁联为运输凭证，由发站随货物递交到站，到站由收货人签章交付，作为完成运输合同的唯一依据。

表 3－3－3　铁路运输货票

＿＿＿＿＿＿铁路局

货票

计划号码或运输号码　　　　　　　　　货　　票　　　　　　　　　甲　联

货物运到期限　　　　　日　　　　　　　　　　　　发站存查

<table>
<tr><td colspan="2">发站</td><td></td><td>到站
（局）</td><td colspan="2"></td><td>车种
车号</td><td></td><td>货车
标重</td><td></td><td>承运人/托运人装车</td></tr>
<tr><td rowspan="2">托运人</td><td>名称</td><td colspan="4"></td><td>施封号码</td><td colspan="3"></td><td>承运人/托运人施封</td></tr>
<tr><td>住址</td><td></td><td>电话</td><td colspan="2"></td><td>铁路货车
篷布号码</td><td colspan="4"></td></tr>
<tr><td rowspan="2">收货人</td><td>名称</td><td colspan="4"></td><td>集装箱号码</td><td colspan="4"></td></tr>
<tr><td>住址</td><td></td><td>电话</td><td colspan="2"></td><td>经由</td><td colspan="2"></td><td>运价里程</td><td></td></tr>
<tr><td colspan="2" rowspan="2">货物名称</td><td rowspan="2">件数</td><td rowspan="2">包装</td><td colspan="2">货物重量
（kg）</td><td rowspan="2">计费重量</td><td rowspan="2">运价号</td><td rowspan="2">运价率</td><td colspan="2">现付</td></tr>
<tr><td>托运人确定</td><td>承运人确定</td><td>费别</td><td>金额</td></tr>
<tr><td colspan="2"></td><td></td><td></td><td></td><td></td><td></td><td></td><td>运费</td><td></td><td></td></tr>
<tr><td colspan="2"></td><td></td><td></td><td></td><td></td><td></td><td></td><td>装费</td><td></td><td></td></tr>
<tr><td colspan="2"></td><td></td><td></td><td></td><td></td><td></td><td></td><td>取送
车费</td><td></td><td></td></tr>
<tr><td colspan="2"></td><td></td><td></td><td></td><td></td><td></td><td></td><td>过秤费</td><td></td><td></td></tr>
<tr><td colspan="2">合计</td><td></td><td></td><td></td><td></td><td></td><td></td><td></td><td></td><td></td></tr>
<tr><td colspan="2">记事</td><td colspan="6"></td><td>合计</td><td colspan="2"></td></tr>
</table>

发站承运日期戳

规格：270 mm × 185 mm　　　　　　　　　　经办人盖章

6）货物的承运

（1）承运前的保管。

托运人将货物搬入车站，经验收完毕后，一般不能立即装车，须在货场内存放，这就产生了承运前保管的问题。

整车货物，发站实行承运前保管的，从收货完毕填发收货证起，即承担承运前保管责任。

零担货物和集装箱运输的货物，车站从收货完毕时即承担保管责任。

（2）承运。

零担和集装箱运输的货物由发站接收完毕，整车货物装车完毕，发站在货物运单上加盖车站日期戳时起，即为承运。承运是货物运输合同的成立，从承运起承托双方就要分别履行运输合同的权利、义务和责任。因此，承运意味着铁路负责运输的开始，是承运人与托运人划分责任的时间界线。同时承运标志着货物正式进入运输过程。

7）涂打标志、标记

在储运过程中有特殊要求的货物，应在包装上涂打包装储运标志、标记。对于危险货物，还应在包装上按规定涂打危险货物包装标志。对于零担货物，还应在包装上涂打货物标志，标签上填写的内容必须与运单相应内容一致。

3. 货物装车作业

1）装卸车责任的划分

（1）承运人装卸的范围。

货物装车或卸车的组织工作，在车站公共装卸场所以内由承运人负责。有些货物虽在车站公共装卸场所内进行装卸作业，由于在装卸作业中需要特殊的技术、设备、工具，仍由托运人或收货人负责组织。

（2）托运人、收货人装卸的范围。

除车站公共装卸场所以外进行的装卸作业，装车由托运人负责，卸车由收货人负责。此外，前述由于货物性质特殊，在车站公共场所装卸也由托运人、收货人负责。其负责的货物种类包括：

①罐车运输的货物；②冻结的易腐货物；③未装容器的活动物、蜜蜂、鱼苗等；④一件重量超过1 t的放射性同位素；⑤由人力装卸带有动力的机械和车辆。

其他货物由于性质特殊，经托运人或收货人要求，并经承运人同意，也可由托运人或收货人组织装车或卸车，例如：气体放射性物品、尖端保密物资、特别贵重的展览品、工艺品等。货物的装卸不论由谁负责，都应在保证安全的条件下，积极组织快装、快卸，昼夜不断地作业，以缩短货车停留时间，加速货物运输。

2）装车作业

（1）装车的基本要求。

① 货物重量应均匀分布在车地板上，不得超重、偏重和集重。

② 装载应认真做到轻拿轻放、大不压小、重不压轻，堆码稳妥、紧密、捆绑牢固，在运输中不发生移动、滚动、倒塌或坠落等情况。

③ 使用敞车装载怕湿货物时，应堆码成屋脊形，苫盖好篷布，并用绳索捆绑牢固。

④ 使用棚车装载货物时，装在车门口的货物，应与车门保持适当距离，以防挤住车门或受到损坏。

⑤ 使用罐车、敞车、平车装运货物时，应各按其规定办理。

⑥ 所装货物需进行加固时，按《铁路货物装载加固规则》的规定办理。

(2) 装车前的检查。

为保证装车工作质量，装车工作顺利进行，装车前应做好以下“三检”工作。

① 检查运单，即检查运单的填记内容是否符合运输要求，有无漏填和错填。

② 检查待装货物，即根据运单所填记的内容核对待装货物品名、件数、包装，检查标志、标签和货物状态是否符合要求。集装箱还需检查箱体、箱号和封印。

③ 检查货车，即检查发车的技术状态和卫生状态。其主要检查内容有：

(a) 是否符合使用条件。

(b) 货车状态是否良好。主要检查车体（包括透光检查）、车门、车窗、盖、阀是否完整良好，车内是否干净，是否被毒物污染。装载食品、药品、活动物和有押运人乘坐时，还应检查车内有无恶臭异味。

(c) 货车“定检”是否过期，有无扣修通知及货车洗刷回送标签或通行限制。

(3) 监装（卸）工作。

装卸作业前应向装卸工组详细说明货物的品名、性质，布置装卸作业安全事项和需要准备的消防器材及安全防护用品，装卸剧毒品应通知公安机关到场监护。装卸作业时要做到轻拿轻放，堆码整齐牢固，防止倒塌。要严格按规定的安全作业事项操作，严禁货物侧放、卧装（钢瓶器除外）。包装破损的货物不准装车。装完后应关闭好车门、车窗、盖、阀，整理好货车装备物品和加固材料。

装车后需要施封、苫盖篷布的货车，由装车单位进行施封与苫盖篷布。卸完后应关闭好车门、车窗、盖、阀，整理好货车装备物品和加固材料。

(4) 装车后的检查。

为保证正确运送货物和行车安全，装车后还需要检查下列内容。

① 检查车辆装载：主要检查有无超重、超限现象，装载是否稳妥，捆绑是否牢固，施封是否符合要求，标示牌插挂是否正确。对装载货物的敞车，要检查车门插销、底开门搭扣和篷布苫盖、捆绑情况。

② 检查运单：检查运单有无漏填和错填，车种、车号和运单所载是否相符。

③ 检查货位：检查货位有无误装或漏装的情况。

4. 货物途中作业

1) 货运合同的变更和解除

(1) 货运合同的变更。

① 货运合同变更的种类。

变更到站。货物已经装车挂运，托运人或收货人可按批向货物所在的中途站或到站提出

变更到站。

变更收货人。货物已经装车挂运，托运人或收货人可按批向货物所在的中途站或到站提出变更收货人。

② 货运合同变更的限制。

铁路是按计划运输货物的，货运合同变更必然会给铁路运输工作的正常秩序带来一定的影响。所以，对于下列情况承运人不受理货运合同的变更：

（a）违反国家法律、行政法规；

（b）违反物资流向；

（c）违反运输限制；

（d）运输蜜蜂；

（e）变更到站后的货物运到期限大于容许运到期限；

（f）变更一批货物中的一部分；

（g）第二次变更到站的货物。

③ 货运合同变更的处理。

托运人或收货人要求变更时，应提出领货凭证和货物运输变更要求书。提不出领货凭证时，应提出其他有效证明文件，并在货物运输变更要求书内注明。提出领货凭证是为了防止托运人要求铁路办理变更，而原收货人又持领货凭证向铁路要求交付货物的矛盾。

（2）货运合同的解除。

整车货物和大型集装箱在承运后挂运前，零担和其他型集装箱货物在承运后装车前，托运人可向发站提出取消托运，经承运人同意，货运合同即告解除。

解除合同，发站退还全部运费与押运人乘车费。但特种车使用费和冷藏车费用不退。此外，还应按规定支付变更手续费、保管费等费用。

2）运输阻碍的处理

因不可抗力的原因致使行车中断，货物运输发生阻碍时，铁路局对已承运的货物，可指示绕路运输。或者在必要时先将货物卸下妥善保管，待恢复运输时再装车继续运输。

5. 货物到达领取作业

（1）货物的暂存。

对到达的货物，收货人有义务及时将货物搬出，铁路部门也有义务提供一定的免费保管期间，以便收货人安排搬运车辆，办理仓储手续。免费保管期间规定为：由承运人组织卸车的货物，收货人应于承运人发出催领通知的次日（不能实行催领通知或会同收货人卸车的货物为卸车的次日）起算，2 日（铁路局规定 1 日的为 1 日）内将货物搬出，超过此期限未将货物搬出，其超过的时间核收货物暂存费。

货物运抵到站，收货人应及时领取。拒绝领取时，应出具书面说明，自拒领之日起，3 日内到站应及时通知托运人和发站，征求处理意见。托运人自接到通知之日起，30 日内提出处理意见答复到站。

从承运人发出催领通知次日起（不能实行催领通知时，从卸车完了的次日起），经过查找，满30日（搬家货物满60日）仍无人领取的货物或收货人拒领，托运人又未按规定期限提出处理意见的货物，承运人可按无法交付货物处理。

无法交付货物的范围、保管期限、上报和移交手续、价款处理，应按照国家经济委员会颁发的《关于港口、车站无法交付货物的处理办法》规定办理。

对性质不宜长期保管的货物，承运人根据具体情况，可缩短通知和处理期限。

(2) 票据交付。

收货人持领货凭证和规定的证件到货运室办理货物领取手续，在支付费用和在货票丁联盖章（或签字）后，留下领货凭证，在运单和货票上加盖到站交付日期戳，然后将运单交给收货人，凭此领取货物。如收货人在办理货物领取手续时领货凭证未到或丢失时，机关、企业、团体应提出本单位的证明文件，个人应提出本人居民身份证、工作证（或户口簿）或服务所在单位（或居住单位）出具的证明文件。

货物在运输途中发生的费用（如包装整修费、托运人责任的整理或换装费、货物变更手续等）和到站发生的杂费，在到站应由收货人支付。

(3) 现货交付。

现货交付即承运人向收货人点交货物。收货人持货运室交回的运单到货物存放地点领取货物，货运员向收货人点交货物完毕后，在运单上加盖“货物交讫”戳记，并记明交付完毕的时间，然后将运单交还给收货人，凭此将货物搬出货场。

车站实行整车货物交付前的保管，货物交付完毕后，如收货人不能在当日将货物全批撤出车站时，对其剩余部分，按件数和重量承运的货物，可按件数点交车站负责保管。只按重量承运的货物，可向车站声明。

收货人持加盖“货物交讫”的运单将货物搬出货场，门卫对搬出的货物应认真检查品名、件数、交付日期与运单记载是否相符，经确认无误后放行。

3.3.2 铁路整车货物托运和零担货物托运程序

1. 铁路整车货物托运程序

1）铁路整车运输的条件

一批货物的重量、体积或形状需要以一辆以上货车运输的，即属于整车运输。有些货物，虽重量、体积不够一车，但按其性质、形状需要单独使用一辆货车时，也应按整车运输。

下列货物规定限按整车办理运输：

① 需要冷藏、保温或加温运输的货物。

② 规定限按整车运输的危险货物。

③ 易于污染其他货物的污秽品。

④ 蜜蜂。

⑤ 不易于计算件数的货物。

⑥ 未装容器的活动物。

⑦ 一件重量超过2 t、体积超过3 m^3 或长度超过9 m的货物（经发站确认不影响中转站和到站装卸作业的除外）。

2）铁路整车托运流程图

铁路整车托运流程图见图3－3－2。

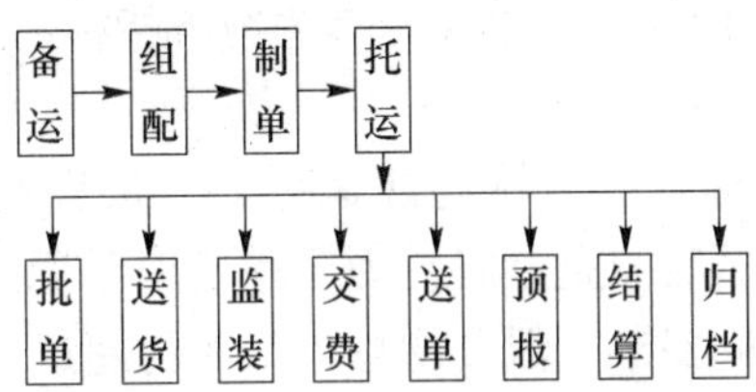

图3－3－2 铁路整车托运流程图

3）铁路整车托运作业步骤及要求

（1）备运。

备运是做好商品发运业务的前提条件，这个阶段主要做好以下三方面工作。

① 做好货源的调查，摸清生产、市场变化、时间要求和运力松紧情况，并进行综合分析，提出调运方案。

② 根据已批准的运输计划，结合商品调运的数量和去向，分清轻重缓急，提出旬、日计划，做好车、船、货的衔接工作。

③ 选择经济合理的运输方式和运输工具，以提高运输效率。

（2）组配。

组配是根据旬、日安排组织商品配装，根据单、货的流转情况，有两种不同的组配方法，一种是见单组配，另一种是见货组配。车站装车发运一般是见单组配。

（3）制单。

制单是根据组配环节转来的组配好的商品调拨供应单，填制有关商品运输的各种单证。这些单证主要包括货物运单和运输交接单。

（4）托运。

托运环节包括批单、送货、监装和交费等项工作。

① 批单。根据旬、日计划要求，及时向承运部门提出发送商品的货物运单，经承运部门审批受理后，即可按承运部门指定的日期和地点组织送货。

② 送货。根据制单环节流转来的运输交接单、商品调拨供应单提货联向仓库提出商品，运送到发运地点，与货运员办理点件、检验等交接手续。

③ 监装。在装载中，指导工人轻拿轻放，科学堆装，合理搭配。

④ 交费。在货物装好后，凭承运部门签章的货物运单向承运部门交付费用。交付费用

手续办好后，应取回领货凭证和付费凭证，并经承运部门在货物运单上盖上承运日戳。

⑤ 送单。当办好托运交付工作和交付运杂费后，由专门办理送单的人员，将领货凭证、付费货票、运输交接单、货物供应单证的有关联次，分送收货或中转单位及内部有关部门。

⑥ 预报。预报是在货物发运以后，预先告知货物接受单位货已发运的通知。预报一般以电报、电话将发站、到站、发运车号、运单号、件数、重量，发运日期等通知收货单位。

⑦ 结算。货物发运后，发运单位向收货单位或供货单位结算收回代垫运杂费及其他费用。

⑧ 归档。对发运数量等进行统计，并计算有关经济指标。

4）铁路整车托运的注意事项

（1）为明确运输责任，整车货物运输通常是一车一张货票、一个发货人。一个托运人托运整车货物的重量低于车辆额定载重量时，为合理使用车辆的载重能力，可以拼装另一托运人托运的货物，即一车二票或多票，但货物总重量不得超过车辆额定载重量。

（2）整车货物多点装卸，按全程合计最大载重量计重；最大载重量不足车辆额定载重量时，按车辆额定载重量计算。

（3）托运整车货物由托运人自理装车，未装足车辆标记载重量时，按车辆标记载重量核收运费。

2. 铁路零担货物托运程序

1）铁路零担运输的条件

（1）零担运输的概念。

一批货物的重量、体积、性质或形状，不需要以一辆铁路货车装运的运输形式称为零担运输。

（2）零担运输的条件。

一件货物体积最小不能小于 0.02 m^3（一件重量在 10 kg 以上的除外），每批件数不超过 300 件的货物，均可按零担运输办理。

2）铁路零担运输流程图

铁路零担运输流程图见图 3－3－3。

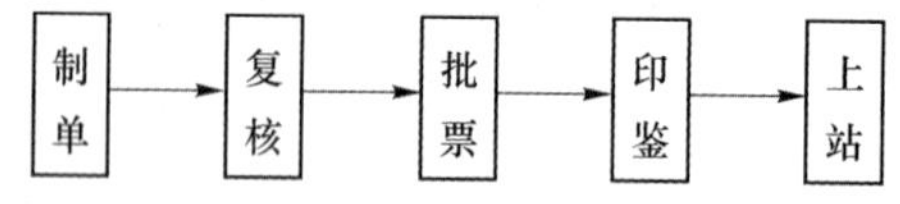

图 3－3－3　铁路零担运输流程图

3）铁路零担托运作业步骤及要求

（1）制单。

根据货物调拨供应单、填制货物运单和有关运输凭证。

（2）复核。

对运输单据内容逐项复核，做到准确无误。

（3）批票。

按照规定时间，将货物运单送交车站办理托运批票，车站正式受理并指定送货日期、地点。

（4）印鉴。

根据货物运单所列的发货人、收货人、到站、品名、件数、运输号码等项目印制运输标签。

（5）上站。

按照车站指定的时间和地点，将货物按时上齐，并应逐件检查货物与运单是否相符，以及运输标记、包装是否符合要求。经检查无误后，向铁路货运工作人员交接。

4）铁路零担托运的注意事项

（1）零担货物必须在办理托运手续后，认真核对运单、货物的基础上验收入库。

（2）根据车辆核定吨位、车厢容积和起运货物的重量、理化性质、长度、大小、形状等，合理配载，编制货物交接清单。

（3）根据车辆容积，均衡地分布货物，充分利用车辆载重量和容积。

（4）凭到货通知单交付的，由收货人在到货通知单上加盖与收货人名称相同的印章并验看提货经办人有效身份证件，在货票提取联签字交付。

3.3.3 铁路货物运单的填制

1. 托运人填写部分

铁路货物运单中托运人填写部分见图3－3－4左侧。

货物指定于　年　月　日　搬入　××铁路局
货　位：
计划号码或运输号码：
运到期限：　日

货物运单

托运人→发站→到站→收货人

承运人/托运人　装车
承运人/托运人　施封

货票第××号

托运人填写					承运人填写					
发　站		到站（局）			车种车号			货车标重		
到站所属省（市）、自治区					施封号码					
托运人	名称				经　由			铁路货车篷布号码		
	地址		电话							
收货人	名称				运价里程			集装箱号码		
	地址		电话							
货物名称	件数	包装	货物价格	托运人确定重量（kg）	承运人确定重量（kg）	计费重量	运价类型	运价号	运价率	运费
合　计										
托运人记载事项					承运人记载事项					

注：本单不作为收款凭据，托运人签约需见背面。　托运人盖章或签字　年　月　日　到站交付日期戳　发站承运日期戳

领货凭证

车种及车号
货票第　号
运到期限　日

发站		
到站		
托运人		
收货人		
货物名称	件数	重量
托运人盖章或签字		
发站承运日期戳		

注：收货人须知见背面。

图3－3－4　铁路货物运单中托运人填写部分

（1）“发站”栏和“到站（局）”栏，应分别按“铁路货物运价里程表”规定的站名完整填写，不得简称。到达局名，填写到达站主管铁路局名的第一个字，例如（哈）、（上）、（广）等，但到达北京铁路局的，则填写（京）字。

“到站所属省（市）、自治区”栏，填写到站所在地的省（市）、自治区名称。

托运人填写的到站、到达局和到站所属省（市）、自治区名称，三者必须相符。

（2）“托运人名称”和“收货人名称”栏应填写托运单位和收货单位的完整名称，如托运人或收货人为个人时，则应填写托运人或收货人姓名。

（3）“托运人地址”和“收货人地址”栏，应详细填写托运人和收货人所在省、市、自治区城镇街道和门牌号码或乡、村名称。托运人或收货人装有电话时，应填写电话号码。如托运人要求到站在货物到达后用电话通知收货人时，必须将收货人电话号码填写清楚。

（4）“货物名称”栏应按《铁路货物运价规则》附表二“货物运价分类表”或国家产品目录，危险货物则按《危险货物运输规则》附件一“危险货物品名索引表”所列的货物名称完全、正确填写。托运危险货物并应在品名之后用括号注明危险货物编号。“货物运价分类表”或“危险货物品名索引表”内未经列载的货物，应填写生产或贸易上通用的具体名称，但须用《铁路货物运价规则》附件一相应类项的品名加括号注明。

按一批托运的货物，不能逐一将品名在运单内填写时，须另填物品清单一式三份，一份由发站存查，一份随同运输票据递交到站，一份退还托运人。

需要说明货物规格、用途、性质的，在品名之后用括号加以注明。

对危险货物、鲜活货物或使用集装箱运输的货物，除填写货物的完整名称外，并应按货物性质，在运单右上角用红色墨水书写或用加盖红色戳记的方法，注明“爆炸品”“氧化剂”“毒害品”“腐蚀物品”“易腐货物”“×吨集装箱”等字样。

（5）“件数”栏，应按货物名称及包装种类，分别记明件数，“合计件数”栏填写该批货物的总件数。

承运人只按重量承运的货物，则在本栏填写“堆”“散”“罐”字样。

（6）“包装”栏记明包装种类，如“木箱”“纸箱”“麻袋”“条筐”“铁桶”“绳捆”等。按件承运的货物无包装时，填写“无”字。使用集装箱运输的货物或只按重量承运的货物，本栏可以省略不填。

（7）“货物价格”栏应填写该项货物的实际价格，全批货物的实际价格为确定货物保价运输保价金额或货物保险运输保险金额的依据。

（8）“托运人确定重量”栏，应按货物名称及包装种类分别将货物实际重量（包括包装重量）用千克记明，“合计重量”栏，填写该批货物的总重量。

（9）“托运人记载事项”栏填写需要由托运人声明的事项，具体如下。

① 货物状态有缺陷，但不致影响货物安全运输，应将其缺陷具体注明。

② 需要凭证明文件运输的货物，应将证明文件名称、号码及填发日期注明。

③ 托运人派人押运的货物，注明押运人姓名和证件名称。

④ 托运易腐货物或“短寿命”放射性货物时，应记明容许运输期限；需要加冰运输的

易腐货物，途中不需要加冰时，应记明“途中不需要加冰”。

⑤ 整车货物应注明要求使用的车种、吨位、是否需要苫盖篷布。整车货物在专用线卸车的，应记明“在××专用线卸车”。

⑥ 委托承运人代封的货车或集装箱，应记明“委托承运人代封”。

⑦ 使用自备货车或租用铁路货车在营业线上运输货物时，应记明“××单位自备车”或“××单位租用车”。使用托运人或收货人自备篷布时，应记明“自备篷布×块”。

⑧ 国外进口危险货物，按原包装托运时，应记明“进口原包装”。

⑨ 笨重货件或规格相同的零担货物，应注明货件的长、宽、高，规格不同的零担货物应注明全批货物的体积。

⑩ 其他按规定需要由托运人在运单内记明的事项。

(10)“托运人盖章或签字”栏，托运人于运单填写完毕，并确认无误后，在此栏盖章或签字。

(11) 领货凭证各栏，托运人填写时（包括印章加盖与签字）应与运单相应各栏记载内容保持一致。

(12) 货物在承运后，变更到站或收货人时，由处理站根据托运人或收货人提出的“货物变更要求书”，代为分别更正“到站（局）”、“收货人”和“收货人地址”栏填写的内容，并加盖站名戳记。

2. 承运人填写部分

铁路货物运单中承运人填写部分见图3－3－5中间。

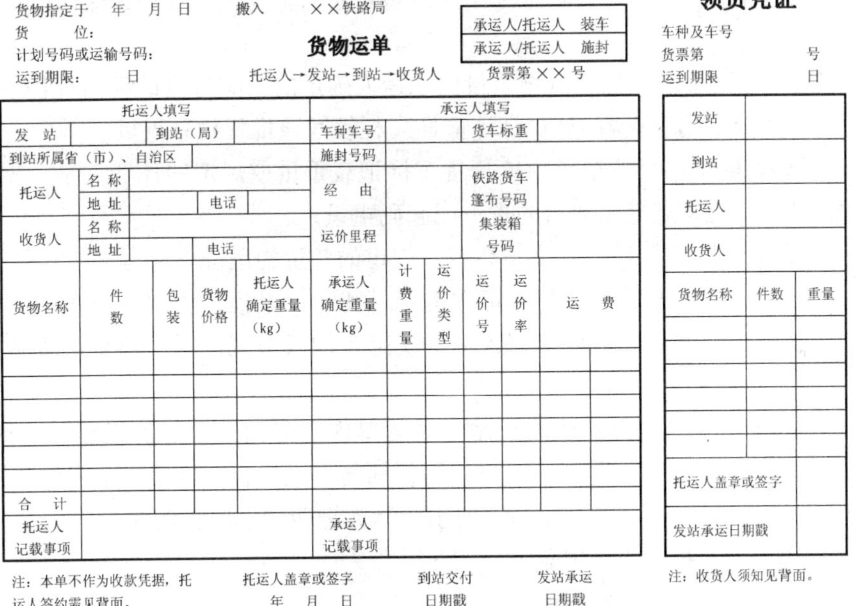

货物指定于 年 月 日 搬入 ××铁路局

货 位:

计划号码或运输号码:

运到期限: 日

货物运单

托运人→发站→到站→收货人

承运人/托运人 装车
承运人/托运人 施封

货票第××号

托运人填写					承运人填写					
发 站		到站（局）			车种车号		货车标重			
到站所属省（市）、自治区					施封号码					
托运人	名 称				经 由		铁路货车篷布号码			
	地 址		电话							
收货人	名 称				运价里程		集装箱号码			
	地 址		电话							
货物名称	件数	包装	货物价格	托运人确定重量（kg）	承运人确定重量（kg）	计费重量	运价类型	运价号	运价率	运费
合 计										
托运人记载事项					承运人记载事项					

注：本单不作为收款凭据，托运人签约需见背面。　托运人盖章或签字 年 月 日　到站交付日期戳　发站承运日期戳

领货凭证

车种及车号

货票第 号

运到期限 日

发站		
到站		
托运人		
收货人		
货物名称	件数	重量
托运人盖章或签字		
发站承运日期戳		

注：收货人须知见背面。

图3－3－5 铁路货物运单中承运人填写部分

（1）发站对托运人提出的运单经检查填写正确、齐全，到站营业办理范围符合规定后，应在“货物指定于×年×月×日搬入”栏内，填写指定搬入日期，零担货物并应填写运输号码，由经办人签字或盖章，交还托运人凭以将货物搬入车站，办理托运手续。

（2）“运到期限：××日”栏，填写按规定计算的货物运到期限日数。“货票第××号”栏，根据该批货物所填发的货票号码填写。

（3）运单和领货凭证的“车种车号”和“货车标重”栏，按整车办理的货物必须填写。运输过程中，货物发生换装时，换装站应将货物运单和货票丁联原记的车种车号划线抹消（使它仍可辨认），并将换装后的车种车号填记清楚，并在改正处加盖车站戳记。换装后的货车标记载重量有变动时，并应更正货车标重。

（4）“铁路货车篷布号码”栏，填写该批货物所苫盖的铁路货车篷布号码。使用托运人自备篷布时，应将本栏划一“×”号。“集装箱号码”栏，填写装运该批货物的集装箱的箱号。

（5）“施封号码”栏，填写施封环或封饼上的施封号码，封饼不带施封号码时，则填写封饼个数。

（6）“承运人/托运人装车”栏，规定由承运人组织装车的，将“托运人”三字划消；规定由托运人组织装车的，将“承运人”三字划消。

（7）“经由”栏，货物运价里程按最短径路计算时，本栏可不填；按绕路经由计算运费时，应填写绕路经由的接算站名或线名。

（8）“运价里程”栏，填写发站至到站间最短径路的里程，但绕路运输时，应填写绕路经由的里程。

（9）“承运人确定重量”栏，货物重量由承运人确定的，应将检重后的货物重量，按货物名称及包装种类分别用千克填记。“合计重量”栏填写该批货物总重量。

（10）“计费重量”栏，整车货物填写货车标记载重量或规定的计费重量；零担货物和集装箱货物，填写按规定处理尾数后的重量或起码重量。

（11）“运价号”栏按“货物运价分类表”规定的各货物运价号填写。

（12）“运价率”栏，按该批货物确定的运价号和运价里程，从“货物运价率表”中找出该批（项）货物适用的运价率填写。运价率规定有加成或减成时，应记明加成或减成的百分比。

（13）实行核算、制票合并作业的车站，对运单内“经由”“运价里程”“计费重量”“运价号”“运价率”和“运费”栏，可不填写，而将有关内容直接填写于货票各栏内。

（14）“承运人记载事项”栏，填写需要由承运人记明的事项，例如：

① 货车代用，记明批准的代用命令；

② 轻重配装，记明有关计费事项；

③ 货物运输变更，记明有关变更事项；

④ 途中装卸的货物，记明计算运费的起讫站名；

⑤ 需要限速运行的货物和自有动力行驶的机车，记明铁路分局承认命令；

⑥ 需要由承运人记明的其他事项。

(15)“发站承运日期戳”和“到站交付日期戳”栏，分别由发站和到站加盖承运或交付当日的车站日期戳。

(16) 货票各联根据货物运单记载的内容填写，金额不得涂改，填写错误时按作废处理。

(17) 运单上所附的领货凭证，由发站加盖承运日期戳后，连同货票丙联一并交给托运人。

(18) 货票丁联“收货人盖章或签字”栏，由收货人在领取货物时，盖章或签字。

(19) 货票丁联“卸货时间”栏由到站按卸车完毕的日期填写，“到货通知时间”栏按发出到货催领通知的时间填写。

【任务实施】

步骤一：知道铁路运输的一般流程

铁路运输操作流程见图3－3－6。

图3－3－6　铁路运输操作流程

张明在这个过程中完成签订铁路货运合同，根据客户要求在合同中注明装车要求及在途作业要求，货物发出时提醒取货人取货。

步骤二：能够描述铁路整车货物托运和零担货物托运程序

光明粮油食品有限公司这批食用油，采用整车托运。张明负责填写运单，交由审核员审核，并通知调度安排托运。

如果是零担托运，张明负责填写运单，并提交审单，通知司磅称重、量方，通知调度安排托运，以及配货员配货。

步骤三：会填制铁路货物运单

根据任务描述中的详细资料填制铁路货物运单，张明完成货物运单后，托运人须在相应位置签字、盖章确认。

【应用训练】

根据下列条件，分别以托运人和承运人不同岗位角色，完成货物运单的填写；要求运单填制符合规定，正确无误，不漏填，填写清楚规范。

背景资料：

托运人：陕西福鑫钢铁贸易有限公司；

发站：西安西站；

收货人：马青云；

到站：拉萨西站；

货物名称：钢管；

件数：35 件；

包装：捆；

托运人确定重量：60 t；

保价金额：50 000 元；

车种车号：C4637207；

货车标重：60 t；

整车货物计划号码：06Y00853541；

整车地点：专用线；

运价里程：正式营业线 1 715 km，格拉线 1 130 km，电气化里程 886 km；

正式营业线运费：6 273. 20 元；

格拉线运费：8 136. 00 元；

电气化附加费：637. 90 元；

保价费率：2%；

铁路建设基金：3 395. 70 元；

印花税：7. 50 元。

【任务评价】

任务评价表

项目	内容	该项目满分	实际得分
步骤一	知道铁路运输的一般流程	10	
步骤二	能够描述铁路整车货物托运和零担货物托运程序	20	
步骤三	会填制铁路货物运单	40	
完成时间		20	
安全操作		10	
合计		100	

【拓展提升】

铁路货物运输单证

铁路货物运输单证除了上述内容中的铁路货物运输服务订单、铁路货物运单、铁路运输货票三种主要的单证以外，还有一些在铁路货物运输营运过程中的单证。

1. 年度运输计划表

年度运输计划表是按照年度商品流转计划，同时参考历史资料，结合计划期市场状况和交通运输条件，综合各种运输方式于一个具有规定格式的表格内。见表3－3－4。

表3－3－4　年度运输计划表

品类及主要品名	铁路运输			公路运输		水路运输	
	运量/t	车数/辆	货物周转量/(t·km)	运量/t	货物周转量/(t·km)	运量/t	货物周转量/(t·km)
合计							

2. 月、旬要车计划

月、旬要车计划是发货人在托运整车货物前，向铁路部门提出的托运计划。见表3－3－5、3－3－6。

表3－3－5　月份要车计划表

到站		发货单位	收货单位	货物名称	车种及车数					出口	附注	发送局
局	车站				篷车	敞车	平车	罐车	保温			发送车站货物品类
合计												

表3－3－6　旬要车计划表

计划号码	货物		到达		车种车数					合计车数	日装车数			直达列车			记事
	品类	品名	局名	站名	篷车	敞车	平车	罐车	其他					列数	车数	到站	

3. 铁路运输（中转）交接单

铁路运输（中转）交接单是托运人同收费人进行内部商品交接和结算运输代垫费用的凭证。见表3－3－7。

表3－3－7　铁路运输（中转）交接单

铁路运输（中转）交接单

收货单位＿＿＿＿＿中转单位＿＿＿＿＿发运时间＿＿＿＿＿车船号＿＿＿＿＿

到达站（港）＿＿＿＿＿中转站（港）＿＿＿＿＿运单号码＿＿＿＿＿批次＿＿＿＿＿

运价号	发货单据号码		品名	包装	件数	重量	甩货		备注
合计									

4. 铁路物品清单

当一批托运的货物不能逐一将品名在运单内填写时，须另填写铁路物品清单一式三份，一份由发站存查，一份随同运输票据递交到站，一份退还托运人。见表3－3－8。

表3－3－8　铁路物品清单

铁路物品清单

发站　　　　　　　　　　　　　　货票第　　号

货件编号	包装	详细内容	件数或尺寸	重量	价格

任务3.4　铁路货物运输费用计算

【任务目标】

1. 能够描述铁路运输费用的构成
2. 能说出运费的计算公式
3. 学会计算运费

【任务描述】

先达货运公司张明接到新订单，本次订单为联合运输订单，一台机器重 24 t，由西安经公路运输运至兰州，再由兰州经铁路运输运至银川。张明按照公路运输的计费要求对西安至兰州西站的公路运费进行了核算，又按照铁路运输的计费要求对兰州西站至银川站的铁路运费进行了核算，确认准确无误后上报给客户，得到客户的满意。张明是如何对兰州西站至银川站的铁路运输费用（本次铁路运输使用 50 t 货车进行装运）进行计算的？

【知识准备】

3.4.1　铁路货物运价核收依据

铁路货物运输费用根据《铁路货物运价规则》（简称《价规》）核收。

1.《价规》适用范围

铁路营业线的货物运输，除军事运输、水陆联运、国际铁路联运、过境运输及其他另有规定者外，均按《价规》计算货物的运输费用。《价规》以外的货物运输费用，按铁路总公司的有关规定计算核收。

2.《价规》基本内容

《价规》规定了在各种不同情况下计算货物运输费用的基本条件，各种货物运费、杂费和其他费用的计算方法及国际铁路联运货物国内段的运输费用的计算方法等。

3.《价规》四个附件

（1）附件一为铁路货物运输品名分类与代码表（简称分类表）。

分类表由代码、货物品类、运价号（整车、零担）、说明等项组成。代码由 4 位阿拉伯数字组成，是类别码（前 2 位表示货物品类的大类，第 3 位表示中类，第 4 位表示小类），根据货物所属的品类，便可确定货物的运价号。铁路运输的货物共分 26 类，每一类都是按大类、中类、小类的顺序排列。见表 3－4－1。

表 3－4－1　铁路货物运输品名分类与代码表（部分）

代码			货物品类	运价号		说明
				整车	零担	
01			煤	4	21	含未经入洗、筛选的无烟煤、炼焦烟煤、一般烟煤、褐煤
01	1	0	原煤			
01	2	0	洗精煤	5	21	含冶炼用炼焦精煤及其他洗精煤
01	3	0	块煤	4	21	含各种粒度的洗块煤和筛选块煤

续表

代码			货物品类	运价号		说明
				整车	零担	
01	4	0	洗、选煤	4	21	指洗精煤、洗块煤以外的其他洗煤（含洗混煤、洗中煤、洗末煤、洗粉煤、洗原煤、煤泥），以及筛选块煤以外的其他筛选煤（含筛选混煤、筛选末煤、筛选粉煤）
01	5	0	水煤浆	4	21	
01	9	0	其他煤	4	21	含煤粉、煤球、煤砖、煤饼、蜂窝煤等煤制品，泥炭、风化煤及其他煤，不含煤矸石（列入0897）
02			石油	6	22	含天然原油、页岩原油、煤炼原油
02	1	0	原油			
02	2	0	汽油	6	22	含各种用途的汽油
02	3	0	煤油	6	22	含灯用煤油、喷气燃料及其他煤油
02	4	0	柴油	6	22	含轻柴油、重柴油及其他柴油

（2）附件二为铁路货物运价率表。

铁路货物运价率表包括：铁路货物运输办理类别、运价号、发到基价、运行基价、车种车型计费重量。

运价率的确定：整车、零担货物按货物适用的运价号，集装箱货物根据箱型，冷藏车货物根据车种分别在铁路货物运价表中查出适用的发到基价和运行基价。见表3－4－2。

表3－4－2 铁路货物运价率表（部分）

办理类别	运价号	发到基价		运行基价	
		单 位	标 准	单 位	标 准
整车	1	元/t	4.60	元/（t·km）	0.021 2
	2	元/t	5.40	元/（t·km）	0.024 3
	3	元/t	6.20	元/（t·km）	0.028 4
	4	元/t	7.00	元/（t·km）	0.031 9
	5	元/t	7.90	元/（t·km）	0.036 0
	6	元/t	8.50	元/（t·km）	0.039 0
	7	元/t	9.60	元/（t·km）	0.043 7
	8	元/t	10.70	元/（t·km）	0.049 0
	9			元/（轴·km）	0.150 0
	冰保	元/t	8.30	元/（t·km）	0.045 5
	机保	元/t	9.80	元/（t·km）	0.067 5

续表

办理类别	运价号	发到基价		运行基价	
		单 位	标 准	单 位	标 准
零担	21	元/t	0.087	元/（t·km）	0.000 365
	22	元/（10 kg）	0.104	元/（10 kg·km）	0.000 438
	23	元/（10 kg）	0.125	元/（10 kg·km）	0.000 526
	24	元/（10 kg）	0.150	元/（10 kg·km）	0.000 631
集 装 箱	1 吨箱	元/箱	7.40	元/（箱·km）	0.003 29
	5.6 吨箱	元/箱	57.00	元/（箱·km）	0.252 5
	10 吨箱	元/箱	86.20	元/（箱·km）	0.381 8
	20 英尺箱	元/箱	161.00	元/（箱·km）	0.712 8
	40 英尺箱	元/箱	314.70	元/（箱·km）	1.393 5

（3）附件三铁路货物运输品名检查表（简称检查表）。

检查表由品名、拼音码、代码、运价号（整车、零担）五项组成。根据货物的拼音码，便可确定货物的代码和运价号。拼音码由不超过5个汉语拼音字母、阿拉伯数字、英文字母构成。根据品名，由左向右，汉字一般取每字拼音的首码，构成拼音码。见表3-4-3。

分类表和检查表都是用来判定货物的代码和确定运价号的工具。

列名内的货物运价号的确定：

① 整车、零担货物根据运单上填写的货物名称和运输种别先查检查表查出该品名的拼音码、代码和运价号。

② 分类表和检查表中有具体名称时，按具体名称判定代码和运价号。

③ 分类表和检查表中无该具体名称时，则按概括名称判定代码和运价号。

未列名的货物，可列入总收容类目——99 未列名的其他货物。

表3-4-3 铁路货物运输品名检查表

品名	拼音码	代码	运价号		品名	拼音码	代码	运价号	
			整车	零担				整车	零担
裁判椅	CPY	99 13 010	5	22	蚕茧烘干机	CJHGJ	19 99 006	6	22
裁纸刀	CZD	24 91 019	5	22	蚕杀虫药	CSCY	13 21 007	2	22
裁纸机	CZJ	17 19 046	6	22	蚕沙	CS	99 32 001	2	21
采掘设备	CJSB	17 12 001	6	22	蚕药	CY	25 20 019	5	22
采掘设备零配件	CJSBL	17 15 016	6	22	蚕蛹	CY	99 32 002	2	21
采掘洗选设备	CJXXS	17 12 002	6	22	蚕蛹粉	CYF	99 32 003	2	21
采煤机械	CMJX	17 12 003	6	22	蚕蛹渣	CYZ	99 32 004	2	21
采样器	CYQ	17 31 079	6	22	蚕子	CZ	20 16 003	4	22
彩箔纸	CBZ	24 21 014	5	22	苍耳子	CEZ	21 41 002	5	22
彩蛋	CD	99 51 007	5	22	苍耳子（药用）	CEZY	25 10 023	5	22

续表

品名	拼音码	代码	运价号		品名	拼音码	代码	运价号	
			整车	零担				整车	零担
彩灯	CD	18 92 005	6	21	苍耳子油	CEZY	99 22 004	5	22
彩墨水	CMS	24 91 016	5	22	苍蝇拍	CYP	99 19 012	5	22
彩球	CQ	99 51 008	5	22	苍蝇药水	CYYS	15 96 002	5	22
彩色笔	CSB	24 91 017	5	22	藏红花	ZHH	25 10 171	5	22
彩色监视器	CSJSQ	17 31 059	6	22	藏靴	ZX	23 31 053	5	22
彩色扩印机	CSKYJ	18 99 022	6	22	操纵台	CZT	17 19 050	6	22
彩色纸	CSZ	24 21 016	5	22	操作杆	CZG	17 19 045	6	22
彩石	CS	06 99 006	2	21	糙米	CM	11 30 001	4	21
彩条巾	CTJ	23 29 014	5	22	槽邦钢	CBG	05 30 012	5	21
彩釉砖	CYZ	08 92 012	5	22	槽钢	CG	05 30 012	5	21
菜板	CB	21 39 002	4	21	草包	CB	21 26 001	4	21
菜饼	CB	99 33 002	5	22	草编织垫	CBZD	21 26 002	4	22
菜刀	CD	16 99 014	5	22	草袋	CD	21 26 004	4	22
菜豆	CD	20 50 007	5	22	草袋编织机	CDBZJ	17 19 023	6	22
菜墩	CD	21 39 003	5	22	草袋片	CDP	21 26 006	4	22
菜花	CH	20 50 011	5	22	草垫	CD	21 26 005	4	22
菜粕	CP	99 33 006	4	21	草兜	CD	21 26 003	4	22
菜用豆种子	CYDZZ	21 93 002	5	22	草饭窝	CFW	21 29 001	4	22
菜用瓜种子	CYGZZ	21 93 003	5	22	草菇	CG	20 50 010	5	22
菜籽饼	CZB	99 33 008	4	21	草浆	CJ	24 21 015	5	22
菜籽粕	CZP	99 33 010	5	22	草浆板	CJB	24 21 015	5	22
菜籽油	CZY	22 27 002	5	22	草秸	CJ	21 14 002	4	22
参须（药材）	SXY	22 27 002	5	22	草篮	CL	21 26 007	4	22
餐车	CC	17 21 001	7	—	草笠	CL	21 23 001	4	22
餐巾	CJ	23 29 011	5	22	草帘子	CLZ	21 29 002	4	22
餐巾纸	CJZ	24 22 002	5	22	草帽	CM	21 23 002	4	22
餐桌	CZ	99 13 014	5	22	草帽辫	CMB	21 29 003	4	22
残疾人车	CJRC	17 24 004	6	22	草帽圈	CMQ	21 29 004	4	22
残羊皮	CYP	23 41 003	5	22	草莓	CM	20 69 006	5	22
蚕	C	20 16 001	4	22	草木灰	CMH	99 33 005	5	21
蚕豆	CD	11 99 001	4	21	草扇	CS	21 29 005	4	22
蚕豆（鲜）	CDX	20 50 008	5	22	草绳	CS	21 22 001	4	22
蚕茧	CJ	20 16 002	4	22	草绳搓捻机	CSCNJ	17 19 036	6	22

（4）附件四为铁路货物运价里程表（分上、下两部分）。

上部为站名索引表，包含：查找车站和里程的方法及计算里程的方法；集装箱办理站站名表；办理自备大型集装箱运输专用线名表；加冰冷藏车始发办理站站名表；站名索引表。

站名索引表中列载了全国铁路各条线路的站名和各站的最大起重能力及办理限制等。

下部为里程表，用来计算从发站至到站的运价里程，包括：各条线路之间的接算站示意图；最短路径示意图；铁路和水路货物联运换装站到码头线里程表；国际联运国境站到国境线里程表等。

铁路货物运价里程表的查询方法：

从里程表上部站名首字汉语拼音索引表或站名首字笔画索引表查出车站在站名索引表中的页码；翻到该页码所在位置，就可查到该车站的电报略码、所在的铁路局、省（市、自治区）的简称、最大起重能力、营业办理限制等有关事项。见表3－4－4。

表3－4－4 铁路货物运价里程表

铁路货物运价里程表（单位:公里）

北京	北京																											
天津	137	天津																										
沈阳	741	707	沈阳																									
长春	1046	1012	305	长春																								
哈尔滨	1288	1354	547	242	哈尔滨																							
济南	497	360	1067	1372	1614	济南																						
合肥	1074	973	1680	1985	2227	613	合肥																					
南京	1160	1023	1730	2035	2277	663	312	南京																				
上海	1463	1326	2033	2335	2577	966	615	303	上海																			
杭州	1589	1452	2159	2464	2706	1092	451	429	201	杭州																		
南昌	1449	1444	2151	2456	2689	1137	478	838	837	636	南昌																	
福州	2334	2197	2904	3209	3451	1837	1196	1174	1173	972	622	福州																
石家庄	277	419	1126	1431	1673	301	914	964	1267	1393	1293	1915	石家庄															
郑州	689	831	1538	1843	2085	666	645	695	998	1124	927	1549	412	郑州														
武昌	1225	1367	1972	2277	2519	1202	1181	1231	1230	1029	391	1013	948	536	武昌													
长沙	1583	1725	2330	2635	2877	1560	1222	1200	1199	998	418	984	1306	894	358	长沙												
广州	2289	2431	3036	3341	2928	2151	1826	1804	1803	1602	1022	1588	2012	1600	1064	706	广州											
南宁	2561	2703	3411	6313	3855	2538	2098	2076	2075	1874	1294	1860	2282	1870	1336	978	1334	南宁										
西安	1159	1301	1906	2211	2453	1177	1156	1206	1509	1635	1412	2389	923	511	1047	1405	2111	2383	西安									
兰州	1811	1948	2552	2962	3099	1853	1832	1182	2185	2311	2088	3065	1599	1187	1723	2081	2787	3059	676	兰州								
西宁	2092	2235	2839	3144	3386	2069	2048	2098	2401	2527	2304	3281	1815	1403	1939	2297	3003	3275	892	216	西宁							
乌鲁木齐	3768	3911	4515	4820	5062	3745	3724	3774	4077	4065	4391	4957	3491	3079	3615	3973	4679	4951	2568	1892	2108	乌鲁木齐						
成都	2042	2185	2789	3094	3336	2019	1998	2048	2351	2552	2239	2805	1765	1353	1737	1923	2527	1832	842	1172	1388	3026	成都					
贵阳	2539	2681	3286	3591	3833	2516	2076	2054	2053	1852	1272	1838	2262	1850	1314	956	1560	865	1809	2139	2355	3993	967	贵阳				
昆明	3178	3320	3925	4230	4472	3119	3098	2693	3069	2868	1911	2477	2901	2489	1953	1595	2199	1504	1942	2272	2488	4126	1100	639	昆明			
太原	514	650	1255	1560	1802	532	1145	1195	1498	1624	1944	2521	231	577	1179	1537	2243	2515	651	1327	1543	3219	1493	2460	2593	太原		
呼和浩特	667	804	1408	1713	1955	1164	1777	1827	2130	2256	2674	3303	871	1362	1898	2256	2962	3234	1291	1144	1360	3036	2133	3100	3233	640	呼和浩特	
银川	1343	1480	2084	2389	2631	1840	2002	2052	2355	2481	2258	3235	1547	1357	1893	2251	2957	3229	846	468	684	2008	1342	2309	2442	1316	676	银川

4.《价规》三个附录

（1）附录一为铁路电气化附加费核收办法。

凡货物运输中途经过表3－4－5所列电气化区段时，均按铁路电气化附加费核收办法的规定收取电气化附加费。

表3－4－5 铁路电气化区段表

序号	线名	电气化区段	区段里程/km	序号	线名	电气化区段	区段里程/km
1	京山线	秦皇岛—山海关	16	24	焦柳线	月山—关林	129
2	丰台西线	丰台—丰台西	5	25	怀化南线	怀化—怀化南	4
3	京承线	丰台—双桥	43	26	宝成线	宝鸡—成都东	673
4	京秦线	双桥—秦皇岛	280	27	阳安线	平阳关—安康	357
5	京包线	沙城—大同	252	28	成渝线	成都东—重庆	500
6	大秦线	韩家岭—柳村南	652	29	川黔线	小南海—贵阳南	438

续表

序号	线名	电气化区段	区段里程/km	序号	线名	电气化区段	区段里程/km
7	段大线	段甲岭—大石庄	7	30	贵昆线	贵阳南—昆明西	644
8	丰沙线	丰台—沙城	104	31	漳州线	郭坑—漳州	11
9	京广线	丰台—武昌南	1 221	32	包兰线	石嘴山—兰州西	581
10	京广线	郴州—韶关	153	33	太岚线	太原北—镇城底	55
11	孟宝线	孟庙—平顶山东	64	34	口泉线	平旺—口泉	10
12	石太线	石家庄—太原北	251	35	宝中线	虢镇—迎水桥	502
13	北同蒲线	大同—太原北	347	36	干武线	干塘—武威南	172
14	玉门沟线	太原北—玉门沟	22	37	汤鹤线	汤阴—鹤壁北	19
15	太焦线	长治北—月山	153	38	马滋线	马头—新坡	12
16	汉丹线	襄樊—老河口东	57	39	侯月线	侯马北—翼城东	50
17	襄渝线	老河口东—小南海	850	40	平汝线	平罗—大武口	11
18	鹰夏线	鹰潭—厦门	694	41	成昆线	成都—昆明东	1 108
19	湘黔线	株洲北—贵定	821	42	小梨线	小南海—梨树湾	23
20	黔桂线	贵定—贵阳南	68	43	西重线	西永—重庆	24
21	陇海线	郑州北—兰州西	1 192	44	胡大线	胡东—大同东	21
22	兰新线	兰州西—武威南	279	45	渡口线	三堆子—密地	10
23	西固城线	兰州西—西固城	21				

（2）附录二为新路新价均摊运费核收办法。

铁路建设中新建线路不断增加，为了既体现国家实行新路新价的原则，又方便计算运费，凡经国家铁路运输的货物，按发站至到站国铁正式营业线和实行统一运价的运营临管线（见表3－4－6）的运价里程，均按新路新价均摊运费核收办法的规定收取新路新价均摊运费。

表3－4－6　实行统一运价的运营临管线

实行统一运价的运营临管线			
序号	线名	起讫站	里程/km
1	福前段	福利屯—前进线	226
2	侯月线侯翼段	侯马北—翼城东	50
3	宝中线	虢镇—迎水桥	502
4	安口南线	安口窖—安口南	6
5	青藏线哈格段	哈尔盖—格尔木	653
6	茶卡支线	察汉诺—茶卡	36
7	南山口支线	格尔木—南山口	30

（3）附录三为铁路建设基金计算核收办法。

铁路收取建设基金的目的是专款专用，保证铁路建设的不断发展。

3.4.2　铁路货物运输费用的计算步骤

1. 计算货物运输费用的步骤

（1）按铁路货物运价里程表（附件四）计算出发站至到站的运价里程。

（2）根据货物运单上填写的货物名称查找铁路货物运输品名分类与代码表（附件一）、铁路货物运输品名检查表（附件三），确定适用的运价号。

（3）整车、零担货物按货物适用的运价号，集装箱货物根据箱型，冷藏车货物根据车种分别在铁路货物运价率表（附件二）中查出适用的运价率。

（4）货物适用的发到基价加上运行基价与运价里程的乘积后，再与按本规则确定的计费重量（集装箱为箱数）相乘，计算出运费。

（5）计算其他费用。

2. 计算货物运输费用的基本规定

（1）货物运费的计费重量：整车货物以 t 为单位，t 以下四舍五入；零担货物以 10 kg 为单位，不足 10 kg 进为 10 kg；集装箱货物以箱为单位。

（2）运价里程根据货物运价里程表按发站至到站间国铁正式营业线最短路径计算。

（3）通过地方铁路的，将其通过的地方铁路运价里程合并计入；在地方铁路发到的，计算到地方铁路的分界站。

（4）每项运费、杂费的尾数不足 1 角时按四舍五入处理。

3.4.3　铁路货物运费的计算

1. 整车货物运费计算

运费 =（发到基价 + 运行基价 × 运价里程）× 计费重量。

计费重量：除下列情况外，均按货车标记载重量作为计费重量，货物重量超过标重时，按货物重量计费。

（1）01、0310、04、06、081 和 14 类货物按 40 t 计费，超过时按货物重量计费。

（2）使用自备冷藏车装运货物时按 60 t 计费；使用标重低于 50 t 的自备罐车装运货物时按 50 t 计费。

（3）标重不足 30 t 的家畜车，计费重量按 30 t 计算。

（4）铁路配发计费重量高的货车代替托运人要求计费重量低的货车，如托运人无货加装，按托运人原要求车的计费重量计费。

（5）货物重量超过规定计费重量的，按货物重量计费。

【例】：某托运人从沈阳南站托运一台机床，重 26 t，使用一辆 60 t 货车装运至桂林北站，计算其运费。

解：查找货物运价里程表可知两站的最短路径为 2 962 km。

查找铁路货物运输品名分类与代码表可知机床运价号为 6 号。

查找铁路货物运价率表可知基价 1 = 13. 1 元/t，基价 2 = 0. 065 5 元/（t·km）。

计费重量为 60 t。

运费 = (13. 1 + 0. 065 5 × 2 962) × 60 = 12 426. 66 ≈ 12 426. 70（元）。

2. 零担货物运费计算

运费 = (发到基价 + 运行基价 × 运价里程) × 计费重量/10。

零担货物运费的若干规定如下。

（1）计费重量：

① 零担货物的计费重量以 10 kg 为单位，不足 10 kg 进为 10 kg；

② 零担货物有规定计费重量的货物按规定计费重量计费；

③ 按货物重量计费；

④ 按货物重量和折合重量择大计费，折合重量（kg）= 300 × 体积（m^3）。

（2）起码运费：零担货物每批的起码运费，发到运费为 1. 60 元，运行运费为 0. 40 元。

（3）分项计费：在货物运单内分项填记重量的零担货物，应分项计费。运价率相同时，重量应合并计算。

运价率不同的零担货物在一个包装内或按总重量托运时，按该批或该项货物中运价率高的计费。

3. 集装箱货物运费计算

运费 = (发到基价 + 运行基价 × 运价里程) × 箱数。

【任务实施】

步骤一：能够描述铁路运输费用的构成

1. 计算货物运输费用的程序

（1）按铁路货物运价里程表（附件四）计算出发站至到站的运价里程。

（2）根据货物运单上填写的货物名称查找铁路货物运输品名分类与代码表（附件一）、铁路货物运输品名检查表（附件三），确定适用的运价号。

（3）整车、零担货物按货物适用的运价号，集装箱货物根据箱型，冷藏车货物根据车种分别在铁路货物运价率表（附件二）中查出适用的运价率。

（4）货物适用的发到基价加上运行基价与运价里程的乘积后，再与按本规则确定的计费重量（集装箱为箱数）相乘，计算出运费。

2. 计算货物运输费用的基本规定

(1) 货物运费的计费重量：整车货物以t为单位，t以下四舍五入；零担货物以10 kg为单位，不足10 kg进为10 kg；集装箱货物以箱为单位。

(2) 运价里程根据货物运价里程表按发站至到站间国铁正式营业线最短路径计算。

(3) 通过地方铁路的，将其通过的地方铁路运价里程合并计入；在地方铁路发到的，计算到地方铁路的分界站。

(4) 每项运费、杂费的尾数不足1角时按四舍五入处理。

步骤二：能说出运费的计算公式

(1) 整车货物运费计算。

运费=(发到基价+运行基价×运价里程)×计费重量。

(2) 零担货物运费计算。

运费=(发到基价+运行基价×运价里程)×计费重量/10。

(3) 集装箱货物运费计算。

运费=(发到基价+运行基价×运价里程)×箱数。

步骤三：学会计算运费

张明在本次任务中进行了如下的运费计算：

(1) 查铁路货物运价里程表，得知兰州西站至银川站运价里程为479 km；

(2) 查铁路货物运输品名分类与代码表，机器的运价号为8号。

(3) 再查铁路货物运价率表，运价号为8号，发到基价为10.7元/t，运行基价为0.049 0元/(t·km)。

(4) 整车货物运费计算：

运费=(发到基价+运行基价×运价里程)×计费重量

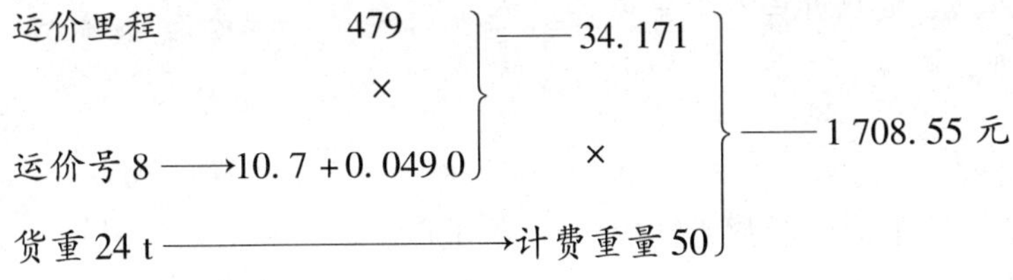

(5) 得到运费为：1 708.6元。

【应用训练】

根据项目任务所讲述的内容，学会铁路运输基本的运费计算。注意计算中的相关要求，各项计算要完整、准确。

背景资料：从北京站向南昌站发一批零担货物，重485 kg，计费重量无特殊要求，体积0.95 m^3，假设运价号为22，计算运费。

【任务评价】

任务评价表

项目	内容	该项目满分	实际得分
步骤一	能够描述铁路运输费用的构成	20	
步骤二	能说出运费的计算公式	10	
步骤三	学会计算运费	40	
完成时间		20	
安全操作		10	
合计		100	

【拓展提升】

铁路运输杂费的计算

1. 杂费的种类

（1）使用冷藏车运输货物的杂费；

（2）使用铁路专用货车运输货物，除核收运费外，还应该核收专用货车使用费；

（3）使用长大货物车（D 型车）运输货物的杂费；

（4）准、米轨间整车货物直通运输的换装费；

（5）运输里程在 250 km 以上的货物，核收货车中转作业费；

（6）有押运人押运的货物，核收押运人乘车费。

2. 其他费用的计算

（1）铁路建设基金。

铁路建设基金的计算公式：

铁路建设基金 = 费率 × 计费重量（箱数或轴数）× 运价里程。

铁路建设基金费率见表 3 – 4 – 7。

表 3 – 4 – 7　铁路建设基金费率表

项目种类	计费单位	农药	磷矿石　棉花	其他货物
整车货物	元/（t · km）	0. 019	0. 028	0. 033
零担货物	元/（10 kg · km）	0. 000 19	0. 000 33	
自轮运装货物	元/（轴 · km）	0. 099		

续表

<table>
<tr><th colspan="3">项目种类</th><th>计费单位</th><th>农药</th><th>磷矿石 棉花</th><th>其他货物</th></tr>
<tr><td rowspan="10">集装箱</td><td colspan="2">1 吨箱</td><td>元/（箱·km）</td><td colspan="3">0.019 8</td></tr>
<tr><td colspan="2">5、6 吨箱</td><td>元/（箱·km）</td><td colspan="3">0.165</td></tr>
<tr><td colspan="2">10 吨箱</td><td>元/（箱·km）</td><td colspan="3">0.277 2</td></tr>
<tr><td colspan="2">20 英尺箱</td><td>元/（箱·km）</td><td colspan="3">0.528</td></tr>
<tr><td colspan="2">40 英尺箱</td><td>元/（箱·km）</td><td colspan="3">1.122</td></tr>
<tr><td rowspan="5">自备空箱</td><td>1 吨箱</td><td>元/（箱·km）</td><td colspan="3">0.009 9</td></tr>
<tr><td>5、6 吨箱</td><td>元/（箱·km）</td><td colspan="3">0.082 5</td></tr>
<tr><td>10 吨箱</td><td>元/（箱·km）</td><td colspan="3">0.123 86</td></tr>
<tr><td>20 英尺箱</td><td>元/（箱·km）</td><td colspan="3">0.264</td></tr>
<tr><td>40 英尺箱</td><td>元/（箱·km）</td><td colspan="3">0.561</td></tr>
</table>

注：整车化肥、黄磷免征铁路建设基金，表中棉花仅指籽棉、皮棉。

（2）铁路电气化附加费。

铁路电气化附加费计算公式：

铁路电气化附加费 = 费率 × 计费重量（箱数或轴数）× 电气化里程。

铁路电气化附加费费率见表3-4-8。

表3-4-8 铁路电气化附加费费率表

<table>
<tr><th colspan="3">项目种类</th><th>计费单位</th><th>费率</th></tr>
<tr><td colspan="3">整车货物</td><td>元/（t·km）</td><td>0.012</td></tr>
<tr><td colspan="3">零担货物</td><td>元/（10 kg·km）</td><td>0.000 12</td></tr>
<tr><td colspan="3">自轮运装货物</td><td>元/（轴·km）</td><td>0.036</td></tr>
<tr><td rowspan="10">集装箱</td><td colspan="2">1 吨箱</td><td>元/（箱·km）</td><td>0.007 2</td></tr>
<tr><td colspan="2">5、6 吨箱</td><td>元/（箱·km）</td><td>0.06</td></tr>
<tr><td colspan="2">10 吨箱</td><td>元/（箱·km）</td><td>0.100 8</td></tr>
<tr><td colspan="2">20 英尺箱</td><td>元/（箱·km）</td><td>0.192</td></tr>
<tr><td colspan="2">40 英尺箱</td><td>元/（箱·km）</td><td>0.408</td></tr>
<tr><td rowspan="5">自备空箱</td><td>1 吨箱</td><td>元/（箱·km）</td><td>0.003 6</td></tr>
<tr><td>5、6 吨箱</td><td>元/（箱·km）</td><td>0.03</td></tr>
<tr><td>10 吨箱</td><td>元/（箱·km）</td><td>0.050 4</td></tr>
<tr><td>20 英尺箱</td><td>元/（箱·km）</td><td>0.096</td></tr>
<tr><td>40 英尺箱</td><td>元/（箱·km）</td><td>0.204</td></tr>
</table>

（3）新路新价均摊运费。

新路新价均摊运费计算公式：

新路新价均摊运费 = 均摊运价率 × 计费重量（箱数或轴数）× 运价里程。

新路新价均摊运费费率见表 3－4－9。

表 3－4－9　新路新价均摊运费费率表

项目种类			计费单位	费率
整车货物			元/（t·km）	0.011
零担货物			元/（10 kg·km）	0.000 011
自轮运装货物			元/（轴·km）	0.003 3
集装箱	1 吨箱		元/（箱·km）	0.000 066
	5、6 吨箱		元/（箱·km）	0.005 5
	10 吨箱		元/（箱·km）	0.009 24
	20 英尺箱		元/（箱·km）	0.017 6
	40 英尺箱		元/（箱·km）	0.037 4
	自备空箱	1 吨箱	元/（箱·km）	0.000 33
		5、6 吨箱	元/（箱·km）	0.004 62
		10 吨箱	元/（箱·km）	0.050 4
		20 英尺箱	元/（箱·km）	0.088
		40 英尺箱	元/（箱·km）	0.018 7

注：整车货物中，化肥、磷矿石、棉花（籽棉、皮棉）的费率为 0.002 1 元/（t·km）。

（4）京九、京广线分流。

京九、京广线分流加价（含横麻、津霸联络线），统一运价基础上加价 0.6 分/（t·km）。

【专项法规拓展】

中华人民共和国铁路法

铁路货物运输合同实施细则

铁路货物运输规程

国际铁路货物联运协定

铁路军事运输计费付费办法

铁路和水路货物联运规则

国际集装箱多式联运管理规则

建议：可上网查询细则，应用学习。

项目4

航空货物运输

◆ 任务4.1 认识航空货物运输 ◆

【任务目标】

1. 认识航空货物运输相关概念
2. 能够说出航空货物运输特点
3. 能够描述航空货运的营运方式

【任务描述】

航空货物运输，是现代物流运输中的重要组成部分，其提供的是安全、快捷、方便和优质的服务。航空货物运输以其迅捷、安全、准时赢得了相当大的市场，大大缩短了交货期。

先达货运公司职员张明接受了运输部杨经理分派的任务，完成鸿顺公司的一批鲜活产品从福建运至浙江的运输任务。张明接到任务后，根据运输时间、业务量、运输地点、运输距离等，选择了航空运输，并且制订了可行的运输方案，得到审批后执行，顺利完成了任务。

张明能够成功完成这项任务，凭借的是他丰富的专业知识和实践经验，以及对航空货物运输的充分了解。

【知识准备】

航空运输始于1871年。当时普法战争中的法国人用气球把政府官员和物资、邮件等运出被普军围困的巴黎。1918年5月5日，飞机运输首次出现，航线为纽约—华盛顿—芝加哥。同年6月8日，伦敦与巴黎之间开始了定期邮政航班飞行。20世纪30年代有了民用运输机，各种技术性能不断改进，航空工业的发展促进航空运输的发展。第二次世界大战结束后，在世界范围内逐渐建立了航线网，以各国主要城市为起讫点的世界航线网遍及各大洲。1990年，世界定期航班完成总周转量达2 356.7亿t·km。

4.1.1 航空货物运输相关概念

航空货物运输又称飞机运输，在我国运输业中，其货运量占全国运输量比重还比较小，目前主要是承担远距离、长途客货运任务。伴随着物流行业的快速发展，航空运输在客货运方面将会扮演越来越重要的角色。

航空运输是指使用航空器运送人员、行李、货物和邮件的一种方式。它具有快速、机动的特点，是现代航空货物运输，尤其是远程航空货物运输的重要方式，是国际贸易中贵重物品、鲜活货物和精密仪器运输所不可缺的一环。

航空货物运输，一般运送比较急用的货物。公路运输不能符合客户要求时效的情况下，客

图 4-1-1　航空货物运输现场

户会选择空运。空运以其迅捷、安全、准时的超高效率赢得了相当大的市场，大大缩短了交货期，对于物流供应链加快资金周转及循环起到了极大的促进作用。图 4-1-1 为航空货物运输现场。

由于航空运输具有快速、机动的特点，在客货运输和进出口贸易中，为旅客节省大量时间，为货主加速资金周转，起着越来越大的作用。

随着加入 WTO，中国就一直在朝着一个更加自由的市场体系靠拢。1999 年，中美之间签订了空中服务协议，该协议要求至 2004 年，双方的航班量增加到每周 54 班，包括客运 37 班与货运 17 班。美国至中国的航线协议可达 5 个城市（客运），货运无限制，中国至美国的通航点则为 12 个客运城市，货运无限制。在 2007 年，一个更加自由化的协议草拟了至 2010 年，周定期航班增加为 249 班，其中客运 121 班，货运 128 班。关于航线通航城市则再无限制。目前，我国各大航空公司相继投入大量航班分取航空货运这块“蛋糕”。

4.1.2　航空货物运输的特点

1. 航空货物运输的优点

（1）时效性高，运输速度快。

航空运输时效性高，运输速度快，是由于航空货运所采用的运送工具是飞机。飞机的飞行速度在 600～800 km/h，比其他的交通工具要快得多。火车速度在 100～140 km/h，汽车在高速公路上行驶速度在 80～100 km/h，轮船就更慢了。航空货运的这个特点适应了一些特种货物的需求，所以，速度快是航空货物运输最主要的特点。而随着航空技术的发展，这一特点也会越来越突出。现代喷气式飞机，速度都在 900 km/h 左右，比轮船快 20～30 倍，比火车快 7～12 倍。从这一特点来看，航空货物运输更适用于那些对时间性要求较高的货物，也能体现其时间价值。随着近年来我国民航运输企业对先进机型的不断引进，航空运输速度快的特点会更加明显。例如海鲜、活动物等鲜活易腐的货物，由于货物本身的性质导致这一类货物对时间的要求特别高，只能采用航空运输；另外，在现代社会，需要企业及时对市场的变化做出非常灵敏的反应，企业考虑的不仅仅是生产成本，时间成本更成为成本中很重要的一项因素，例如产品的订单生产、服装及时上市而获取更高的利润等情况，这都需要航空运输的有力支持才可以实现。

（2）舒适安全。

这里所说的安全有两方面含义，一是指由于飞机在运输途中发生事故的概率是 0.05‰～0.1‰，如“空中客车”系列，远远低于地面或水上运输，即运输工具本身的安全系数比较大；二是由于现代喷气式飞机的运输破损率低、安全性好，飞行高度一般在 10 000 m 以上，不受低

空气流的影响，飞行平稳，而且由于航空货物本身的价格比较高，操作流程的环节比其他运输方式严格得多，也可以减少运输过程中由于挤压等原因造成的货物损坏现象。另外，由于航空货物运输的中间环节少，运输过程中的遗失、被盗机会也就相应减少，即托运人托运的货物本身比较安全。有些货物虽然从物理特性来说，不适合用空运，例如体积比较大、重量比较重的机械设备仪器等货物，但这类货物中有些货物特别怕碰撞、损坏，因此这个制约因素导致此类货物只能采用航空运输，以减少损坏的概率。从这一点来看，航空货运更适用于精密仪器、价值高、易碎等货物的运输。图4－1－2为“空中客车”A380开展空中运输。

图4－1－2 “空中客车”A380开展空中运输

(3) 不受地形限制，机动性大。

航空运输空间跨度大，在有限的时间内，飞机的空间跨度是最大的，通常现在有的宽体飞机一次可以飞行7 000 km左右，进行跨洋飞行完全没问题。不论沙漠、海洋、高山、大川，只要两点之间设有机场，就可以开辟航线，相对不受地理条件的限制，无论是政治、军事或经济上的原因，要在短时间内从大中城市与边远闭塞的地区建立交通线，只有利用航空运输才能做到。从中国飞到美国西海岸，只需13 h左右，这对于某些货物的运输是非常大的优点。例如鲜活类动物，如果跨洋运输，采用海运通常需要半个月左右，是无法承运的；只有采用航空运输，才能在短时间内保证动物的存活。灾区的应急物资供应、偏远地区的医疗急救、近海油田的后勤支持，多数情况也需要依靠航空运输来完成，航空运输已成为必不可少的运输手段。

(4) 节约资金，加快资金周转。

由于航空运输的快捷性，一方面可加快生产企业商品的流通速度，从而节省产品的仓储费、保险费和利息支出等；另一方面产品的流通速度加快，也带动了资金的周转速度，可大大地增加资金的利用率，省时省力。

2. 航空货物运输的缺点

(1) 运输成本高，运价昂贵。

航空运输成本高也是从两方面来说的。一是由于飞机本身的机舱容量和载重量有限，以及价格不菲的飞机本身及航材，加上日益严重的世界能源危机，使得航空燃油价格持续上涨等诸多因素，造成运输成本高；二是航空运输行业的高成本一定要转嫁到消费者身上，包括开拓航线、修建机场和机场维护、燃料、飞行员薪水、飞机的维护保养等方面的支出都需要大量资金，这就给利用航空运输的单位或个人带来了经营成本的增加。

(2) 载货量有限。

由于飞机本身载货量的限制，通常航空货运量相对于海运来说少得多。例如，世界上最大的货机是B747F，可载货量是110 t，相对于海运几万吨、上百万吨的载重，两者相差太大。

(3) 易受天气影响。

飞机本身受天气的影响非常大，如遇到大雨、大风、大雾等恶劣天气，航班就不能得到有效保证，这对航空货物造成的影响就比较大。例如，有一批货从沈阳飞往温州，运的是螃蟹苗，到了温州上空，由于天气原因无法降落，只好备降到福州的长乐机场，由于螃蟹苗的运输有一定的时间限制，超过有效时间，螃蟹苗可能就要死亡，当时再用汽运，时间已经来不及，最后只能降价销售给福州当地的水产批发市场。

4.1.3 航空货物运输的组织形式

1. 航空货运的营运方式

目前，航空货运的营运方式主要有航班（也称班机）运输、包机运输两种。

(1) 航班运输。

航班是指定期开航的定始发站、到达站和途经站的飞机。所谓航班运输是指在固定航线上定期航行的航班。航班运输按业务对象不同可分为客运航班和货运航班两类。顾名思义，后者只承揽货物运输，大多使用全货机。但由于到目前为止国际贸易中经由航空运输所承运的货运量有限，所以货运航班只是由某些规模较大的专门的航空货运公司或一些业务范围较广的综合性航空公司在货运量较为集中的航线开辟。对于前者，一般航空公司通常采用客货混合型飞机，在搭乘旅客的同时也承揽小批量货物的运输。

由于航班运输有固定的航线、挂靠港、固定的航期，并在一定时间内有相对固定的收费标准，对进出口商来讲可以在贸易合同签署之前预知货物的起运和到达时间，核算运费成本，合同的履行也较有保障，因此成为多数贸易商的首选航空货运形式。特别是近年来货运业竞争加剧，航空公司为体现航空货运快速、准确的特点，不断加强航班的准点率（航班按时到达的比例），强调快捷的地面服务，在吸引传统的鲜活、易腐货物、贵重货物、急需货物的基础上，又提出为企业特别是跨国企业提供后勤服务的观点，正努力成为跨国公司分拨产品、半成品的得力助手。

但另一方面，航班运输由于多采用客货混合机型，航班以客运服务为主，货物舱位有限，不能满足大批量货物及时出运的要求，往往只能分批运输。再者，不同季节同一航线客运量的变化也会直接影响货物装载的数量，使得航班运输在货物运输方面存在很大的局限性。

(2) 包机运输。

包机人为一定的目的包用航空企业的飞机运载货物的形式，称为货物包机运输。由于航班运输形式下货物舱位常常有限，当货物批量较大时，航班运输无法满足需要，或发货人有特殊目的时，包机运输就成为重要运输方式。包机运输按租用舱位多少分为整机包机（租用整架飞机）和部分包机两类。所谓整机包机是指航空公司或包机代理公司按照合同中双方事先约定的条件和运价将整架飞机租给包机人，从一个或几个航空港装运货物至指定目的地的运输方式。部分包机是指由几家航空货运公司或托运人，联合包租一架飞机，或者由航

空公司把一架飞机舱位的使用权，分别租给不同的航空货运公司或托运人的包机运输。相对而言，部分包机适合于运送1 t以上，但货量不足整机的货物，在这种形式下货物运费较航班运输低，但由于需要等待其他货主备妥货物，因此运送时间要长。图4-1-3为包机运输装载作业。

图4-1-3 包机运输装载作业

包机运输满足了大批量货物进出口运输的需要，同时包机运输的运费比航班运输低，且能随国际市场供需情况的变化而变化，给包机人带来了潜在的利益。但包机运输是按往返路程计收费用，存在回程空放的风险。

与航班运输相比，包机运输可以由承租飞机的双方议定航程的起止点和中途停靠的空港，因此更具灵活性，但由于各国政府出于安全的需要，也为了维护本国航空公司的利益，对他国航空公司的飞机通过本国领空或降落本国领土往往大加限制，复杂烦琐的审批手续大大增加了包机运输的营运成本，因此目前使用包机业务的地区并不多。两种航空货运的营运方式见表4-1-1。

表4-1-1 两种航空货运的营运方式

类别	营运方式说明
客运航班	采用客、货两用机，在保证客运的前提下搭载小批量货物
货运航班	采用全货机，控制货物体积、形状、重量，提高载运率

2. 航空货运公司的责任、分类

航空货运公司是航空运输代理公司，受航空公司委托，专业从事航空货物的揽货、订舱、接货、交付、报关或送货上门等服务的独立企业。它在航空运输业务中既是货主的代理又是航空公司的代理。它可代表航空公司接受货主的货物并出具航空分运单；当货物在航空公司责任范围内丢失、损坏时，它可代表货主向航空公司索赔。货主在办理货物航空运输中，主要与航空货运公司发生关系，而一般不直接到航空公司订舱。

航空货运公司分为两类：一类代理公司，经营国际或者香港、澳门、台湾地区航线的代理业务；二类代理公司，经营除香港、澳门、台湾地区航线的国内航线的代理业务。

3. 特快专递与航空运输的区别

特快专递的时效性、运价高于航空运输，货运量小于航空运输。特快专递的运输方式是立体式的，可以是航空、铁路、公路、水路运输，货物流通派送区域广泛，通过二级、三级站中转、分拨，货物派送可以抵达乡村。虽然快件运输成本低，货物也能及时派送完毕，但是由于货物流通中间环节增多，安全系数低于航空运输。航空运输的运输方式只能是航空，货物流通派送以两点之间的城市区域为主，需要二级、三级中转、分拨的派送区域，一般以汽车运输直达派送为主，不进行中转，而且运输成本相对较高，适合大宗货物、易碎品等运作。

【任务实施】

步骤一：认识航空货物运输相关概念

张明认识到航空货物运输主要承担远距离的货运任务。鸿顺公司一批鲜活产品从福建运至浙江，根据路程和运量适宜选择货运航班，通过航空运输实现。

步骤二：能够说出航空货物运输特点

张明归纳了航空货物运输的特点，对比其优缺点。在难以到达地区的远距离运输方面，航空运输较水路、铁路运输具有明显优势，能在短时间内在大中城市与边远闭塞的地区建立交通线。从福建运至浙江的一批鲜活产品，航空运输具有明显的优势。

步骤三：能够描述航空货运营运方式

张明分析了不同的航空货运的营运方式，明确了他所任职的先达货运公司在航空货物运输组织形式上属于二类代理公司。

【应用训练】

根据项目任务所讲述的内容，利用互联网查找资料，归纳整理对航空运输的理解，形成总结文档。

【任务评价】

任务评价表

项目	内容	该项目满分	实际得分
步骤一	认识航空货物运输相关概念	20	
步骤二	能够说出航空货物运输特点	20	
步骤三	能够描述航空货运营运方式	40	
合计		100	

【拓展提升】

影响航空运输市场需求的因素

由于消费者的需要和支付能力是构成航空运输市场需求的基本因素，所以能够影响消费者需要和支付能力的因素都影响航空运输市场需求。

1. 旅客运输需求的影响因素

（1）经济发展水平。

从静态的角度看，凡是经济发展水平高的国家和地区，旅客运输需求水平就高，如我国东南沿海地区经济发达，旅客需求量高；相反，凡是经济发展比较落后的国家和地区，旅客运输需求水平就低，如我国的西部地区经济发展相对比较落后，旅客运输需求量明显偏低。从动态来看，经济高速发展的时期，旅客运输需求增加较快，大量人员因为生产和工作需要而频繁外出；相反，一旦经济处于较低的发展时期，人们出行的数量和频率相应会降低。此外，经济发展水平还通过影响人们的收入水平和消费水平而影响生活性的客运需求。因此，经济发展水平是影响旅客运输需求的一个总量性因素。社会经济发展水平越高，不同地区之间的经济与社会联系越广泛，人们对于航空运输的需求量也越大。

（2）人均收入水平。

人均收入水平与交通需求之间有一定的联系，一般来说，收入水平的提高会使人们出行更远的距离或在交通上花更多的钱。假如其他条件相同，消费者（包括个人或企事业单位）收入增加，就可能更多地选择航空运输方式旅行；反之，消费者收入下降，就可能减少航空旅行。消费者收入与航空客运市场需求成正比例关系。

在旅客运输需求中，除生产性和工作性的客运需求外，一个很大的部分就是生活性客运需求，如探亲、访友、旅游、外出学习、疗养等所产生的旅客运输需求。这些需求受到收入水平的制约。当人们的收入水平提高时，旅游运输需求及其他社会交往方面的出行需求会增加。

（3）人口的数量及结构。

一般来讲，旅客运输需求数量与人口的密集程度有关，人口密集的国家和地区，旅客运输需求高；人口稀疏的国家和地区，旅客运输需求低；人口增加时，旅客运输需求也会相应增加。另外，人口结构对旅客运输需求也产生影响，而且这方面的影响作用比人口数量本身的增加显得更加突出。例如，城市人口因大都从事各种工业、商业和服务业等工作，出行频率要比生产单一、分散的农村人口形成更多的客运需求。同样，高收入的人口要比低收入的人口形成更多的旅客运输需求，中青年人口要比老年和少年等非就业人口形成更多的客运需求。

（4）旅游业的发展。

随着社会经济的发展和人民生活水平的提高，旅游需求在整个生活需求中的比重也越来越高。近年来的实践证明，旅游运输需求比一般客运需求更具潜力。因此，在分析一个国家或地区的旅客运输需求的发展变化时，也要重视对本地旅游业发展的考虑，其中不仅要考虑本地旅游资源的数量，也要考虑旅游资源的等级，以判别其对国内外游客的吸引力大小。

（5）运价水平。

运价水平的高低，对消费性旅客来讲，直接影响他们的生活开支，在收入既定的情况下，过大的运输需求开支，必然影响他们在其他生活需求方面的消费。对生产性旅客来讲，运价水平的变动所引起的运费支出，也要进入企业的生产成本中，对企业的经济活动效果产生直接的影响。因此，旅客运输需求数量与运价之间存在反相关关系。另外，运价水平对个别运输企业的市场占有率影响也很大。例如，某一种运输方式或一个运输企业提高运价，运输需求会转移到其他未提价的运输方式或运输企业，该种运输方式或该运输企业的市场占有率降低；相反，某一运输方式或运输企业降价，也会吸引更多的运输需求，提高其市场占有率。

（6）运输业的发展水平。

航空运输业的发展，不仅体现在运输设施、设备数量的增加上，而且体现在运输服务质量的提高上。运输业整体发展水平和服务质量水平，对旅客运输需求会产生刺激和抑制两个方面的影响。如果运输布局合理、运输工具充分、技术性能先进、运输服务优良，将会刺激旅客运输需求的产生。相反，则会抑制旅客运输需求的增长。另外，从各种运输方式的竞争来看，价格便宜、服务质量优良的运输方式对旅客需求的吸引力会更大。

（7）消费者偏好。

航空客运市场需求是千千万万消费者需求量的总和。这些消费者的消费行为既有共性，也有个性。个体消费者在决定是否购买航空运输服务时的心理偏好，比如喜欢某种机型（或航空公司或时间段）而不喜欢另一种机型（或航空公司或时间段），也会影响航空运输市场的需求。

2. 货运需求的影响因素

从总量性因素来看，影响货运需求主要有下述因素。

（1）经济发展水平。

货运需求作为派生需求，经济发展的水平是影响货运需求的重要因素。随着经济的发展，物质生产部门的产品数量增多，商品流通规模和范围增大，这些都会对货运需求产生广泛的影响。事实上，凡是经济发展较快的年份，所形成的货运需求量就明显大于经济发展较慢的年份。

（2）产业结构及变化。

所谓产业结构是指不同产业在整个经济中的比例关系，如农业、轻工业和重工业的比例，以及第一、第二和第三产业的比例等。产业结构对货运需求的影响主要表现在不同产业结构必然引起不同的产品结构，而不同的产品结构意味着不同的货物结构。

此外，影响货物运输总量性需求的因素还有很多，如生产力布局状况、产品的商品化率和就地加工程度、一个国家和地区的运输业整体发展水平等。

从单个运输市场需求来看，影响货运市场需求的因素还有很多，如：运价水平（包括运输企业本身的运价、其他竞争者的运价水平、产品产地与销地的价格水平差距），运价之外的其他直接和间接费用支出，服务质量水平，如运输时间性、安全性等，最终也会影响货主的非价格性成本支出；各种运输方式之间的替代程度等因素，也会对货运需求产生明显的影响。这些因素对货物运输需求的影响作用和对客运需求的影响相似，这里就不再重复。

航空运输货物保险知识

保险公司承保通过航空运输的货物，保险责任是以飞机作为主体来加以规定的。航空运输货物保险分为航空运输险和航空运输一切险两种。

航空运输一切险除包括上述航空运输的两个险种，对被保险货物在运输中由于外来原因造成的包括被偷窃、短少等全部或部分损失也负赔偿之责。

航空运输货物保险的责任起讫期限从被保险货物运离保险单所载明起运地仓库或储存处所开始生效，在正常运输过程中继续有效，直至该项货物抵运至保险单所载明目的地，交到收货人仓库或储存处所，保险人用作分配、分派或非正常运输的其他储存处所为止。

任务4.2　认识航空运输设施与设备

【任务目标】

1. 认识航空运输设施
2. 能够描述航空运输设备的概念和分类
3. 掌握航空集装运输的特点及分类

【任务描述】

机场是供飞机起飞、着陆、停驻、维护、补充给养、组织飞行保障活动所用的场所。机场是民航运输网络中的节点，也是航空运输的起点、终点和经停点。机场可实现运输方式的转换，是空中运输和地面运输的转接点，因此可以把机场称为航空港。

作为业务员的张明，想要完成从福建至浙江的航空运输业务，首先需要了解航空运输设施、设备方面的知识，以便更好地开展工作。

【知识准备】

航空港按照所处的位置分为干线航空港和支线航空港。按业务范围分为国际航空港和国内航空港，其中国际航空港须经政府核准，可以用来供国际航线的航空器起降营运，航空港内配有海关、移民、检疫和卫生机构；而国内航空港仅供国内航线的航空器使用，除特殊情况外，不对外国航空器开放。

4.2.1　认识航空运输设施

航空运输设施主要包括航空港、航路、航线、航班等。

1. 航空港

航空港是航空运输用的机场及其服务设施的总称，是保证飞机安全起降的基地和空运旅客、货物的集散地，是空中交通网的基地。航空港的主要任务是完成客货运输服务，保养与维修飞机，保证旅客、货物和邮件正常运送，以及飞机安全起降。它包括飞行区、客货运输服务区和机务维修区三个部分。2013 年 3 月 7 日，国务院正式批复了《郑州航空港经济综合实验区发展规划（2013—2025 年）》。这是全国首个上升为国家战略的航空港经济发展先行区，已于2014 年 9 月 25 日提前实现自贸区功能。图 4－2－1为郑州航空港整体鸟瞰图。

图 4－2－1　郑州航空港整体鸟瞰图

1）飞行区

飞行区是航空港之中面积最大的区域，是保证飞机安全起降的区域。飞行区内设有跑道、候机楼、指挥塔、机库、滑行道、停机坪、无线电导航系统、目视助航设施及其他保障飞行安全的设施，此外还有货运站、中转旅馆等。飞行区上空划有净空区，是规定的“障碍物限制面”（为确定和保护机场净空，对地面物体的高度进行限制的各种规定的面，用以评价机场净空）以上的空域，地面物体不得超越限制面伸入。限制面根据机场起降飞机的性能确定。

（1）跑道。跑道的布置形式和长度应根据接纳的飞机类型、航空港的布局、规模、经营方式等而定。一般飞行距离为 10 000 km 的，跑道长 3 640 m；飞行距离 5 000 km 以下的，跑道长 2 730～3 020 m。跑道长度还同飞机性能有关。跑道长度还要考虑航空港所在地海拔高度、平均最高气温和有效纵向坡度。跑道布置形式同航空港容量、基地风向等有关，常见的有带形、平行形、交叉形、V 形、综合形等。图 4－2－2 为机场跑道。

（2）候机楼。候机楼是航空港中的主要建筑物。其中为旅客服务的设施有：①手续系统，包括签票柜台、行李托运柜台、检查处（安全、海关、出入境验证、卫生防疫等）、行李提取处等；②服务系统，包括厕所、电话室、医务室、邮局、银行、理发室、出租汽车站、餐厅、酒吧、商店、书报亭、迎送者活动空间等；③飞行交换系统，包括登机口、登机休息室、自动步行廊道、运载车、登机桥、舷梯和相关服务空间。此外，还有航空公司营运、管理和政府有关部门的设施用房。图 4－2－3 为机场候机楼。

图 4－2－2　机场跑道

图 4－2－3　机场候机楼

候机楼的布局方式有以下几种：①集中式，旅客在出发厅办理手续，然后进入候机厅候机，再由登机口登机，适于规模不大的航空港。②廊式，候机部分采用廊道栈桥布局方式，有单条形和呈指状的多条形，旅客在出发厅办理手续后，在廊道内候机再经登机桥登机。这种形式适用于吞吐量大的航空港。③卫星亭式，其位置在候机楼外，以走廊（地下或地上的）相连，旅客经候机卫星亭通过登机桥登机，是近十余年来采用较广泛的一种方式。④运载器方式或称登机车方式，飞机停在远离候机楼的停机坪上，旅客搭乘登机车登机或离机。采用这种登机方式，候机楼可集中布置，平面灵活，不受飞机载客增多、飞机型号增大的影响。⑤直达登机口式，办理手续分散，设在每个停机位前，以尽量缩短旅客办理手续和候机的过程。

一个航空港可采用上述某种登机方式，也可采用几种方式布置。因为候机楼内的旅客同时有到达的、出发的和中转的，所以候机楼可采用不同层次组织交通。

（3）指挥塔。指挥塔是航空港的控制指挥中心，应设在较高部位，或建于候机楼上部，或独立设塔。塔台和仪表飞行指挥室一般做叠层布置，塔台位于上部，顶端装设雷达和各种通信设备的天线。图4－2－4为首都机场指挥塔。

（4）机库。机库分为维修检查用机库和机体修理用机库，大都采用大跨度桁架、悬挂式、网架等大型空间结构。高大的机库大门要便于启闭。图4－2－5为“空客”A380客机进入机库。

图4－2－4　首都机场指挥塔

图4－2－5　“空客”A380客机进入机库

（5）滑行道。滑行道是机场内供飞机滑行的规定通道。滑行道的主要功能是提供从跑道到候机楼区的通道，使已着陆的飞机迅速离开跑道，不与起飞滑跑的飞机相互干扰，并尽量避免延误随即到来的飞机着陆。此外，滑行道还提供了飞机由候机楼区进入跑道的通道。

滑行道可将性质不同的各功能分区（飞行区、候机楼区、飞行停放区、维修区及供应区）连接起来，使飞机场最大限度地发挥其容量潜力并提高运行效率。

滑行道应以实际可行的最短距离连接各功能分区。图4－2－6为航空港飞行区滑行道。

（6）停机坪。停机坪为飞机停放及提供各种维修活动的场所。停机坪的布置，除应考虑维修设备的不同要求外，还要考虑飞机试飞时气流的吹袭影响，否则可能对停放、滑行的飞机、地面设备和人员造成威胁。图 4－2－7 为航空港飞行区停机坪。

图 4－2－6 航空港飞行区滑行道

图 4－2－7 航空港飞行区停机坪

其中直升机的停机坪为长方形，具体尺寸为 20 m × 12 m，每两个停机坪间用 6 m 宽的草坪隔开，不用跑道，但通常都设置有 1 200 m 的简易跑道。图 4－2－8 为直升机停机坪。

（7）无线电导航系统。无线电导航系统是利用无线电技术对飞机、船舶或其他运动载体进行导航和定位的系统。无线电导航技术的基本要素是测角和测距，因此可以组成测角－测角、测距－测距、测角－测距、测距差（双曲线）等多种形式的系统。无线电导航的基准点可以设在地面、空间或卫星上。图 4－2－9 为北斗卫星导航系统。

图 4－2－8 直升机停机坪

图 4－2－9 北斗卫星导航系统

（8）目视助航设施。在机场及其附近地区为给驾驶员操纵飞机起飞、着陆和滑行提供目视引导信号而设置的设施，主要包括助航灯光、标志、标志物 3 类。图 4－2－10 为航空港飞行区机场目视助航设施。

图 4－2－10 航空港飞行区机场目视助航设施

2）客货运输服务区

为旅客、货主提供地面服务的区域。主体是候机楼，此外还有客机坪、停车场、进出港道路系统等。货运量较大的航空港还专门设有货运站。客机坪附近配有管线加油系统。

3）机务维修区

该区是飞机维护修理和航空港正常工作所必需的各种机务设施的区域。区内建有维修厂、维修机库、维修

机坪和供水、供电、供热、供冷、下水等设施，以及消防站、急救站、储油库、铁路专用线等。

2. 航路

航路是由国家统一划定的具有一定宽度的空中通道，有较完善的通信、导航设备，宽度通常为 20 km。划定航路的目的是维护空中交通秩序，提高空间利用率，保证飞行安全。

航路还根据地面导航设施建立走廊式保护空域，供飞机作航线飞行之用。划定航路是以连接各个地面导航设施的直线为航路中心线，在航路范围内规定有上限高度、下限高度和航路宽度。航路的宽度决定于飞机能保持按指定航迹飞行的准确度、飞机飞越导航设施的准确度、飞机在不同高度和速度时的转弯半径，并设置必要的缓冲区，因此航路的宽度不是固定不变的。《国际民用航空公约》附件十一中规定，当两个全向信标台之间的航段距离在50 海里（92. 6 km）以内时，航路的基本宽度为中心线两侧各 4 海里（7. 4 km）；航段距离在 50 海里以上时，根据导航设施提供飞机保持航迹飞行的准确度进行计算，扩大航路宽度。

3. 航线

飞机飞行的路线称为空中交通线，简称航线。飞机的航线不仅确定了飞机飞行具体方向、起讫点和经停点，而且还根据空中交通管制的需要，规定了航线的宽度和飞行高度，以维护空中交通秩序，保证飞行安全。

航线也是分类的，按照飞机飞行的起讫点，航线可分为国际航线、国内航线和地区航线三大类。国际航线是指飞行路线连接两个或两个以上国家的航线；国内航线是指在一个国家内部的航线，它又可分为干线、支线和地方航线三大类；地区航线指在一国之内，连接普通地区和特殊地区的航线，如中国内地与港、澳、台地区之间的航线。另外，航线还可分为固定航线和临时航线，临时航线通常不得与航路、固定航线交叉或是通过飞行频繁的机场上空。图 4 – 2 – 11 为国际航线图示意。

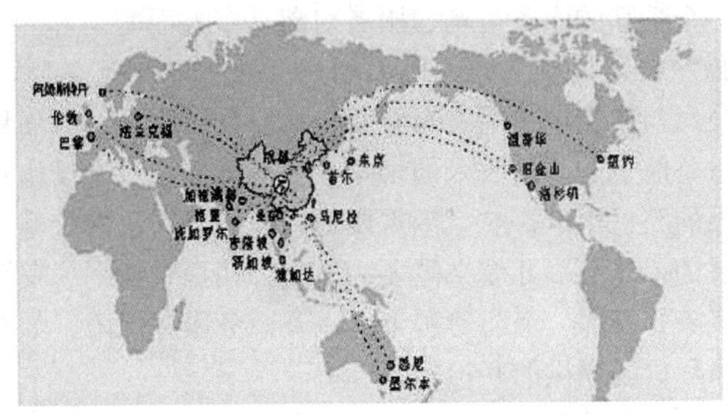

图 4 – 2 – 11　国际航线图示意

4. 航班

航班是指以航空器从事乘客、邮件或货物的公共运输的任何定期飞行，也指某一班次的客轮或客机，或客轮或客机航行的班次。航班分为去程航班和回程航班。班次是指在单位时间内（通常用一个星期计算）飞行的航班（包括去程及回程）数。在机型不变动的情况下，班次增加表明提供的运输能力增大。班次根据客观需要和主观能力确定。

5. 选址考虑

航空港选址应符合城市总体规划，并考虑交通便利，不宜设于多雾、多烟和有暴风雨、雷电的地区。航空港上空和规定范围内应无高山等障碍物。此外，要远离鸟群栖息地，避免航空港环境与植被对鸟类的吸引。为排除飞机起落时噪声对居民生活的干扰，机场同居民区应保持必要的距离。

6. 营运特性

（1）公用事业性。

航空港属国家基础性设施，政府提供政策性金融支持，为全社会共同使用，也为全社会服务。它的特点是：一次性建设投资大，收益周期长，对地方经济有一定推动作用。

（2）准军事性。

航空港具有潜在的军事作用，主要包括国防、抗震、救灾、抢险及政要服务方面。

（3）必要经营性。

航空港营运和管理不以盈利为唯一目标，但是作为企业，有必要强调经营，实行商业化管理。所谓航空港商业化管理，就是将航空港由传统的以保障和服务为中心的管理，向以利润为中心的管理转化，从而建立高效、完善、科学的机场运营管理体系，增加融资渠道，提高投资回报率，以追求利润最大化作为航空港的经营目标。

（4）综合性。

目前，为弥补营运亏损而采取的跨地区、跨国界经营、体外循环、综合行业、综合服务已逐步成为发展趋势。

7. 服务对象

航空港面临的是一个特殊的服务市场，服务对象是多方面的。

（1）航空公司：航空公司是航空港的最大用户，航空港和航空公司之间是服务与被服务的关系，同时航空公司与航空港之间又具有紧密的协作关系。一方面机场需要航空公司的运输业务，旅客吞吐量是航空港一切收入的根本。另一方面，只有设施完备的航空港才能使航空公司最终实现产品的完整生产。航空港需要通过航空公司争取旅客，离开航空公司，航空港将失去生存和发展的依托。因此航空港要为航空公司提供技术、安全保障，如空中交通管制、通信、导航、气象、安保、消防等服务，以及商务服务保障，如客货运地面服务、飞机加油、机务维修及国际机场提供的联检等。

（2）客运旅客：航空港要为广大乘机旅客提供周到方便的候机、登机服务。

（3）货运货主：航空港要为航空货运货主提供及时便利的发货、收货、仓储服务。

（4）潜在顾客：航空港不仅为航空公司、旅客和货主提供服务，而且要重视更广泛范围的潜在顾客，包括航空港和航空公司的雇员、访问者、接送客者、附近社区的居民及当地工商企业等。航空港应尽量提供最大的、有效的空间和最优质的服务，以满足所有客户的需要。因

此增强航空港综合服务功能，把航空港作为航空运输和商业服务中心成片开发，增设商业购物中心、旅馆、办公楼、会议中心、娱乐休闲设施等成为航空港建设的一个发展方向。

（5）地方经济：为航空港所在地的地方经济发展服务，带动商场、餐饮、住宿、旅游等产业的发展。

（6）国民经济：航空港在全局宏观上为国民经济和社会发展服务。

4.2.2　航空运输设备的概念和分类

航空运输设备主要指通过空中运行，实现客货运输的各种航空器。

1. 航空器

航空器是指在大气层中飞行的飞行器，包括飞机、飞艇、气球，以及其他任何借助空气的反作用力得以飞行于大气中的器物。航空器由动力装置产生前进推力，由固定机翼产生升力，在大气层中飞行。无动力装置的滑翔机、以旋翼作为主要升力面的直升机及在大气层外飞行的航天飞机都不属于飞机的范围。但在日常生活中，有人习惯地将气球、飞艇以外的航空器泛称飞机。在所有航空器中，飞机具有速度快、载重大和飞行效率高的优点。在燃料、发动机和推进装置一定的条件下，运载工具的效率可用载重量和飞行距离来衡量。

2. 历史发展

在很多人的心目中，航空器就是飞机，飞机也就是航空器，但实际上它们并不是一回事。简单一点说：航空器包括人造的各种能在空气中飞翔的飞行物体；飞机仅仅是航空器中的一种。目前人们能见到的航空器除了飞机之外还有气球、飞艇、直升机、滑翔机等。其实，风筝、儿童玩的竹蜻蜓都是航空器。

为什么许多人认为航空器就是飞机呢？这是由历史原因造成的。最早实现人类升空梦想的物体是气球。气球是在气囊中装入比空气轻的氢气或热空气利用浮力升空的。它在空气中飘浮如同船在水上漂浮一样，但气球不能控制自己的运动方向，因此无法作为运输工具。随后人们在气球上加装了动力、螺旋桨和方向舵，气球的飞行方向就可以被控制了，这就发展为飞艇。从20世纪初直至20世纪30年代，飞艇曾经是航空运输的主力。1936年德国制造的“兴登堡”号飞艇长245 m，重204 t，可载75名乘客，以130 km/h的速度做横跨大西洋的飞行。但是由于飞艇的飞行阻力大，飞行速度仅在200 km/h以内。更不幸的是，在1937年，大型飞艇接连出现数起起火事故。相比而言，同一时期，飞机的性能迅速提高，于是飞艇就被淘汰出航空运输领域。现在的飞艇只限于在空中巡逻、摄影或广告中使用。图4－2－12为准备发射的航空器。

图4－2－12　为准备发射的航空器

3. 国籍标志

世界上每个国家的民用航空器（飞机是航空器的一种）都有国籍标志，并要取得国际民航组织的认可。中国是国际民航组织的成员国，根据国际规定，于1974年选用“B”作为中国民用航空器的国籍标志。凡是中国民航飞机机身上都必须涂有“B”标志和编号，以便在无线电联系、导航、空中交通管制、通信通话中使用，尤其是在遇险失事情况下呼叫，以利于识别。因此，当看到涂有中国西南航空公司飞鹰徽记的波音757飞机涂有“B－2820”字样时，就不会误以为“B”是代表“波音”。

4. 航空器分类

能在大气层内进行可控飞行的任何航空器，都必须产生一个大于自身重力的向上的力才能升入空中。根据产生向上力的基本原理的不同，航空器可划分为两大类：轻于空气的航空器和重于空气的航空器。前者靠空气静浮力升空，又称浮空器；后者靠空气动力克服自身重力升空。根据构造特点还可进一步分为下列几种类型。

1）轻于空气的航空器

轻于空气的航空器的主体是一个气囊，其中充以密度较空气小得多的气体（氢或氦），利用空气的浮力使航空器升空。气球和飞艇都是轻于空气的航空器，二者的主要区别是前者没有动力装置，升空后只能随风飘动，或者被系留在某一固定位置上，不能进行控制；后者装有发动机、安定面和操纵面，可以控制飞行方向和路线。图4－2－13为飞艇。

2）重于空气的航空器

重于空气的航空器的升力是由其自身与空气相对运动产生的。图4－2－14为飞机。

图4－2－13　飞艇

图4－2－14　飞机

（1）固定机翼的航空器。

主要由固定的机翼产生升力。航天飞机是最主要的、应用范围最广的固定机翼的航空器。它的特点是装有提供拉力或推力的动力装置，产生固定的升力，控制飞行姿态的操纵面。20世纪80年代初出现的航空器，虽然也有机翼并具有与飞机类似的外形，但它是靠推力在发射架上垂直发射而飞出大气层，然后在近地轨道上运行的。航天飞机返回时主要靠无动力滑翔着陆，这是它与飞机的主要不同之处。图4－2－15为航天飞机。

(2) 旋翼航空器。

旋翼航空器是由旋转的旋翼产生空气动力的航空器。旋翼没有动力驱动，当它在动力装置提供的拉力作用下前进时，迎面气流吹动旋翼像风车似地旋转，从而产生升力。有的旋翼机还装有固定小翼面，由它提供一部分升力。直升机的旋翼是由发动机驱动的，升力和水平运动所需的拉力都由旋翼产生。图4－2－16为旋翼航空器。

图4－2－15　航天飞机

图4－2－16　旋翼航空器

(3) 扑翼机。

扑翼机又名振翼机。它是人类早期试图模仿鸟类飞行而制造的一种航空器。它用像飞鸟翅膀那样扑动的翼面产生升力和拉力。但是，由于人们对鸟类飞行时翅膀的复杂运动还没有完全了解清楚，加之制造像鸟翅膀那样扑动的翼面还有许多技术上的困难，扑翼机至今还没有获得成功。图4－2－17为扑翼机。

图4－2－17　扑翼机

(4) 直升机。

直升机是另一类主要的航空器，它的祖先就是过去孩子们的玩具竹蜻蜓。竹蜻蜓是中国人的发明，可它一直也不具备充当玩具以外的任何其他用途。伟大的意大利艺术家、科学家达·芬奇在竹蜻蜓的启示下，在1483年就设想过用旋翼制造航空器，他甚至画出了草图，但最终并未实现。由于现代直升机的操作机构非常复杂，所以一直等到飞机问世30多年之后，世界上第一架直升机才升空。直升机可以垂直起飞降落，不需要很大场地，而且还可以在空中悬停。由于直升机的这种性能，现在它广泛地被应用于诸如救险、海上石油开采、农林业及军事等各种方面。直升机与飞机相比，其结构更复杂，耗油率高，飞行速度也较慢，因此只活跃于一些特定的领域内。飞机诞生80多年以来，性能有了显著提高，目前已研制出最大飞行速度超过3倍声速，飞行高度达30 km的军用飞机，活动半径可达4 000 km，载弹量超过20 t，可载客300～500人，并能进行洲际飞行。直升机的历史虽然只有40多年，但也已发展成为比较完善的、有特殊功能（垂直起降、空中悬停）的航空器。图4－2－18为运输直升机。

图4－2－18　运输直升机

5. 应用发展

航空器的应用比较广泛。在军事上，它可用于反潜、运输兵员、武器和作战物资；在民用上，可完成货运、客运、农业、渔业、林业、气象、探矿、空中测量和空中摄影等方面的任务。此外，航空器还是进行科学研究的一种重要工具。在航天器出现之前，有关高空气象、大气物理、地球物理、地质学、地理学等方面的许多研究工作，都借助于航空器。即使在航天器出现之后，由于航空器的价格较低、运用方便，仍是在高空进行科学研究的重要工具。

4.2.3　航空集装运输的特点及分类

1. 航空集装运输

航空集装运输是指利用航空集装设备装载货物、行李和邮件的运输。民用航空最早的集装运输，是在使用活塞式飞机和涡轮螺旋桨飞机时代，当时承运人使用托盘和货网将一定数量的单件货物组合为单元运输。随着大型飞机，特别是喷气式宽体飞机的问世，航空集装运输才得到较快的发展。

2. 航空集装运输的特点

（1）减少货物装机、卸机时间，提高作业效率。

传统的操作方法，是在仓库将货物装上拖车，然后拉到停机坪，一件件装上飞机，逐一核对标签。使用集装设备，是在仓库将货物装入集装设备，使用升降平台，将集装设备迅速装入飞机，装机、卸机时间大为缩短。

（2）减少货运事故，提高运输质量。

使用集装设备后，成组装机、卸机，简化了货物交接手续，减少了货物装卸次数，货物的差错率、破损率明显降低，有效地提高了运输质量。

（3）有利于组织联合运输和“门到门”服务。

使用集装设备后，便于开展接取送达的“门到门”服务，便于机械作业直接换装，有利于组织联运，提高运输效率和服务质量。

（4）航空集装箱缺少标准化和互换性。

因受飞机机型的限制，目前尚缺少一种各类型飞机都通用的标准化集装箱。集装箱的外

形和尺寸是为了充分利用飞机货舱的容积所设计的。某种型号的集装箱只能在同种机型或者相似机型间使用，相差悬殊的机型间，集装箱不能互换使用，这是制约航空货物运输集装箱化的最大障碍。

（5）航空集装箱的造价较高，空箱回送浪费运力。

航空集装箱现多由轻质的铝合金材料或玻璃钢制成，造价较高，由于不能互换使用，空箱、空板的回送浪费运力。近年来，国外就此问题提出解决办法，如采用折叠式集装箱、一箱多地运，以及航空公司之间互用集装箱等，这些措施取得了一定的效果。

3. 航空集装运输设备的分类

1）航空集装箱

（1）根据放置在飞机机舱的位置，分为主货舱用集装箱和下部货舱用集装箱。

（2）根据适用的联运方式，分为空陆集装箱和空陆水集装箱。

（3）根据装运的货物，分为普通货物集装箱和特殊货物集装箱。后者包括保温集装箱、动物集装箱等。

（4）根据制造材料，分为硬体集装箱和软体集装箱。国外航空集装箱种类、规格很多。目前，我国民航常用的航空集装箱主要型号有三种，即AVE、DPE、UA4。图4-2-19为航空集装箱装卸作业。

图4-2-19 航空集装箱装卸作业

2）集装板

集装板亦称托盘，是一块平滑的底板，用以装载货物、行李或邮件，并用货网加以固定，组成一个单元进行运输。集装板制造简单、成本较低、使用方便，但对装载的货物形状有严格要求，对于散杂货物就不太适用。

集装板的制造必须满足以下条件：

（1）集装板的四周有用于挂货网的槽和挂钩，能用货网将货物固定起来。

（2）集装板能方便地装在货舱内的固定位置。

（3）货网由绳子或带子编成菱形或方形的网眼组成，也可用集装棚、集装罩固定货物。

（4）通常使用的集装板厚度2 cm，称为半应力集装板或挠性集装板。适合装运重质货物的集装板厚度为6 cm，称为应力集装板或刚性集装板。图4-2-20为集装板运输作业。

图4-2-20 集装板运输作业

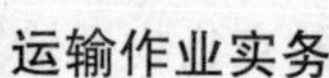

【任务实施】

步骤一：认识航空运输设施

张明认识到航空运输设施主要包括航空港、航路、航线、航班等，对航空运输设施有了比较清楚的了解。

步骤二：能够描述航空运输设备的概念和分类

张明归纳了航空运输设备的特点，知道了航空运输设备是指通过空中运行实现客货运输的各种航空器，并明确了它的分类。

步骤三：掌握航空集装运输的特点及分类

作为业务员的张明，通过所掌握的航空集装运输的特点及分类，来完成从福建至浙江的航空运输业务。

【应用训练】

根据项目任务所讲述的内容，利用互联网查找资料，归纳整理对航空运输设施与设备的理解，形成总结文档。

【任务评价】

任务评价表

项目	内容	该项目满分	实际得分
步骤一	认识航空运输设施	20	
步骤二	能够描述航空运输设备的概念和分类	40	
步骤三	掌握航空集装运输的特点及分类	40	
合计		100	

【拓展提升】

飞机的主要组成

飞机指具有机翼及一具或多具发动机，能在太空或者大气中靠自身动力驱动前进的航空器。

飞机主要由机翼、机身、动力装置、起落装置、操纵系统等部件组成。图 4－2－21 为飞机的主要组成部分。

图 4－2－21　飞机的主要组成部分

1. 机翼

副翼：一对副翼总是以相反的方向偏转，使一侧机翼的升力增加而另一侧机翼的升力减小，从而使飞机运转。

襟翼和前缘缝翼：增加飞机起飞时升力的装置，以缩短飞机的滑跑距离。

扰流板：铰接于机翼上表面的金属薄板，打开时分离上翼面的气流，造成机翼上的升力下降、阻力增加。在空中扰流板可以协助副翼使飞机滚转，在地面扰流板可起减速板的作用。

2. 机身

大中型飞机由于飞行高度较高，在机身设计上还要考虑机舱气密性等因素。

加压加氧：高度越高，空气越稀薄，气压越低，高度大于 4 000 m 时必须对客室进行加压加氧。

加温：当高度达 9 000 m 时机外气温为 －43. 5℃，因此应对客室进行加温，一般可用涡轮增压。

3. 动力装置

飞机的动力装置可分为活塞式、涡轮式、原子能式。

时速小于 600 km，可采用螺旋桨活塞式发动机；

时速小于 800 km，可采用涡轮螺旋桨发动机；

时速大于 800 km，可采用涡轮喷气式发动机。

涡轮发动机原理如下：使进入发动机的空气经压气机压缩提高压力，流入燃烧室与喷入的燃油（航空煤油）混合后燃烧，形成高温、高压燃气，再进入驱动压力机的燃气涡轮中膨胀做功，使涡轮高速旋转并驱动压气机及发动机附件。由燃气涡轮出来的燃气，仍具有一定的压力和温度，将这股燃气能量利用的方式不同，相应地产生了不同的燃气涡轮发动机，如涡轮喷气、涡轮螺旋桨、涡轮轴和涡轮风扇发动机。

涡轮喷气式发动机由压气机、燃烧室、燃气涡轮、加力燃烧室、尾喷管等组成。燃气发生器出来的燃气在尾喷管中膨胀加速，以高速从尾喷管中喷出，产生推力。

4. 起落装置

飞机起落装置的功能是使飞机能在地面或水平面起飞、着陆、滑行和停放，降落时吸收撞击能量以改善起落性能。起落装置主要分为起落架和改善起落性能的辅助装置两部分。

起落架的布置形式是指飞机起落架支柱（支点）的数目和其相对于飞机重心的布置位置。目前，飞机上通常采用四种起落架形式。

（1）后三点式：这种起落架有一个尾支柱和两个主起落架，并且飞机的重心在主起落架之后。后三点式起落架多用于低速飞机上。

（2）前三点式：这种起落架有一个前支柱和两个主起落架，并且飞机的重心在主起落架之前。前三点式起落架目前广泛应用于高速飞机上。

（3）自行车式：这种起落架除了在飞机重心前后各有一个主起落架外，还具有翼下支柱，即在飞机的左、右机翼下各有一个辅助轮。

（4）多支柱式：这种起落架的布置形式与前三点式起落架类似，飞机的重心在主起落架之前，但其有多个主起落架支柱。

5. 操纵系统

主操纵系统：主要是对升降舵、方向舵和副翼 3 个主要操纵面的操纵，可分为中央操纵机构和传动机构。驾驶员手操纵升降舵和副翼，脚操纵方向舵。

辅助操纵系统：主要是对水平安定面、襟翼、调整片等进行操纵的系统。

任务 4.3　航空货物运输作业

【任务目标】

1. 知道航空运输的一般流程
2. 能够描述班机货物运输出港和进港业务流程
3. 会填制航空货物运单

【任务描述】

航空运输单证是进行航空运输必不可少的单据，是承运人和托运人之间的运输契约，是由承运人或其代理人出具的一个重要的货物单据。

2014 年 8 月 5 日，先达货运公司职员张明接到公司客户光明果蔬批发有限公司一批须从北京运至广州的水果运单计划。此批托运货物及相关详细信息如下：

客户	光明果蔬批发有限公司 北京市通州区宋庄60号　赵小静　13615148977
收货人	广州永顺连锁经销商　广州市白云区广海路99号　黄燕　13087568948
装货地点	北京市通州区宋庄60号
卸货地点	广州市白云区广海路99号
货品信息	苹果、3 000 kg、50箱、货物价值100 000元
附加费标准	地面运费1元/kg，燃油附加费1元/kg

张明着手完成这单运输业务。

【知识准备】

4.3.1　航空运输的一般流程

具体如下：

委托运输→配舱→订舱→交接发运→航班跟踪→费用结算

1. 委托运输

发货人与货运代理确定运输价格及服务条件后，货运代理将给发货人一份空白“货物托运委托书”，发货人如实填写此份托运书，并传真或交回货运代理。

托运书应包括下列内容：托运人、收货人、始发站机场、目的地机场、要求的路线/申请订舱、供运输用的声明价值、供海关用的声明价值、保险金额、处理事项、运单所附文件、实际毛重、运价类别、计费重量、费率、货物的品名及数量、托运人签字、日期等。

2. 配舱

核对货物的实际件数、重量、体积与托运书上预报数量的差别。对预订舱位、板箱的有效利用、合理搭配，按照各航班机型、板箱型号、高度、数量进行配载。

3. 订舱

接到发货人的发货预报后，向航空公司申请领取并填写订舱单，同时提供相应的信息，包括货物的名称、体积、重量、件数、目的地、要求出运的时间等。航空公司根据实际情况安排舱位和航班。货运代理订舱时，可依照发货人的要求选择最佳的航线和承运人，同时为发货人争取最低、最合理的运价。

4. 交接发运

交接是向航空公司交单交货，由航空公司安排航空运输。

交单就是将随机单据和应由承运人留存的单据交给航空公司。随机单据包括第二联航空运单正本、发票、装箱单、产地证明、品质鉴定证书。

交货即把与单据相符的货物交给航空公司。交货前必须粘贴或拴挂货物标签，清点和核对货物，填制货物交接清单。大宗货、集中托运货，以整板、整箱称重交接。

5. 航班跟踪

需要联程中转的货物，在货物运出后，要求航空公司提供二程、三程航班中转信息，确认中转情况，并及时将上述信息反馈给客户，以便遇到不正常情况及时处理。

6. 费用结算

发货人结算费用：在运费预付的情况下，收取航空运输费、地面运输费、各种服务费和手续费。承运人结算费用：向承运人支付航空运费及代理费，同时收取代理佣金。

托运公司根据航班，代各外贸公司或工贸企业从仓库提取货物送至机场，凭单据将货物送到指定舱位待运。

4.3.2 班机货物运输出港和进港业务流程

1. 班机货物运输出港业务流程

具体流程如下：

委托运输→审核单证→接收货物→制作标签→配舱、订舱→交接发运→航班跟踪→费用结算

（1）委托运输。

发货人与航空货运代理公司就出口货物运输事宜达成意向后，发货人需填写货物托运书，作为货主委托代理办理航空货物运输的依据，航空货运代理根据委托书要求办理出口手续，并据以结算费用。

（2）审核单证。

审核经确认的托运书及报关单证和收货凭证，制作操作交接单，填写所收到的各种报关单证份数，给每份交接单配一份总运单或分运单。

（3）接收货物。

接收货物一般与接单同时进行，接收时对货物称量和丈量，根据发票清点货物，核对货物信息是否与运单一致，检查货物的外包装是否符合运输基本要求。

（4）制作标签。

根据情况制作标签。标签根据其作用，可以分为识别标签、特种货物标签和操作标签等。

（5）配舱、订舱。

配舱、订舱是指需要运出的货物都已入库后，核对货物的实际件数、重量、体积与托运书上预报数量的差别，根据预订舱位、板箱的领用合理搭配，按照各航班机型、板箱型号、高度、数量进行配载，并将所接收空运货物向航空公司正式提出运输申请并订妥舱位。

（6）交接发运。

交接发运是向航空公司交单交货，由航空公司安排航空运输。

（7）航班跟踪。

航班跟踪是指在将单证交给航空公司后，航空公司会由于种种原因，如航班取消、故障、错运等，未能将货物按照预订的时间运出，所以应从单证交给航空公司后就要对航班、

货物进行跟踪。

(8) 费用结算。

费用结算主要涉及航空代理人同发货人、承运人和国外代理人三方面的结算。在运费预付的情况下，涉及的费用主要有航空运输费、地面运输费、各种服务费和手续费，见表4-3-1。

表4-3-1 班机货物运输出港业务岗位人员及操作内容

岗位人员	托运程序	操作内容
发货人、航空货运代理公司	委托运输	填写货物托运书
航空货运代理公司	审核单证	审核经确认的托运书及报关单证和收货凭证；制作操作交接单；填写所收到的各种报关单证份数，给每份交接单配一份总运单或分运单
航空货运代理公司	接收货物	对货物称量和丈量，根据发票清点货物，核对货物信息是否与运单一致，检查货物的外包装是否符合运输基本要求
航空货运代理公司	制作标签	根据情况制作标签，按作用分类
航空货运代理公司	配舱、订舱	需要运出的货物都已入库后，仔细核对是否与托运书上预报有差别
航空货运代理公司、航空公司	交接发运	向航空公司交单交货，由航空公司安排航空运输
航空代理人、发货人、承运人和国外代理人	费用结算	在运费预付的情况下，涉及的费用主要有航空运输费、地面运输费、各种服务费和手续费

2. 班机货物运输进港业务流程

具体流程如下：

到货预报→交接单货→理货与仓储→理单与到货通知→制单与报关→收费与发货→送货与转运

(1) 到货预报。

在国外或者国内发货之前，由发货方将运单、航班、件数、重量、品名、实际收货人及其地址、联系电话等内容通过传真或电子邮件等方式发至目的地。

(2) 交接单货。

航空公司的地面代理人与集运商进行国际货物交接清单、总运单、随机文件和货物的交接。

(3) 理货与仓储。

集运商自航空公司接货后立即短途驳运进自己的监管仓库，组织理货及仓储。

(4) 理单与到货通知。

集运商整理有关单证，向收货人发出到货通知。

(5) 制单与报关。

按海关要求，依据运单、发票、装箱单及证明货物合法进口的有关批准文件，制作

“进口货物报关单”等单证。

（6）收费与发货。

发货时一般要收取相关费用，收费项目包括到付运费及垫付佣金、单证报关费、仓储费、装卸铲车费及海关报检等相关费用。

（7）送货与转运。

集运商可以为货主提供送货与转运服务。送货上门服务是指将进口清关后的货物直接运送到货主单位，送货上门运输工具一般为汽车；转运业务是指将进口清关后的货物转运至内地的货运代理公司，转运业务运输方式主要包括飞机、火车、汽车、水运、邮政。办理转运业务时，需由内地的货运代理公司协助收回相关费用。见表4－3－2。

表4－3－2　班机货物运输进港业务岗位人员及操作内容

岗位人员	托运程序	操作内容
发货方	到货预报	将运单等内容通过传真或电子邮件等方式发至目的地
地面代理人、集运商	交接单货	进行货物交接清单、总运单、随机文件和货物的交接
集运商	理货与仓储	接货后立即短途驳运进自己的监管仓库，组织理货及仓储
货主	制单与报关	依据运单、发票、装箱单及证明货物合法进口的有关批准文件，制作“进口货物报关单”
集运商	收费与发货	发货时一般要收取相关费用，收费项目包括到付运费及垫付佣金、单证报关费、仓储费、装卸铲车费及海关报检等相关费用
集运商	送货与转运	集运商可以为货主提供送货与转运服务，办理转运业务时，需由内地的货运代理公司协助收回相关费用

4.3.3　航空运单

1. 航空运单是一种运输契约

托运人托运航空货物必须填写航空运单。航空公司承运货物必须出具航空运单。根据《统一国际航空运输某些规则的公约》（简称《华沙公约》）第6条第（1）款和第（5）款规定，航空运单应当由托运人填写，承运人根据托运人的要求填写航空运单的，在没有相反证据的情况下，应当视为是代替委托人填写的。

在航空货运业务的操作中，各航空公司承运的货物大多是通过其代理人收运的，某些特种货物由航空公司直接收运。因为填写航空运单必须具有一定的专业知识，同时为了方便操作和为客户提供服务，托运人以托运书或委托书的形式授权航空公司或其代理人代替填写航空运单。在这种情况下，托运人正确、完整地填写托运书或委托书十分重要。航空公司或其代理人根据托运人的托运书或委托书代替托运人填写航空运单。

对于代理人来说，在这种情况下它既是托运人的代理人又是有关航空公司的指定代理人（或称授权代理人）。

航空运单与海运运单有很大不同，却与国际铁路运单相似。航空运单是进行航空运输必不可少的单据，是承运人和托运人之间的运输契约，是由承运人或其代理人出具的一个重要的货物单据，其内容对双方均具有约束力。航空运单不可转让，持有航空运单也并不能说明可以对货物拥有所有权。其作用主要表现在以下几个方面。

（1）航空运单是发货人与航空承运人之间的运输合同。

与海运运单不同，航空运单不仅证明航空运输合同的存在，而且航空运单本身就是发货人与航空运输承运人之间缔结的货物运输合同，在双方共同签署后产生效力，并在货物到达目的地交付给运单上所记载的收货人后失效。

（2）航空运单是承运人签发的已接收货物的证明。

航空运单也是货物收据，在发货人将货物发运后，承运人或其代理人就会将其中一份交给发货人（即发货人联），作为已经接收货物的证明。除非另外注明，它是承运人收到货物并在良好条件下转运的证明。

（3）航空运单是承运人据以核收运费的账单。

航空运单分别记载着属于收货人负担的费用，属于应支付给承运人的费用和应支付给代理人的费用，并详细列明费用的种类、金额，因此可作为运费账单和发票。承运人往往也将其中的承运人联作为记账凭证。

（4）航空运单是出口报关单证。

出口时航空运单是报关单证之一。在货物到达目的地机场进行进口报关时，航空运单也通常是海关查验放行的基本单证。

（5）航空运单可作为保险证明。

如果承运人承办保险或发货人要求承运人代办保险，则航空运单也可用来作为保险证明。

（6）航空运单是承运人内部业务的交接依据。

航空运单随货同行，证明了货物的身份。运单上载有有关该票货物发送、转运、交付的事项，承运人会据此对货物的运输做出相应安排。

航空运单的正本一式三份，每份都印有背面条款，其中一份交发货人，是承运人或其代理人接收货物的依据；第二份由承运人留存，作为记账凭证；最后一份随货同行，在货物到达目的地，交付给收货人时作为核收货物的依据。

2. 航空运单的种类

（1）航空主运单。

航空主运单（也叫总运单）是由航空公司（承运人）和航空货运代理公司（托运人）间签订的货物运输合同的初步证据，是货物运输的凭证。航空主运单一式12份，其中3份为正本（具有运输合同初步证据的效力），其余为副本（不具有运输合同初步证据的效力）。正本背面印有运输条件，正面用不同颜色纸张印制：第1份（绿色）由承运人留存，作为收取运费和记账的凭证；第2份（粉红色）交收货人，作为收货人核收货物的依据；第3

份（蓝色）交托运人，作为承运人接收货物的初步证据。副本中的一份为提货收据（黄色），由收货人提货时在其上签字，到站留存备查；其余副本（均为白色）分别供代理人、到站机场和第1、第2、第3承运人等使用。

（2）航空分运单。

航空分运单是航空货运代理公司在办理集中托运时，签发给每一个发货人的运单，是货运代理公司（作为承运人）与发货人（作为托运人）间签订的运输合同。航空分运单有正本3份，副本若干份。正本的第1份交发货人，第2份航空货运代理留存，第3份随货物同行交收货人。副本分别作为报关、财务、结算及国外代理办理中转分拨等用。

航空运单的有效期限自承运人与托运人在航空运单上签字并注明日期后开始，至货物运到目的地交给收货人，收货人在提供收据副本上签收终止。

航空分运单与航空主运单的内容基本相同。

这中间，航空分运单作为集中托运人与托运人之间的货物运输合同，合同双方分别为A、B和集中托运人；而航空主运单作为航空运输公司与集中托运人之间的货物运输合同，当事人则为集中托运人和航空运输公司，货主与航空运输公司没有直接的契约关系。

不仅如此，由于在起运地货物由集中托运人将货物交付航空运输公司，在目的地由集中托运人或其代理从航空运输公司处提取货物，再转交给收货人，因而货主与航空运输公司也没有直接的货物交接关系。中国民用航空运单见表4-3-3。

表4-3-3　中国民用航空运单

<table>
<tr><td>出发站</td><td></td><td>到达站</td><td colspan="2"></td></tr>
<tr><td>收货人名称</td><td></td><td>电话</td><td colspan="2"></td></tr>
<tr><td>收货人地址</td><td colspan="4"></td></tr>
<tr><td>发货人名称</td><td colspan="4"></td></tr>
<tr><td>发货人地址</td><td colspan="4"></td></tr>
<tr><td>空路转运</td><td colspan="2">自　　至</td><td>运输方式</td><td></td></tr>
<tr><td>货物名称</td><td>件数及包装</td><td colspan="2">重量</td><td>价值</td></tr>
<tr><td></td><td></td><td>计费</td><td>实际</td><td></td></tr>
<tr><td colspan="2">航空运费：　元/kg</td><td>元</td><td rowspan="3">储运注意事项</td><td rowspan="6">收运站
日期
经手人</td></tr>
<tr><td colspan="2">地面运输费：　元/kg</td><td>元</td></tr>
<tr><td colspan="2">空陆转运费：　元/kg</td><td>元</td></tr>
<tr><td colspan="2">中转费：　元/kg</td><td>元</td><td rowspan="3"></td></tr>
<tr><td colspan="2">其他费用：</td><td>元</td></tr>
<tr><td colspan="2">合计</td><td>元</td></tr>
</table>

3. 航空运单流转程序

航空运单一式八联。其中正本三联，副本五联，三联正本具有同等法律效力。

第一联，甲联：正本，蓝色，为托运人联。作为托运人支付货物运费，并将货物交由承运人运输的凭证。

第二联，乙联：正本，绿色，为财务联。作为收取货物运费的凭证交财务部门。

第三联，丙联：副本，白色，为第一承运人联。由第一承运人留交其财务部门作为结算凭证。

第四联，丁联：正本，粉红色，为收货人联。在目的站交收货人。

第五联，戊联：副本，黄色，为货物交付联。收货人提取货物时在此联签字，由承运人留存，作为货物已经交付收货人的凭证。

第六联，己联：副本，白色，为目的站联。由目的站机场留存，也可作为第三承运人联，由第三承运人留交其财务部门作为结算凭证。

第七联，庚联：副本，白色，为第二承运人联。由第二承运人留交其财务部门作为结算凭证。

第八联，辛联：副本，白色，为代理人联（存根联）。由运单填置人留存备查。

运单的三联正本具有同等法律效力，一联交承运人，一联交收货人，一联交托运人。分别由托运人签字或盖章，由承运人接收货物后签字或盖章。

运单的承运人联应当自填开票次日起保存两年。

【任务实施】

步骤一：知道航空运输的一般流程

航空运输可以概括为：托运、发运、结算三个阶段，其操作流程如下：

航空运输操作流程

委托运输 → 配舱→订舱→交接发运→航班跟踪 → 费用结算

托运————→发运————→结算

张明在这个过程中完成市场销售、制作标签、配舱、订舱的工作。

步骤二：能够描述班机货物运输出港和进港业务流程

光明果蔬批发有限公司这批水果，属于货物运输出港业务。张明负责委托运输，交由审核员审核，并负责配舱和订舱工作。

步骤三：会填制航空货物运单

根据任务描述中的详细资料填制航空货物运单，见表4-3-4。

表 4-3-4　航空货物运单

<table>
<tr><td>出发站</td><td>北京</td><td>到达站</td><td colspan="2">广州</td></tr>
<tr><td>收货人名称</td><td>广州永顺连锁经销商</td><td>电话</td><td colspan="2">13087568948</td></tr>
<tr><td>收货人地址</td><td colspan="4">广州市白云区广海路 99 号</td></tr>
<tr><td>发货人名称</td><td colspan="4">光明果蔬批发有限公司</td></tr>
<tr><td>发货人地址</td><td colspan="4">北京市通州区宋庄 60 号</td></tr>
<tr><td>空陆转运</td><td colspan="2">自广州机场 至广州市白云区广海路 99 号</td><td>运输方式</td><td>汽车运输</td></tr>
<tr><td>货物名称</td><td>件数及包装</td><td colspan="2">重 量</td><td>价值</td></tr>
<tr><td rowspan="2">苹果</td><td rowspan="2">50 箱，纸箱包装</td><td>计费</td><td>实际</td><td rowspan="2">100 000 元</td></tr>
<tr><td></td><td>3 000 kg</td></tr>
<tr><td colspan="2">航空运费：3. 8 元/kg</td><td>10 140 元</td><td rowspan="3">储运注意事项
防潮、禁止翻滚</td><td rowspan="6">收运站：广州永顺连锁经销商
日期：2014 年 8 月 6 日
经手人：黄燕</td></tr>
<tr><td colspan="2">地面运输费：1 元/kg</td><td>3 000 元</td></tr>
<tr><td colspan="2">空陆转运费：3 元/kg</td><td>9 000 元</td></tr>
<tr><td colspan="2">中转费：</td><td></td><td rowspan="3"></td></tr>
<tr><td colspan="2">其他费用：燃油附加费 1 元/kg</td><td>3 000 元</td></tr>
<tr><td colspan="2">合计</td><td>26 400 元</td></tr>
</table>

托运人完成货物运单后，须在相应位置签字、盖章确认。

【应用训练】

分角色作业。角色设定：制单员，托运人。要求运单填制符合规定，正确无误，不漏填，填写清楚规范。

背景资料：

2014 年 7 月 4 日上午，客户美即饮料有限公司有一批饮料须从北京运至上海，托运货品的相关详细信息如下：

客户	美即饮料有限公司 北京市通州区李庄 80 号 李海 13548239498
收货人	上海鼎盛食品超市 上海市普陀区南新路 170 号 齐远 15546825674

续表

装货地点	北京市通州区李庄80号
卸货地点	上海市普陀区南新路170号
货品信息	饮料、5 t、25箱、货物价值100 000元
附加费标准	地面运费1元/kg，燃油附加费1元/kg

请根据以上信息填制公路货物运单。

【任务评价】

任务评价表

项目	内容	该项目满分	实际得分
步骤一	知道航空运输的一般流程	20	
步骤二	能够描述班机货物运输出港和进港业务流程	10	
步骤三	会填制航空货物运单	40	
完成时间		20	
安全操作		10	
合计		100	

【拓展提升】

国内外著名航空公司简介

1. 国内三大航空公司介绍

（1）中国国际航空股份有限公司。

中国国际航空股份有限公司（Air China，简称国航），其前身中国国际航空公司于1988年在北京正式成立，是中国唯一载国旗飞行的民用航空公司。国航是中国航空集团公司控股的航空运输主业公司，与中国东方航空股份有限公司和中国南方航空股份有限公司合称中国三大航空公司。2004年12月15日，国航在香港（股票代码009）成功上市。

图4－3－1　国航波音747－400客机

根据国务院批准通过的《民航体制改革方案》，2002年10月28日，中国国际航空公司联合中国航空总公司和中国西南航空公司，成立了中国航空集团公司，并以联合三方的航空运输资源为基础，组建新的中国国际航空公司。图4－3－1为国航波音747－400客机。

2004 年 9 月 30 日，经国务院国有资产监督管理委员会批准，作为中国航空集团公司控股的航空运输公司，国航在北京正式成立，继续保留原中国国际航空公司的名称，并使用中国国际航空公司的标志。

国航是中国唯一载国旗飞行的民用航空公司及世界最大的航空联盟——星空联盟成员、2008 年北京奥运会航空客运合作伙伴，具有国内航空公司第一的品牌价值（世界品牌实验室 2013 年评测为 765.68 亿元），在航空客运、货运及相关服务诸方面，均处于国内领先地位。

国航承担着中国国家领导人出国访问的专机任务，也承担许多外国元首和政府首脑在国内的专包机任务，这也彰显了国航独有的尊贵地位。国航总部设在北京，辖有西南、浙江、重庆、内蒙古、天津、上海、湖北、贵州、西藏分公司，以及华南基地及工程技术分公司等。

图 4 - 3 - 2　国航标志

国航的标志是凤凰，同时又是英文“VIP”（尊贵客人）的艺术变形，颜色为中国传统的大红，具有吉祥、圆满、祥和、幸福的寓意，寄寓着国航人服务社会的真挚情怀和对安全事业的永恒追求。图 4 - 3 - 2 为国航标志。

使用此标志的公司还有：中国航空集团公司、中国国际货运航空、北京航空、大连航空、国航内蒙古公司（内蒙古航空）。

（2）中国南方航空股份有限公司。

中国南方航空股份有限公司（China Southern Airlines，简称南航），总部设在广州，以蓝色垂直尾翼镶红色木棉花为公司标志，是中国运输飞机最多、航线网络最发达、年客运量最大的航空公司。南航机队规模居亚洲第一、世界第五，是全球第一家同时运营空客 A380 和波音 787 的航空公司。公司坚持“安全第一”的核心价值观，先后联合重组、控股参股多家国内航空公司，是首家加入国际性航空联盟的中国内地航空公司。图 4 - 3 - 3 为南航 ATR - 72 客机。南航的标志是木棉花。木棉花是中国南方特有花卉，木棉花树干挺拔高大，每年开春，木棉花开放，花朵硕大，红艳艳布满枝头，远望近观，皆富情趣。在中国南方人心目中，木棉花象征高尚的人格，人们赞美她，热爱她，广州市民还把她推举为自己的市花，视为图腾。图 4 - 3 - 4 为南航标志。

图 4 - 3 - 3　南航 ATR - 72 客机

中国南方航空

CHINA SOUTHERN AIRLINES

图 4 - 3 - 4　南航标志

南航选择木棉花作为航徽的主要原因：一方面是因为公司创立时总部设在中国南方地域广州，木棉花航徽既可以显示公司的地域特征，也可以顺应南方人民对木棉花的喜爱和赞美；另一方面是因木棉花所象征的坦诚、热情的风格，塑造公司的企业形象，表示自己将始终以坦诚、热情的态度为广大旅客、货主提供尽善尽美的航空运输服务。

（3）中国东方航空股份有限公司。

中国东方航空股份有限公司（China Eastern Airlines，简称东航）是一家总部位于中国上海的国有控股航空公司，在原中国东方航空集团公司的基础上，兼并中国西北航空公司，联合中国云南航空公司重组而成，是中国民航第一家在香港、纽约和上海三地上市的航空公司，1997年2月4日、5日及11月5日，东航分别在纽约证券交易所、香港联合交易所和上海证券交易所成功挂牌上市，是中国三大国有大型骨干航空企业之一。

东航从创业之初就制定了“开拓创新、深化改革、厉兵秣马、飞向世界”的战略决策，仅用三年多的时间就开通了飞往美国和西欧的航线。为了将东航发展成具有较强竞争能力的国际型航空企业，1993年10月，中国东方航空集团公司成立，成功实现了由区域性航空公司向国际性航空公司的转变。东航主要从事国内和国际航空的客、货、邮、行李运输，以及通用航空等业务及延伸服务，下辖山东、安徽、江西、山西、甘肃、西北、云南、四川、浙江、北京分公司，控股中国货运航空有限公司、中国东方航空江苏有限公司、上海航空股份有限公司及中国联合航空有限公司，参股中国东方航空武汉有限责任公司，全资拥有东方通用航空股份有限公司。图4-3-5为东航波音777-300ER客机。

图4-3-5　东航波音777-300ER客机

东航在航空运输主营业务方面，实施“中枢网络运营”战略，建立以上海为中心、依托长江三角洲地区、连接全球市场、客货并重的航空运输网络。航线除了包括国内航线外，也经营从上海等地至国际各大城市的国际航线，拥有贯通中国东西部，连接亚洲、欧洲、大洋洲和美洲的航线网络。构建“统一运营管理模式”，建立起与世界水平接近的飞行安全技术、空中和地面服务、机务维修、市场营销、运行控制等支柱性业务体系。东航机队主要的机型包括了空客A320、空客A330、空客A340、波音737和ERJ-145等。截至2014年，拥有各型飞机350多架，通达世界187个国家、1 000个目的地的航空运输网络。

东航新的标志于2014年9月9日正式对外发布。东航此次标志优化升级是基于企业新的战略规划及更加国际化的需要，最大的改动则是这只燕子图形，新的设计将她彻底从圆形的笼子中解放了出来。原来的燕子造型有不少直线，新设计则大部分改为圆弧，整体流线型的处理使她看上去更加舒展，仿佛看到一只挣脱束缚后奔向自由、奔向蓝天的燕子。图4-3-6为东航新旧标志对比。

旧标志　　　　新标志

图 4－3－6　东航新旧标志对比

2. 国外著名航空公司介绍

（1）美国航空公司。

美国航空公司（简称美航）是世界最大的航空公司，遍布 260 余个通航城市——包括美国本土 150 个城市及 40 个国家。图 4－3－7 为美航客机。

图 4－3－7　美航客机

美航致力于提供卓越的全球飞行体验。机队由近 900 架飞机组成，每日从芝加哥、达拉斯、沃斯堡、洛杉矶、迈阿密和纽约五大枢纽起飞的航班数量超过 3 500 个班次。美航的国际航线接近 100 条，包括伦敦、马德里、圣保罗、东京和上海等重要国际大都市。

（2）英国航空公司。

英国航空公司（简称英航）成立于 1924 年 3 月 31 日，全球航班网络覆盖 75 个国家的 150 多个目的地。它是全球最大的国际航空公司之一，每年乘载约 3 600 万名乘客。英航自 1980 年起为中国提供服务。目前每周有 7 个航班由北京直飞伦敦（冬季为每周 6 班），同时每周有 6 个航班从上海直飞伦敦，以及 2013 年 9 月开始的每周 3 个航班从成都直飞伦敦。图 4－3－8 为英航波音 747 客机。

（3）阿联酋航空公司。

阿联酋航空公司也称为阿拉伯联合酋长国航空公司（简称阿航）。阿航成立于 1985 年 10 月 25 日，阿航向政府贷款 1 000 万美元启动公司业务，当时公司只有 2 架租来的飞机和 3 条航线。成立短短 5 个月后，阿航就将自己的第一架飞机送上了蓝天。公司总部设于迪拜，以迪拜国际机场为基地。阿航的母公司称为阿联酋航空集团，由迪拜酋长国政府拥有，它是全球发展最快的航空公司之一，是世界上为数不多的拥有清一色大型飞机的航空公司。图 4－3－9 为阿航空客 A380 客机。

图 4－3－8　英航波音 747 客机

图 4－3－9　阿航空客 A380 客机

任务 4.4　航空货物运输费用计算

【任务目标】

1. 能够描述航空运输费用的构成
2. 能说出运费的计算公式
3. 学会计算运费

【任务描述】

先达货运公司职员张明接到新订单，客户要求从北京至新加坡运输一箱水龙头接管。航空公司公布的运价：最低运费（M）230 元，普通货物运价（N）36.66 元/kg，普通货物运价（Q45）27.5 元/kg，普通货物运价（Q300）23.46 元/kg。张明按照航空运输的计费要求进行了核算，并且准确无误地上报给客户，得到客户的满意。张明是如何做的呢？

【知识准备】

航空运输费用以“元”为单位，元以下四舍五入。最低运费，按重量计得的运费与最低运费相比取其高者。按实际重量计得的运费与按较高重量分界点运价计得的运费比较，取其低者。分段相加组成运价时，不考虑实际运输路线，不同运价组成点组成的运价相比取其低者。

4.4.1　航空货物运输费用

航空货物运输费用是指承运人为运输货物对规定的重量单位从起运机场至目的机场所花费的空中费用。航空货物运输费用包括运费和附加费。运费是根据适用的运价所计算出的应该收取的每批货物的费用。计算方式如下：

航空运费 = 货物计费重量 × 对应的货物运价

一般来说，货物的航空运费主要由两个因素组成，即货物适用的运价与货物的计费重量。

由于航空运输货物的种类繁多，货物运输的起讫地点所在航空区域不同，每种货物所适用的运价亦不同。换言之，运输的货物种类和运输起讫地点的 IATA（国际航空运输协会）区域使航空货物运价乃至运费计算分门别类。同时，由于飞机业务载运能力受飞机最大起飞全重和货舱本身体积的限制，因此，货物的计费重量需要同时考虑其体积重量和实际重量两个因素。

4.4.2 航空运输计价的种类

航空运输中共有 6 种运价号，分别是 M、N、Q、C、S、R。

（1）最低运价（M）。

最低运价也称为成本运价或最小运价，国内每票货物的最低运价为 30 元，国际每票货物的最低运价为 230 元。

（2）普通货物运价（N、Q）。

一般将 45 kg 为重量分界点，45 kg 以下，运价号为 N；45 kg 以上，运价号为 Q。

（3）指定物品运价（C）。

指定物品运价适用于某一航线上明确分类的特定物品的运价，如一些批量大、季节性强、单位价值低的货物。许多指定物品运价还同时包括对大宗货物运价的折扣。

国际航空运输协会公布这种货物运价时，将货物划分为以下类型：

0001 ~ 0999 食用动物和植物产品；

1000 ~ 1999 活动物和非食用动物及植物产品；

2000 ~ 2999 纺织品、纤维及其制品；

3000 ~ 3999 金属及其制品，但不包括机械、车辆和电器设备；

4000 ~ 4999 机械、车辆和电器设备；

5000 ~ 5999 非金属矿物质及其制品；

6000 ~ 6999 化工品及相关产品；

7000 ~ 7999 纸张、芦苇、橡胶和木材制品；

8000 ~ 8999 科学仪器、精密仪器、器械及配件；

9000 ~ 9999 其他货物。

（4）等级货物运价（S、R）。

等级货物运价是指航空公司对某些特定货物的折扣运价或额外运价。

有关运价的其他规定：①运价是指从一机场到另一机场，而且只适用于单一方向。②不包括其他额外费用，如提货、报关、接交和仓储费用等。③运价通常使用当地货币公布。④运价一般以公斤或磅为计算单位。⑤航空运单中的运价是指出具运单之日所适用的运价。

4.4.3 航空运费的计算步骤

具体计算步骤如下：

确定适用的运价种类→ 确定运价率→确定计费重量→确定地面费用

4.4.4 航空运输运价的确定

(1) 确定航空运费基础运价。

航空运费基础运价见表4-4-1。

表4-4-1 航空运费基础运价表

货物	运价类别
最低运价(M)	国内最低运价为30元，国际最低运价为230元
普通货物运价(N、Q)	45 kg以下普通货物，运价号为N； 45 kg以上、100 kg以上、300 kg以上3级，运价号为Q
指定物品运价(C)	对于一些批量大、季节性强、单位价值低的货物，航空公司可申请建立指定物品运价
等级货物运价(S、R)	急件、生物制品、珍贵植物和植物制品、活体动物、骨灰、灵柩、鲜活易腐物品、贵重物品、枪械、弹药、押运货物等特种货物实行等级货物运价，按照基础运价的150%计收

(2) 确定航空运输计费重量。

计费重量是指用以计算货物航空运费的重量，可以是货物的实际毛量，或者是货物的体积重量。航空运输计费重量见表4-4-2。

表4-4-2 航空运输计费重量

计费形式	计费单位	重量单位
实际毛重	kg	重量不足1 kg的尾数四舍五入
体积重量	将货物的体积按照一定比例折合成的重量	换算标准为每6 000 cm^3 折合为1 kg

(3) 确定其他附加费用。

【任务实施】

步骤一：能够描述航空运输运费的构成

1. 计费重量

(1) 计量单位：kg。

(2) 重量确定。

受飞机舱容限制，重量大、体积小的货物受到一定限制。

① 实际重量：毛重。

② 体积重量：每千克(kg)的货物其体积超过6 000 cm^3 时，以体积重量为计费重量。将体积折算成重量：6 000 cm^3 折合1 kg，计费重量(kg) = 长(cm) ×高(cm) ×宽(cm) /6 000。航空运输中计费重量最小单位是0.5 kg，不足0.5 kg时，按0.5 kg计算；超

过0.5 kg但不足1 kg时，按1 kg计算。

2. 计费区域

与其他各种运输方式不同，国际航空货物运输中与运费有关的各种制度及运费水平都是由国际航空运输协会制定的，将各成员国划分三个区：

一区：北美、中美、南美等；

二区：欧洲、非洲、亚洲的伊朗；

三区：亚洲、澳大利亚、新西兰。

运价单位：元/kg。

步骤二：能说出运费的计算公式

航空运费＝货物计费重量×对应的货物运价。

步骤三：学会计算运费

张明在本次任务中进行了如下的运费计算：

解：① 计费重量为36 kg，适用运价号为N，费率为36.66元/kg

$$F_1 = 36 \times 36.66 = 1\,319.76\text{ 元}$$

② 采用较高重量分界点计算运费

$$F_2 = 45 \times 27.5 = 1\,237.50\text{ 元}$$

因为 $F_1 > F_2$，所以，该批货物的运费为1 237.50元。

【应用训练】

根据项目任务所讲述的内容，学会航空运输基本的运费计算。注意计算中的相关要求，各项计算要完整、准确。

从北京运至东京的杂志重为50 kg，其运价M为230.00元，N为37.31元/kg，Q为28.13元/kg，附减比例为Q运价的50%。试计算该杂志的运费。

【任务评价】

任务评价表

项目	内容	该项目满分	实际得分
步骤一	能够描述航空运输费用的构成	20	
步骤二	能说出运费的计算公式	10	
步骤三	学会计算运费	40	
完成时间		20	
安全操作		10	
合计		100	

【拓展提升】

航空货物运输需考虑的其他收费因素

1. 货运单费

货运单费又称为航空货运单工本费，此项费用为填制航空货运单的费用。航空公司或其代理人销售或填制货运单时，该费用包括逐项逐笔填制货运单的成本。对于航空货运单工本费，各国的收费水平不尽相同。货运单费应填制在货运单的“其他费用”一栏中，用两字代码“AW”（Air Waybill）表示。按《华沙公约》等有关公约，国际上多数 IATA 航空公司做如下规定：

（1）由航空公司来销售或填制航空货运单，此项费用归出票航空公司所有，表示为 AWC；

（2）由航空公司的代理人销售或填制货运单，此项费用归销售代理人所有，表示为 AWA。

中国民航各航空公司规定：无论货运单是由航空公司销售还是由代理人销售，填制 AWB 时，货运单中“OTHER CHARGES”一栏中均用 AWC 表示，意为此项费用归出票航空公司所有。

2. 垫付款和垫付费

（1）垫付款。

垫付款是指在始发地机场收运一票货物，所发生的其他费用垫付。这部分费用仅限于货物地面运输费、清关处理费和货运单工本费。

此项费用需按不同其他费用的种类代号、费用归属代号（A 或 C）及费用金额一并填入货运单的“其他费用”一栏。例如：“AWA”表示代理人填制的货运单；“CHA”表示代理人代替办理始发地清关业务；“SUA”表示代理人将货物运输到始发地机场的地面运输费。

（2）垫付费。

垫付费是根据垫付款的数额而确定的费用。垫付费的费用代码为“DB”，该费用归出票航空公司所有。在货运单的其他费用栏中，此项费用应表示为“DBC”。

垫付费的计算公式：垫付费 = 垫付款 × 10%。

但每一票货物的垫付费不得低于 20 美元或等值货币。

3. 危险品处理费

国际航空货物运输中，对于收运的危险品货物，除按危险品规则收运并收取航空运费外，还应收取危险货物收运手续费，该费用必须填制在货运单“其他费用”栏内，用“RA”表示费用种类，危险品处理费归出票航空公司所有。在货运单中，危险品处理费表示为“RAC”。

自中国至IATA业务一区、二区、三区，每票货物的最低收费标准均为400元人民币。

4. 运费到付货物手续费

国际货物运输中，当货物的航空运费及其他费用到付时，在目的地的收货人，除支付货物的航空运费和其他费用外，还应支付到付货物手续费。

此项费用由最后一个承运航空公司收取，并归其所有。一般CC Fee（运费到付的费用）的收取，采用目的站开具专门发票，但也可以使用货运单（此种情况在交付航空公司无专门发票，并将AWB作为发票使用时使用）。

对于运至中国的运费到付货物，到付运费手续费的计算公式及标准如下：

到付运费手续费 =（货物的航空运费 + 声明价值附加费）×2%

各个国家CC Fee的收费标准不同。在中国，CC Fee最低收费标准为100元人民币。

5. 声明价值附加费

当托运人托运的货物，毛重每千克价值超过20美元或其等值货币时，可以办理货物声明价值，托运人办理声明价值必须是一票货运单上的全部货物，不得分批或者部分办理。托运人办理货物声明价值时，应按照规定向承运人支付声明价值附加费。

声明价值附加费的计算公式为：

声明价值附加费 = [货物声明价值 -（货物毛重×20美元）]

注：20美元应折算为当地货币。

空运常用术语中英文对照

国际民用航空组织 International Civil Aviation Organization（ICAO）

国际航空运输协会 International Air Transport Association（IATA）

班机运输 Scheduled Airline

包机运输 Chartered Carrier

集中托运 Consolidation

航空快递 Air Express

航空运单 Air Waybill

航空主运单 Master Air Waybill（MAWB）

航空分运单 House Air Waybill（HAWB）

计费重量 Chargeable Weight

重货 High Density Cargo

轻货 Low Density Cargo

特种货物运价 Specific Commodity Rate（SCR）

等价货物运价 Commodity Classification Rate（CCR）

普通货物运价 General Cargo Rate（GCR）

集装设备 Unit Load Device（ULD）
比例运价 Construction Rate
分段相加运价 Combination of Rate
声明价值费 Valuation Charges
运输声明价值 Declared Value for Carriage
不要求声明价值 No Value Declared（NVD）
海关声明价值 Declared Value for Customs
无声明价值 No Customs Valuation（NCV）

【专项法规拓展】

中国民用航空货物国内运输规则
中国民用航空货物国际运输规则
中华人民共和国民用航空法
建议：可上网查询细则，应用学习。

项目 5

水路货物运输

任务5.1　认识水路货物运输

【任务目标】

1. 了解水路货物运输相关概念
2. 能说出水路货物运输特点
3. 能够描述水路船舶的经营方式

【任务描述】

水路运输是目前五种运输方式中兴起最早、历史最长的运输方式。较适于承担大宗、低值、笨重和各种散装货物的中长距离运输，其中特别是海运，更适于承担各种外贸货物的进出口运输。

新加坡港有10个集装箱的木材需要运送到天津港，环发货运公司接受了这批货物的运输业务，运输部负责人将这批货物的运输交给部门一位优秀的业务员刘一来组织完成。刘一接到业务后，根据货物运输业务量、运输地点、时间、距离等，进行分析后选择了水路运输，制订了可行的运输方案，上报负责人得到审批后执行，按时完成了这单业务。

想成为一名优秀的货运业务从业人员，像刘一那样能顺利地完成领导交给的重要业务，首先要具备相关的货运知识及实践经验，作为从事运输工作的基础保障。

【知识准备】

水路运输历史悠久。人类还在石器时代，就以木作舟在水上航行，后来才有了独木舟和船。人类在古代就已利用天然水道从事运输，最早的运输工具是独木舟和排筏，见图5－1－1、5－1－2。

图5－1－1　独木舟

图5－1－2　排筏

中国是世界上水路运输发展较早的国家之一，水路运输发展很快，特别是近 30 多年来，水路客、货运量均增加 16 倍以上。目前中国的商船已航行于世界 100 多个国家和地区的 400 多个港口，已基本形成一个具有规模的水运体系。

5.1.1 水路运输相关概念

水路运输是利用船舶和其他浮运工具，在江、河、湖泊、人工水道及海洋上运送旅客和货物的一种运输方式。水路运输按其航行的区域，可划分为远洋运输、沿海运输和内河运输三种形式。远洋运输通常是指除沿海运输以外所有的海上运输。沿海运输是指利用船舶在我国沿海区域各地之间的运输。内河运输是指利用船舶、排筏和其他浮运工具，在江、河、湖泊及人工水道上从事的运输。

5.1.2 水路运输的特点

1. 水路货物运输的优点

（1）从技术性能看，水陆运输的优点主要如下：

① 运输能力大，水路运输能力在五种运输方式中最大；

② 在运输条件良好的航行区域，通过能力几乎不受限制；

③ 水路运输通用性能好，既可运客，也可运货，运送货物多为大件货物。

（2）从经济技术指标上看，水路运输的优点主要如下：

① 建设投资省；

② 运输成本低；

③ 劳动生产率高，目前沿海运输劳动生产率是铁路运输的 6.4 倍，长江干线运输劳动生产率是铁路运输的 1.26 倍；

④ 平均运距长，水路运输平均运距分别是铁路运输的 2.3 倍，公路运输的 59 倍，管道运输的 2.7 倍，民航运输的 68%；

⑤ 远洋运输在我国对外经济贸易方面占独特重要地位。

2. 水路货物运输的缺点

（1）受自然条件影响较大，受季节影响，内河航道和某些港口冬季容易结冰，枯水期水位容易变低，难以保证全年通航的畅通；

（2）运送速度慢，在途货物占有多，会增加货主流动资金的占有量。

总之，水路运输综合优势较为突出，适宜于运距长、运量大、时间性不太强的各种大宗物资运输。

5.1.3 海运船舶的经营方式

1. 班轮运输（liner transport）

班轮运输是船舶沿固定的航线，经固定的港口，按事先公布的固定船期运输货物，按事先公布的费率收取运费的船舶运输方式。为了保证船期，班轮的船舶一般设备齐全，船况较好。在班轮停靠的码头都有班轮公司自己的专用码头，货运质量有保证。货物一般为小额贸易货物，现在多以集装箱作为运输单元，提单是主要的运输单证。

2. 租船运输（shipping by chartering）

租船运输又称不定期船运输，没有预定的船期表、航线、港口，船舶按租船人和船东双方签订的租船合同规定的条款完成运输服务。根据协议，船东将船舶出租给租船人使用，完成特定的货运任务，并按商定运价收取运费。采用租船运输的货物主要是低价值的大宗货物，例如煤炭、矿砂、粮食、化肥、水泥、木材、石油等。一般都是整船装运，运量大，租船运输的运量占全部海上货运量的80%左右。运价比较低，并且运价随市场行情的变化波动。租船方式主要有航次租船、定期租船和光船租船三种。

1）航次租船（voyage charter）

航次租船又称为定程租船，是以航程为基础的租船方式。在这种租船方式下，船方必须按租船合同规定的航程完成货物运输服务，并负责船舶的经营管理，以及船舶在航行中的一切开支费用，租船人按约定支付运费。航次租船的合同中规定装卸期限或装卸率，并计算滞期和速遣费。航次租船又可以分为单程租船、往返租船、连续航次租船、航次期租船、包运合同租船几种。

（1）单程租船（single voyage charter）。

单程租船也称为单航次租船，即所租船舶只装运一个航次，航程终了时租船合同即告终止。运费按租船市场行情由双方议定，其计算方法一般是按运费率乘以装货或卸货数量或按照整船包干运费计算。

（2）往返租船（round trip charter）。

往返租船也称为来回航次租船，即租船合同规定在完成一个航次任务后接着再装运一个回程货载，有时按来回货物不同分别计算运费。

（3）连续航次租船（consecutive trip charter）。

在同样的航线上连续装运几个航次。往往货运量较大，一个航次运不完的时候，可以采用这样的租船方式。这种情况下，平均航次船舶租金要比单航次租金低。

（4）航次期租船（trip charter on time basis）。

航次期租船也称为期租航次租船，船舶的租赁采用航次租船方式，但租金以航次所需的时间（天）为计算标准。这种租船方式不计滞期、速遣费用，船方不负责货物运输的经营管理。

（5）包运合同租船（contract of affreightment）。

船东在约定的期限内，派若干条船，按照同样的租船条件，将一大批货物由一个港口运到另一个港口，航程次数不做具体规定，合同针对待运的货物。这种租船方式可以减轻租船压力，对船东来说，营运上比较灵活，可以用自有船舶来承运，也可以再租用其他的船舶来完成规定的货运任务；可以用一条船多次往返运输，也可以用几条船同时运输。包运合同运输的货物通常是大宗低价值散货。

2）定期租船（time charter）

定期租船简称期租，是指以租赁期限为基础的租船方式。在租期内，租船人按约定支付租金以取得船舶的使用权，同时负责船舶的调度和经营管理。期租租金一般规定以船舶的每载重吨每月若干金额计算。租期可以长可以短，短时几个月，长则可以达到5年以上，甚至直到船舶报废为止。期租的对象是整船，不规定船舶的航线和挂靠港口，只规定航行区域范围，因此租船人可以根据货运需要选择航线、挂靠港口，便于船舶的使用和营运。期租对船舶装运的货物也不做具体规定，可以选装任何适运的货物；租船人有船舶调度权并负责船舶的营运，支付船用燃料、各项港口费用、捐税、货物装卸等费用。该方式不规定滞期速遣条款。

3）光船租船（bare boat charter）

光船租船也是一种期租船，不同的是船东不提供船员，只把一条空船交给租方使用，由租方自行配备船员，负责船舶的经营管理和航行各项事宜。对船东来说，一般不放心把船交给租船人支配；对租船方来说，雇佣和管理船员工作很复杂，租船人也很少采用这种方式。因此，光船租船形式在租船市场上很少采用。

【任务实施】

步骤一：了解水路货物运输相关概念

刘一认识到水路运输主要承担远距离、大批量的货运。新加坡港10个集装箱的木材需要运送到天津港，行程、运量及运费适宜选择集装箱海运，通过水路运输实现。

步骤二：能说出水路货物运输特点

刘一归纳了水路货物运输的特点，对比其优缺点，水路运输的优势在此单任务中较其他运输方式更为凸显。

步骤三：能够描述水路船舶的经营方式

刘一分析了海运船舶的经营方式，明确了她所任职的环发货运公司在船舶经营方式上属于班轮运输。

【应用训练】

根据项目任务所讲述的内容，利用互联网查找资料，归纳整理对水路运输的理解，形成总结文档。

【任务评价】

任务评价表

项目	内容	该项目满分	实际得分
步骤一	了解水路货物运输相关概念	20	
步骤二	能说出水路货物运输特点	20	
步骤三	能够描述水路船舶的经营方式	60	
合计		100	

【拓展提升】

古代中国的远洋运输——著名的海上丝绸之路

海上丝绸之路是古代中国与外国交通贸易和文化交往的海上通道，起点是泉州和广州。海上丝绸之路形成于秦汉时期，发展于三国隋朝时期，繁荣于唐宋时期，转变于明清时期，是已知的最为古老的海上航线。在陆上丝绸之路之前，已有了海上丝绸之路，主要有东海起航线和南海起航线。海上丝绸之路是古代海道交通大动脉。自汉朝开始，中国与马来半岛就已有接触，尤其是唐朝之后，来往更加密切，作为往来的途径，最方便的当然是航海，而中西贸易也利用此航道作为交易之道，这就是我们称为的海上丝绸之路。海上通道在隋唐时运送的主要大宗货物是丝绸，所以大家都把这条连接东西方的海道叫作海上丝绸之路。到了宋元时期，瓷器的出口渐渐成为主要货物，因此，人们也把它叫作“海上陶瓷之路”。可惜到了清朝闭关锁国时期，由于实施海禁政策，我国的航海业开始衰败，这条曾为东西方交流做出巨大贡献的海上丝绸之路也逐渐消亡了。海上丝绸之路及阳江广东海上丝绸之路博物馆见图5－1－3、5－1－4。

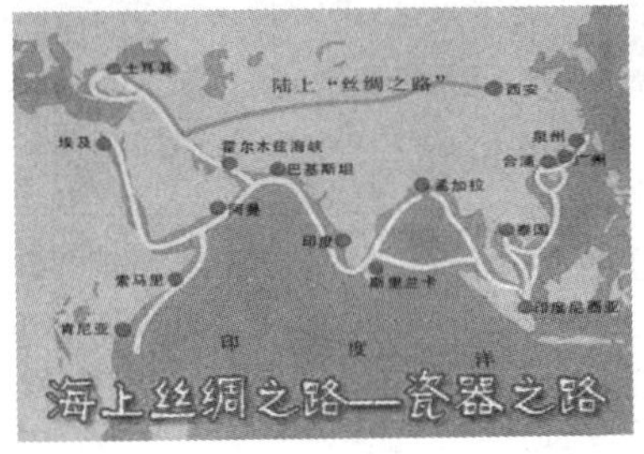

图5－1－3　海上丝绸之路

图5－1－4　阳江广东海上丝绸之路博物馆

古代中国航海、造船的顶峰——郑和七下西洋

在我国古代海运史上，有一桩规模空前的远洋航行之旅，那就是闻名中外的郑和下西

洋。在近30年的时间里，郑和率领巨大的满载丝绸、瓷器、茶叶和金银的船队，七下西洋，途径亚洲、非洲30多个国家和地区，最远到达到现今非洲东岸的索马里和肯尼亚一带，开辟了一条又一条的远程航线，在中国和亚非人民之间，架起一座座友谊的桥梁。郑和七次下西洋时间及路线图见图5-1-5、5-1-6。

第1次下西洋	第2次下西洋	第3次下西洋	第4次下西洋	第5次下西洋	第6次下西洋	第7次下西洋
1405年(永乐三年)	1407年(永乐五年)	1409年(永乐七年)	1413年(永乐十一年)	1417年(永乐十五年)	1421年(永乐十九年)	1431年(宣德五年)

图5-1-5　郑和七次下西洋时间

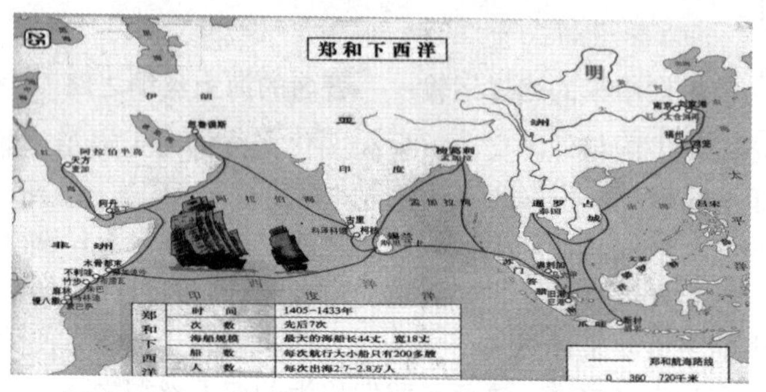

图5-1-6　郑和下西洋路线图

任务5.2　认识水路运输设施与设备

【任务目标】

1. 熟悉水路运输系统及港口的相关知识
2. 了解船舶的基本知识
3. 掌握航道和航标的知识

【任务描述】

水路运输设施与设备是水路货物运输的基础，作为一名货物运输业务人员必须熟悉和掌握水路运输设施与设备的知识。

刘一带着小张一起完成公司的一单200 t煤矿从天津港运至新加坡港的水路运输业务，

完成此单业务需要业务人员了解水路运输过程，对港口的相关设施设备较为熟悉，对船舶要有一定的选择。刘一和小张如何选择才能顺利地完成这单业务？

【知识准备】

5.2.1　水路运输系统与港口的认知

1. 水路运输系统

（1）水路运输系统由船舶、港口、各种基础设施和服务设施组成。

（2）主要技术设备包括船舶、航道、港口、通信、导航设施。

（3）水路运输生产过程：收货→装船→运输→到达→卸货→发货。

2. 港口在国际物流中的地位和“五个中心”功能

1）港口在国际物流中的地位

（1）港口是国际物流与国内物流的交会点。

港口吸引腹地的重点从地理位置、集疏运条件、传统装卸和储存服务水平扩大为产品提供增值服务的水平上。

（2）港口在国际分工和世界经济、技术、交通方向扮演重要角色。

港口已实现从传统货流到人流、商流、资金流、技术流、信息流的全面大流通，是货物、资金、技术、人才、信息的聚结点。

（3）港口是国际贸易中的主角。

海运在国际物流中占有90%以上的份额，港口作为海运的起点和终点，在整个运输链上是最大量货物的聚结点。

（4）港口日益成为全球综合运输网络的神经中枢。

港口是船舶、航海、内陆运输、通信、经营技术的汇聚点，成为汇聚商流、物流、装卸运输、仓储等信息的中心。

2）港口“五个中心”的功能

（1）物流服务中心——提供船舶、汽车、火车、货物、集装箱的中转、装卸和仓储等综合物流服务。

（2）商务中心——为用户提供运输、商贸和金融服务。

（3）信息与通信服务中心——电子数据交换（EDI）系统的综合服务网站。

（4）现代产业中心——有利于人口集中和城市经济的增长。

（5）后援服务中心——提供人才培训，供应海员服务、贸易谈判、生活娱乐等后援服务，强化港城一体化关系，优化城市功能。

3. 港口的定义

港口——运输网络中水路运输的枢纽，货物的集散地，船舶与其他运输工具的衔接点。

港界——港口范围的边界线。

港区——政府规定由港务部门负责管理的水陆区域

港口作业区——港区内相对独立的装卸生产单位

码头——供船舶靠泊、货物装卸和旅客上下的水上建筑物。

泊位——供一艘船靠泊的一定长度的码头。

港口腹地——港口吞吐货物和旅客集散所涉及的地区范围。

直接腹地——通过各种运输工具可以直达的地区范围。

中转腹地——经港口中转的货物和旅客所到达的地区范围。

4. 港口分类

1）按用途分类

（1）商港：主要供旅客上下和货物装卸转运的港口。其中又可分为一般商港和专业商港。一般商港即用于旅客运输和装卸转运各种货物的港口，如上海港、天津港等；专业商港是指专门进行某一种货物的装卸，或以某种货物为主的商港，如秦皇岛港主要以煤炭和石油装卸为主等。

（2）渔港：专为渔船服务的港口。渔船在这里停靠，并卸下捕获物，同时进行淡水、冰块、燃料及其他物资的补给。

（3）工业港：固定为某一工业企业服务的港口，专门负责该企业进行原料、产品及所需物资的装卸转运工作。

（4）军港：专供海军舰船用的港口。

（5）避风港：供大风情况下船舶临时避风的港口。这里一般很少有完善的停靠设施，通常仅有一些简单的系靠设备。

2）按地理位置分类

（1）海港：在自然地理条件和水文气象方面具有海洋性质，而且是为海船服务的港口，又可细分为海湾港、海峡港、河口港。

（2）河港：位于沿河两岸，并且具有河流水文特性的港口。

（3）湖港与水库港：指位于湖泊和水库岸边的港口。

3）按潮汐的影响分类

（1）开敞港：港内水位潮汐变化与港外相同的港口称为开敞港。

（2）闭合港：在港口入口处设闸，将港内水域与外部水域隔开，使港内水位不随潮汐变化而升降，保证在低潮时港内仍有足够水深的港口称为闭合港。

（3）混合港：兼有开敞港池和闭合港池的港口称为混合港。

4）按地位分类

（1）国际性港：靠泊来自世界各地船舶的港口称为国际性港，如我国的上海港和大连港等。

（2）国家性港：主要靠泊往来于国内港口船舶的港口。

（3）地区性港：主要靠泊往来于国内某一地区港口船舶的港口。

5. 港口设施与设备分类

1）港口生产设施与设备

包括生产建筑、辅助生产建筑、港口作业调度室、候工室、港口机械等。

2）港口集疏运设备

包括港口道路、港口铁路、港口铁路专用线、码头铁路线等。

6. 集装箱码头

1）集装箱码头的职能

（1）是集装箱运输系统的集散点；

（2）供集装箱堆场，作为转换集装箱运输方式的缓冲地；

（3）水路集装箱运输与陆路集装箱运输的连接点和枢纽。

2）集装箱码头应具备的基本条件

（1）具备确保大型集装箱船靠离的泊位、岸壁和水深；

（2）有堆场和必要的设施，能适应大量集装箱的分类、保管、交换和修理；

（3）配备足够数量的装卸、搬运机械设备及其操作人员；

（4）具有直接连接陆地运输的机能；

（5）具有完善的组织管理系统和有关的工作制度。

3）集装箱码头应具有的必要设施

（1）泊位：停靠船舶的场所，有一定的壁岸线长度和水深。

（2）前沿：指码头岸线从码头岸壁到堆场前的部分。

（3）集装箱码头堆场：进行装卸、交接和保管的场所。

（4）集装箱货运站：进行装箱、拆箱、交接、分类和短时间保管。

（5）控制塔：是集装箱码头各项作业的指挥调度中心。

（6）大门：也称道口或检查桥，是货物的交接点。

（7）维修车间：对机械设备进行维修、保养的场所。

5.2.2　船舶的认知

1. 船舶的种类

船舶按民用用途可分为客船和货船。

1）客船

客船是用来载运旅客及其行李并带少量货物的运输船舶。客船与其他交通工具相比，具有运量大、费用低、安全性高、旅客占用活动面积大等优点。客船主要有以下几种类别。

（1）海洋客船。

主要包括远洋、近海与沿海几种形式。这类船舶一般吨位大、航速高、设备齐全。远洋客船的吨位一般在2万~3万t，最大的可达7万t（均为重量吨）；航速较高，约29 kn（节），最高可达36 kn。近海、沿海客船的吨位在1万t左右，航速为18~20 kn。

（2）旅游船。

旅游船在20世纪60年代兴起，供旅游者旅行、游览之用。其船型与海洋客船相似，但吨位较小。船上设备齐全，能为旅客提供疗养、娱乐、智力开发等综合服务。

（3）内河客船。

指运行在江河湖泊上的客船。其载客量较小，速度较低，设备也较海洋客船简单。

（4）车客渡船。

这是在20世纪60年代以后兴起的船种。除载客外，还能同时载运一定数量的旅客自备汽车。这种客船在船艏或船艉设置跳板，以供旅客自备的小型客车驶进船上的车库。

（5）小型高速客船。

① 水翼船：指船体下装有水翼、航行时靠水翼产生的升力支持船体全部或部分升离水面而高速航行的船舶。目前，水翼船的航速可达40~60 kn，排水量在100~300 t，最多可设有300个客位。

② 气垫船：利用高压空气在船底与水面间形成气垫，使船体部分或全部垫升而实现高速航行的船舶。目前，气垫船的航速在60~100 kn，最大可达130 kn，客位100~200个。

2）货船

货船是专门运输各种货物的船只。根据所运货物的不同可分为以下几种类型。

（1）杂货船。

杂货船在运输船中占有较大比重，主要装载一般包装、袋装、箱装和桶装的普通货物。多用途杂货船为近几年来新发展的类型。杂货船见图5－2－1。

图5－2－1　杂货船

(2) 散货船。

散货船是专门用来装运煤、矿砂、盐、谷物等散装货物的船舶。装卸时可采用大抓斗、吸粮机、装煤机、皮带输送机等专门的机械。见图5-2-2。

图5-2-2 散货船

(3) 集装箱船。

集装箱船（见图5-2-3）是用来专门装运规格统一的标准货箱的船舶。集装箱的装卸通常是由岸上起重机进行，船上不设起货设备。集装箱船按装载情况来分有三大类：

① 全集装箱船：全部货舱和甲板上均可装载集装箱，舱内装有格栅式货架，以适于集装箱的堆放，适用于货源充足而平衡的航线。

② 半集装箱船：一部分货舱设计成专供装载集装箱，另一部分货舱可供装载一般杂货，适用于集装箱联运业务不太多或货源不甚稳定的航线。

③ 兼用集装箱船：又称集装箱两用船，既可装载集装箱也可装其他包装货物、汽车等。

图5-2-3 集装箱船

(4) 油船。

油船是专门运载石油类液货的船只。它在外形上和布置上很容易与一般的干货船区别开来。油船上层建筑和机舱设在尾部，上甲板纵中部位布置纵通全船的输油管和步桥。石油分别装在各个密封的油舱内，油船在装卸石油时是用油泵和输油管输送的，因此不需要起货吊杆和起货机，甲板上也不需要大的货舱开口。见图5-2-4。

图5－2－4　油船

（5）冷藏船。

冷藏船是使鱼、肉、水果、蔬菜等易腐食品处于冻结状态或某种低温条件下进行载运的专用运输船舶。冷藏船上设置有制冷装置，根据货物所需温度，制冷装置一般可控制冷藏舱温度在15～20℃。见图5－2－5。

图5－2－5　冷藏船

2. 船舶的构造

船舶由船舶主体、上层建筑、动力装置、船舶设备组成。

1）船舶主体

船舶主体是船体的主要部分，通常是指强力甲板（主甲板）以下的船体。船体内部空间，沿船深方向由甲板来划分，沿船长及船宽方向则分别由横舱壁及纵舱壁来划分，由此形成船舶的各个舱室。

2）上层建筑

在上甲板以上的各种围壁建筑，统称为上层建筑。两侧延伸至船的两舷或至舷边的距离小于船宽的4%，称为船楼。船楼以外的上层建筑，称为甲板室。

3）动力装置

动力装置是保证船舶推进及其他需要提供各种能源的全部动力设备的总称。动力装置由推进装置、辅助装置、管路系统、甲板机械及自动化设备组成。

（1）推进装置：也称主动力装置，它是为保证船舶正常航行而设置的所有设备的总称，是动力装置中最主要的部分。

（2）辅助装置：辅助装置是产生除推进装置所需能量以外的其他各种能量的设备，它包括船舶发电站、辅助锅炉装置和压缩空气系统。它们分别产生电能、蒸汽和压缩空气供全船使用。

（3）管路系统：管路系统是指为某一专门用途而设置的输送流体（液体或气体）的成套设备。

（4）甲板机械：为保证船舶航向、停泊及装卸货物所设置的机械设备，如锚泊机械、操舵机械和起重机械等。

（5）自动化设备：用以实现动力装置的远距离操纵与集中控制，以改善船员工作条件，提高工作效率及减少维修工作量。

4）船舶设备

主要设备包括舵设备、锚设备、系泊设备、起货设备、救生设备等。

（1）舵设备。

舵设备是用于控制船舶方向的装置。它主要由舵、舵机、传动装置及操纵装置等部分组成。驾驶人员操纵舵轮或手柄，或由自动舵发出信号，通过传动装置带动舵机，由舵机带动舵的转动来控制船艏方向，使船舶保持航向或回转。

（2）锚设备。

锚设备是船舶锚泊时所用装置和机构的总称，由锚、锚链、锚链制动装置、锚机和锚链舱等组成。锚利用它在海底的抓力（一般为锚重的4～5倍），以及锚链与海底表面的摩擦力来制动船舶，主要用于船舶在海上锚地固定船位，同时也可作为协助船舶制动、控制船身和掉头的辅助手段。锚设备分解图见图5－2－6。

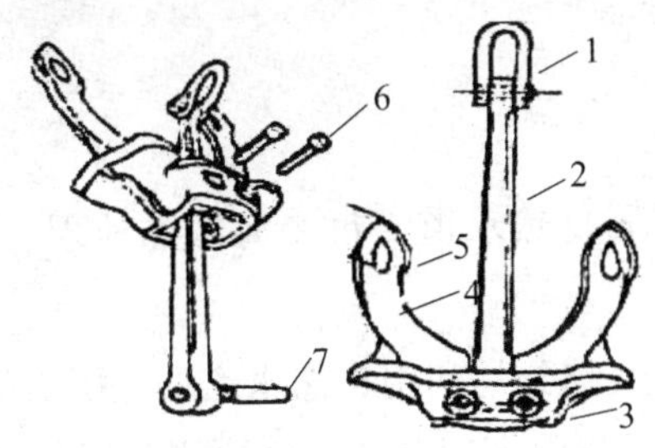

图5－2－6　锚设备分解图

1—锚环；2—锚干；3—锚项；4—锚臂；5—锚爪；6—锚尖；7—轴销

（3）系泊设备。

系泊是船舶的主要停泊方式，系泊设备就是用分布在舷侧的缆绳将船舶固定于码头、浮筒、船坞或邻船用的设备，它主要包括系缆索、带缆桩、导缆器、绞缆机、卷缆车和系缆机械。见图 5 – 2 – 7。

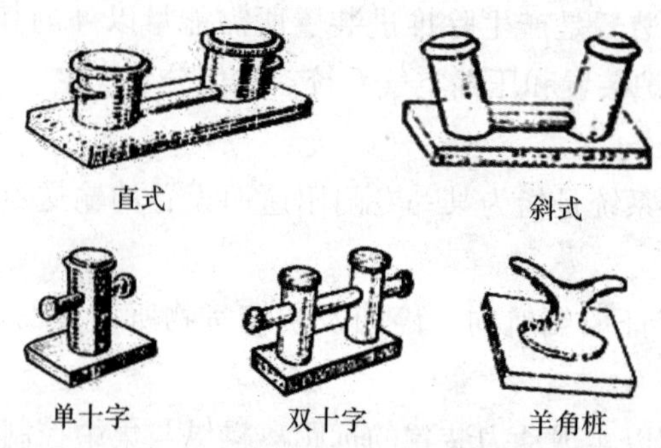

图 5 – 2 – 7　系泊设备

（4）起货设备。

起货设备是船舶自备的、用于装卸货物的装置和机械，主要包括吊杆装置、甲板起重机和其他装卸机械，如液货用输送泵与管路、散货用传送带或抓斗、件货用吊杆或吊车。吊杆或起重吊车，由吊杆、起重柱（或桅）、起货机、钢丝绳、滑车、吊钩等组成。目前船上一般使用单臂吊车，通常布置在船艏艉线上，也有全部布置在船舷一侧的。负荷小的为几十吨，大的可达 500 t。

（5）救生设备。

救生设备是装在船上供船舶失事时船上人员自救和营救落水人员的设备。常用的救生设备有救生艇、救生筏、救生圈和救生衣等。此外，船舶还配备消防和堵漏设备等以保证船舶安全航行。

5.2.3　航道与航标

1. 航道的种类

（1）海上航道：海上航道属自然水道，每一海区的地理、水文情况都反映在该区的海图上。

（2）内河航道：内河航道大部分是利用自然水道加上引航的航标设施构成的。

（3）人工航道：人工航道是指由人工开凿，主要用于船舶通航的河流，又称运河。一些著名的国际通航运河对世界航运的发展和船舶尺度的限制影响很大，其中主要有苏伊士运河、巴拿马运河。我国有世界上最古老最长的人工运河——京杭大运河。运河全长 1 794 km，横跨北京、天津两市，直穿河北、山东、江苏、浙江 4 省，从内陆将海河、黄河、淮河、长江、钱塘江五大水系沟通，是我国国内水运的大动脉。

2. 航标

1）航标的定义

航标即助航标志，是用以帮助船舶定位、引导船舶航行、表示警告和指示碍航物的人工标志。

2）航标的主要功能

（1）定位，为航行船舶提供定位信息；

（2）警告，提供碍航物及其他航行警告信息；

（3）交通指示，根据交通规则指示航行方向；

（4）指示特殊区域，如锚地、测量作业区、禁区等。

3. 航标的分类

（1）海区航标：是指在海上的某些岛屿、沿岸及港内重要地点所设的航标。按照工作原理分类，分为视觉航标、音响航标、无线电航标三种。

① 视觉航标：白天以形状、颜色和外形，夜间以灯光颜色、发光时间间隔、次数、射程及高度来显示，能使驾驶人员通过直接观测迅速辨明水域，确定船位，安全航行，是使用最多最方便的航标。常见的视觉航标有灯塔、灯桩、立标、浮标、灯船、系碇设备和各种导标。

② 音响航标：能发出规定响声的助航标志。它可在雾、雪等能见度不良的天气中向附近船舶表示有碍航物或危险，包括雾号、雾笛、雾钟、雾锣、雾哨、雾炮等。通常指雾号，即下雾时按照规定的识别特征发出的音响信号。

③ 无线电航标：利用无线电波的传播特性向船舶提供定位导航信息的助航设施，包括无线电指向标、无线电导航台、雷达应答标、雷达指向标和雷达反射器等。海区航标见图5－2－8。

图5－2－8　海区航标

（2）内河航标：它的主要作用是准确标出江河航道的方向、界限、水深和水中障碍物，预告洪汛，指挥狭窄和急转弯水道的水上交通，引导船舶安全航行。内河航标一般分为三等，分别设置在航运发达的河段上、航运较为发达的河段上和航运不甚发达的河段上。我国目前分为三类，即航行标志、信号标志和专用标志。见图5－2－9。

图5－2－9　内河航标

① 航行标志：用于标示内河安全航道的方向和位置等。有过河标、接岸标、导标、首、尾导标、桥涵标6种。

② 信号标志：用于标示航道深度、架空电线和水底管线位置，预告风讯，指挥弯曲狭窄航道的水上交通。有水深信号杆、通行信号杆、鸣笛标、界限标、电缆标、横流浮标、风讯信号杆7种。

③ 专用标志：用于指示内河中有碍航行安全的障碍物。有三角浮标、浮鼓、棒形浮标、灯船、左右通航浮标、泛滥标6种。

【任务实施】

步骤一：熟悉水路运输系统及港口的相关知识

水路运输主要是由船舶、港口、各种基础设施和服务设施组成，水路运输是利用船舶在水道及海洋上运送旅客和货物的方式，我国水路运输的种类可分为海洋运输和内河运输。刘一给小张介绍了水路运输的运输系统及港口相关知识，方便小张对业务的了解，做出合理的判断。

步骤二：了解船舶的基本知识

水路运输是以船舶为主要运输工具，以港口为运输基地，水域包括海洋、河流和湖泊为运输活动范围的一种运输方式。

刘一和小张来了解水路运输的港口和船舶，对港口的功能、分类、设施设备和作业方式，以及船舶的种类和构造进行了研究分析，为合理地完成这项业务做了充足的准备。

步骤三：掌握航道和航标的知识

航道是船舶航行的通道，航标是船舶在安全航行时的重要助航设施。

刘一和小张一起对水路航道和航标的种类和功能进行了了解，这样能更准确地制订运输的合理计划。

【应用训练】

根据项目任务所讲述的内容，利用互联网查找资料，了解相应设施设备的图片，归纳整理对水路运输设施设备的理解，形成总结文档。

任务评价表

项目	内容	该项目满分	实际得分
步骤一	熟悉水路运输系统及港口的相关知识	20	
步骤二	了解船舶的基本知识	20	
步骤三	掌握航道和航标的知识	60	
合计		100	

【拓展提升】

1. 货物及其在港内的作业方式

1）货种与装运方式

（1）件杂货：成件运输和保管的货物，可采用网络、绳扣、货板等成组工具，进行成组装卸。

（2）干散货：散装谷物、煤炭、矿石、散装水泥、矿物性建筑材料和化学性质比较稳定的块状或粒状货物。通常是大宗的，常为其设置专用码头。

（3）液体货：石油、石油产品、植物油和液化气等液体货物，大都属于易燃液体。

通常按其闪点分级：闪点低于28 ℃的为一级，高于45 ℃为三级，中间为二级。在装运时要特别注意其相应的安全规则。

（4）集装箱货：将单元小的件杂货集装成规格化重件，可大幅提高装卸运输效率，减少货损货差，简化理货手续，便于多式联运，实现门到门的运输。

2）货物在港内作业方式

货物通过港口一般要经过装卸、存储和短途运输三个环节。

（1）操作过程：根据一定装卸工艺完成一次货物搬运作业过程。

操作过程的五种形式分别是卸车装船、卸车入库、卸船入货、卸船装船、库场间倒载搬运。

（2）装卸过程：是货物从进港到出港所进行一个或多个操作过程组成的全部作业过程。货物装卸过程见图5－2－10。

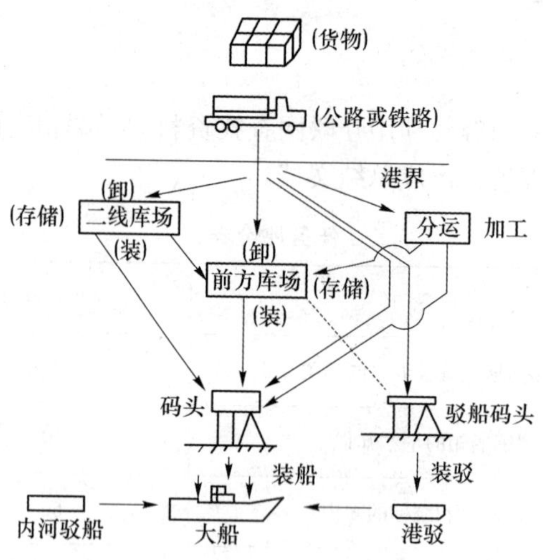

图 5-2-10　货物装卸过程

2. 航速单位：节（kn）

（1）换算。

1 kn = 1 n mile/h = 1. 852 km/h。

（2）节的概念。

节：为船舶航行速度单位，后来也用于风及洋流的速度。

节（knot）是指地球子午线上纬度 1 分的弧长。由于地球略呈椭球体状，不同纬度处 1 分的弧长略有差异。在赤道上 1 n mile（海里）约等于 1 843 m，纬度 45°处约等于 1 852. 2 m，两极约等于 1 861. 6 m。1929 年国际水文地理学会议，通过用 1 分平均长度 1 852 m 作为 1 n mile；1948 年国际海上人命安全会议承认，1 852 m 或 6 076. 115 ft（英尺）为 1 n mile，故国际上采用 1 852 m为标准海里长度。中国承认这一标准，用代号“M”表示。最快的超大型集装箱船舶可以达到 25 ~ 32 kn 的速度，一般散货船在 12 ~ 17 kn，杂货船一般在 15 ~ 17 kn。

任务 5.3　水路货物运输作业

【任务目标】

1. 知道海运进出口流程
2. 能够描述水路运输集装箱整箱和拼箱的托运程序
3. 掌握提单的分类及提单的填制

【任务描述】

在水路货物运输过程中，海运提单被认为是一种运输合同，在运输过程中有了它可以使托运人、承运人、收货人之间的权利、义务和责任得到保障。

2010 年 3 月 5 日刘一接到公司客户天津绮华服装有限公司一批晚礼服运送到美国纽约曼哈顿 OTTO 服饰有限公司的运输计划。此批托运货物及相关详细信息如下：

天津绮华服装有限公司（以下简称绮华，Tianjin Qihua Garments Co.，Ltd. 地址：5 Xinmei Road，Huayuan Zone，Nankai District，Tianjin，China）是一家具有进出口经营权的纺织品公司，该公司与美国曼哈顿 OTTO 服饰有限公司（以下简称 OTTO，American Manhattan OTTO Dress Co.，Ltd. 地址：46，22113 Manhattan 20457，New York，USA）欲建立合作关系，双方通过交谈与沟通，在经过反复磋商与谈判后，从价格、装卸条款、货款结算、保险及相关费用等方面达成一致。2009 年 11 月 4 日双方签订了交易合同，约定 2010 年 4 月 20 日前绮华将 1 656 件晚礼服运送到 OTTO。2010 年 1 月 30 日，货物全部装船并开始运输。此时船公司会根据相关信息为出口商签发提单，保证其顺利结汇及进口商顺利提货。请根据相关信息完成提单的填制。相关信息如下：

货物名称：女士晚礼服（women's evening dress）
货物总体积：27.945 m^3
货物总重：3 500 kg
净重：3 312 kg
单价：USD 260 PER PC CIF New York
货物数量：1 656 件，207 箱
装运港：新港（Xingang）
目的港：纽约港（New York）
船名航次：MCS Boston 102e
提单号：SNL JP62912356
集装箱号：MCSU4597787
集装箱规格及数量：1 ×20 GP
运费：USD 3 225（出口商与货代之间），USD 3 000（船代与货代之间），运费预付
运费滞纳罚金：0.15%/天
提单签发日期：Feb 3，2010

刘一着手完成这单运输业务。

【知识准备】

5.3.1　海运进出口流程

1. 海运进口流程

海运进口流程见图 5 -3 -1。

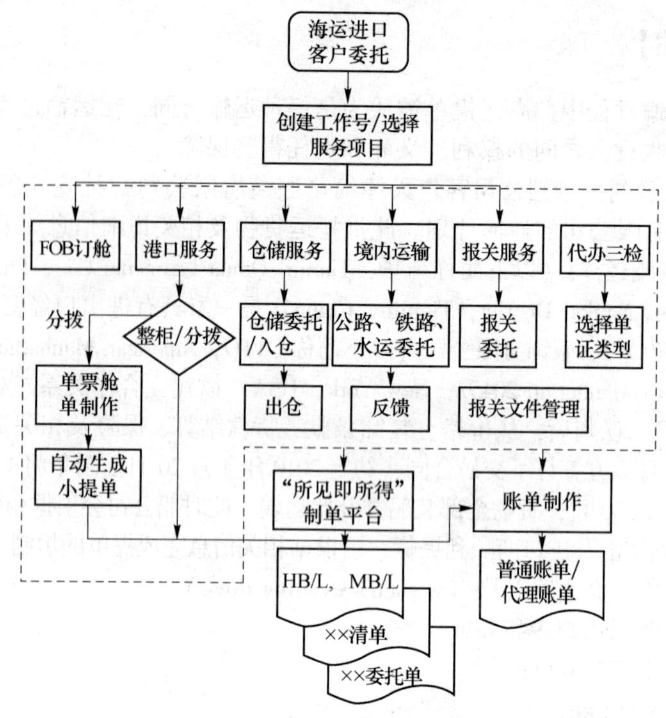

图5－3－1　海运进口流程

海运进口基本环节：

签订代理协议→收货人预备进口单据→换单→报检→报关→办理货物交接单→提箱→提货。

1）签订代理协议

实际操作中，外商企业虽已支付货款或开出信用证，仍有可能因质量问题、货期问题等提出索赔、退货。如外贸公司与工厂签订的是代理合同，则这些风险都由工厂承担；如签订的是购销合同，则在货物已出口的情况下，要向工厂索赔会有相当的困难。因此，对代理性质的业务，外贸公司应与工厂签订代理协议，以免不必要地加重自己的责任。

2）收货人预备进口单据

（1）收货人向货代提供进口全套单据；货代查清此货物由哪家船公司承运、哪家船代操作、在哪里可以换取提货单（小提单）。

（2）进口单据包括：带背书的正本提单或电放副本、装箱单、发票、合同（一般贸易）。

（3）货代提前联系场站并确认好提箱费、掏箱费、装车费、回空费。

3）换单

（1）货代在指定船代或船公司确认该船到港时间、地点，如需转船，必须确认二程船名。

（2）凭带背书的正本提单（如果电报放货，可带电报放货的传真件与保函）去船公司或船代换取提货单（小提单）。

背书正本提单两种形式：

① 提单上收货人栏显示“订舱人”，则由发货人背书；

② 提单上收货人栏显示真正的收货人，则由收货人背书。

注：背书是指在票据背面或者粘单上记载有关事项并签章的票据行为。

4）报检

检验检疫局根据商品编码中的监管条件，确认此票货是否要做商检。

5）报关（清关）

（1）外贸公司负责清关。

（2）报关资料包括：带背书正本提单/电放副本、装箱单、发票、合同、小提单。

（3）海关：

① 通关时间：一个工作日以内；

② 特殊货物：二到三个工作日；

③ 查验：技术查验，依据单据及具体货物决定是否查验；随机查验，海关放行科放行后，计算机自行抽查。

6）办理货物交接单

（1）货代凭带背书的正本提单（电放放货的传真件和保函）去船公司或船代的箱管部办理货物交接单。

（2）货物交接单：它是集装箱进出港区、场站时，回箱人、运箱人与箱管人或其代理之间交换集装箱及其他机械设备的凭证。

7）提箱

（1）货代凭小提单和拖车公司的“提箱申请书”到箱管部办理进口集装箱超期使用费、卸箱费、进口单证费等费用的押款手续。

（2）若押款人不是提单上所注明的收货人，押款人必须出具同意为收货人押款并支付相应费用的保证函（保函）。

（3）押款完毕经船代箱管部授权后，到进口放箱岗办理提箱手续，领取集装箱设备交接单，并核对其内容是否正确。

（4）收货人拆空进口货物后，将空箱返回指定的回箱地点。

（5）空箱返回指定堆场后，收货人要及时凭押款凭证，到箱管部办理集装箱费用的结算手续。

8）提货

（1）货代或收货人凭小提单，联系拖车去船代指定的码头、场站提取货物。

（2）押款人到箱管部办理集装箱押款结算手续。

2. 海运出口流程

海运出口流程见图5-3-2。

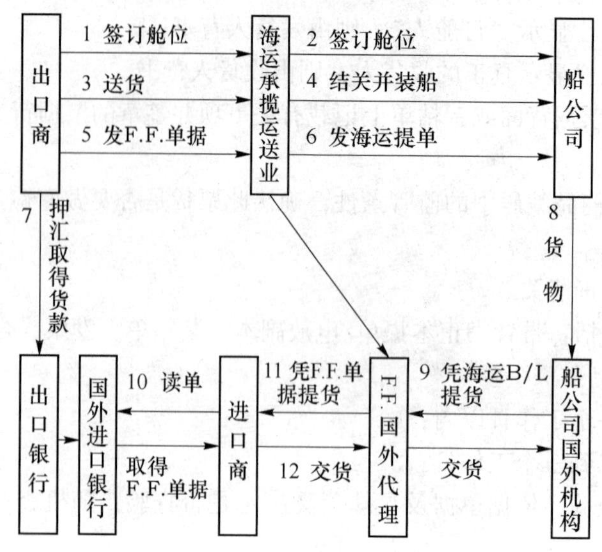

图5－3－2　海运出口流程

海运出口基本环节：

询价、接单→订舱→做箱→报关→制作提单→签单→费用结算→退单。

1）询价、接单

（1）掌握发货港至各大洲、各大航线常用及货主常需服务的港口、价格；

（2）掌握主要船公司船期信息；

（3）需要时应向询价货主问明一些类别信息，如货名、危险级别等。

接受货主委托后（一般为传真件）需明确的重点信息：

① 船期、件数；

② 箱型、箱量；

③ 毛重；

④ 体积。

2）订舱

（1）缮制委托书（十联单）：制单时应最大限度保证原始托单数据的正确、相符性，以减少后续过程的频繁更改。

（2）加盖公司订舱章订舱：须提供订舱附件（如船公司价格确认件），应一并备齐方能去订舱。

（3）取得配舱回单，摘取船名、航次、提单号信息 。

订舱流程图见图5－3－3。

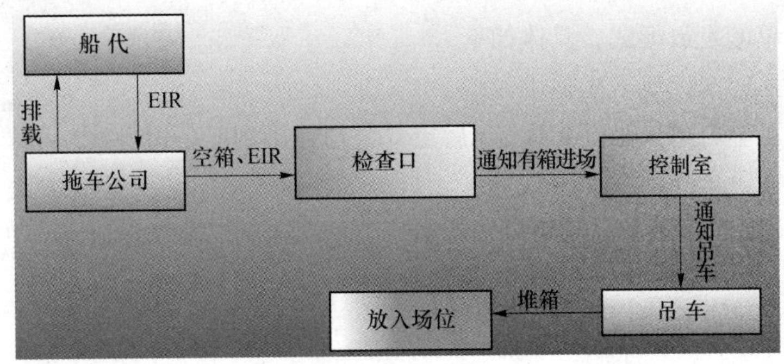

图5-3-3 订舱流程图

注：EIR表示集装箱设备交接单。

3）做箱

（1）门到门（仓库做箱）。

填妥装箱计划中的做箱时间、船名、航次、关单号、中转港、目的港、毛重、件数、体积、门点、联系人、电话等要因，先于截关日（船期前两天）1~2天排好车班。

（2）内装（厂地做箱）。

填妥装箱计划中的船期、船名、航次、关单号、中转港、目的港、毛重、件数、体积、进舱编号等要因，先于截关日（船期前两天）1~2天排好车班。

（3）取得两种做箱方法所得的装箱单（CLP）。

4）报关（有时同时，有时先于做箱）

（1）了解常出口货物报关所需资料。

① 需商检；

② 需配额；

③ 需许可证；

④ 需产地证；

⑤ 需提供商标授权、商标品名；

⑥ 出口香港地区货值超过10万美元，其他地区超过50万美元，核销时需提供结汇水单（复印件）；

⑦ 需提供商会核价章。

（2）填妥船名、航次、提单号、对应装箱单（packing list）、发票、所显示的毛重、净重、件数、包装种类、金额、体积、审核报关单的正确性（单证一致）。

（3）显示报关单所在货物的中文品名，对照海关编码大全，查阅商品编码，审核两者是否相符，按编码确定计量单位，并根据海关所列监管条件点阅缺少的报关要件。

（4）备妥报关委托书、报关单、手册、发票、装箱单、核销单、配舱回单（十联单第五联以后）、更改单（需要的话）和其他所需资料，于截关前一天通关。

5）制作提单

确定顾客提单的发放形式，具体如下。

（1）电放。

需顾客提供正本电放保函（留底），后出具公司保函到船公司电放。

（2）预借（如可行）。

需顾客提供正本预借保函（留底），后出具公司保函到船公司预借。

（3）倒签（如可行）。

需顾客提供正本倒签保函（留底），后出具公司保函到船公司倒签。

（4）分单。

应等船开以后3～4天（候舱单送达海关，以保证退税），再将一票关单拆成多票关单。

（5）并单。

应等船开以后3～4天（候舱单送达海关，以保证退税），再将多票关单合成一票关单。

（6）异地放单。

须经船公司同意，并取得货主保函和异地接单的联系人、电话、传真、公司名、地址等资料方可放单。

6）签单

（1）查看每张正本提单是否都签全了证章。

（2）是否需要手签。

7）费用结算

船开后规定天数内完成所有账单（应收、应付）账款的确认并输入系统，严格按照双方达成的付款协议收取（支付）费用，确保公司的经济利益。

8）退单

在确认货物已装船启运后，要尽快把全套提单寄给委托人，使其有充足时间办理结汇手续。海关放行后，要尽快把海关盖章的出口退税报关单及核销单寄给委托人。

5.3.2 水路运输集装箱整箱和拼箱的托运程序

根据集装箱货物装箱数量和方式可分为整装箱和拼装箱两种。

1. 整装箱

1）定义

整装箱（full container load，FCL）是指货方自行将货物装满整箱以后，以箱为单位托运的集装箱。

2）集装箱整箱货出口货运主要流转程序

（1）委托单位（货主）将托运委托书连同报关单据（包括退税单、外汇核销单、商业

发票及不同商品海关需要缴验的各类单证，如托运时间紧迫，亦可先交委托书，随后补交报关单据）交货运代理人。

(2) 货代核阅委托书及有关报关单据后缮制托运订舱单（场站收据、装货单）送船公司或船代订舱。

(3) 船公司或船代配载后将场站收据或装货单等联退给货代。

(4) 货代向海关办理计算机报关预录，并提交全套报关单据向出境海关申报出口。

(5) 海关核运后在装货单上盖章放行，将装货单、场站收据等联退给货代。

(6) 货代将盖章放行的装货单、场站收据交码头配载室。

(7) 船公司或船舶代理人根据订舱配载留底缮制装货清单、预配清单、预配船图、货物舱单等送到码头供收货和装船之用。

(8) 货代向船公司或船代领取集装箱设备交接单到指定堆场领取空箱。

(9) 货代到委托单位储货地点装箱（或委托单位送货到货代仓库装箱）后，将集装箱货物连同集装箱装箱单、设备交接单送到码头。

(10) 码头将船公司或船代提供的装货清单及集装箱装箱单送海关，供海关监管装船。

(11) 码头收货后根据预配船图和预配清单配定载位，缮制装船顺序单交船舶。

(12) 大副凭装货单接载，装货后签发场站收据。

(13) 装货后场站收据由码头交船公司或船代。

(14) 码头根据装船实际情况绘制实装船图交船公司或船代。

(15) 船公司或船代将实装船图、舱单、运费舱单、提单副本、集装箱装箱单副本等交船舶带交卸港。

(16) 船公司或船代凭场站收据签发装船提单给货代。

(17) 货代将装船提单送交委托单位。

(18) 船公司或船代将船舱单送海关。

(19) 海关根据装船舱单核发退税单等凭证给货代。

(20) 货代取倒退税单、外汇核销单等送交委托单位。

2. 拼装箱

1) 定义

拼装箱（less than container load，LCL）是整装箱的相对用语，是指承运人（或代理人）接受货主托运的数量不足整箱的小票货运后，根据货类性质和目的地进行分类整理。把去同一目的地的货，集中到一定数量拼装入箱。由于一个箱内有不同货主的货拼装在一起，所以叫拼装箱。这种情况在货主托运数量不足装满整箱时采用。

2) 集装箱拼箱货出口货运主要流转程序

拼箱业务操作流程见图5-3-4。

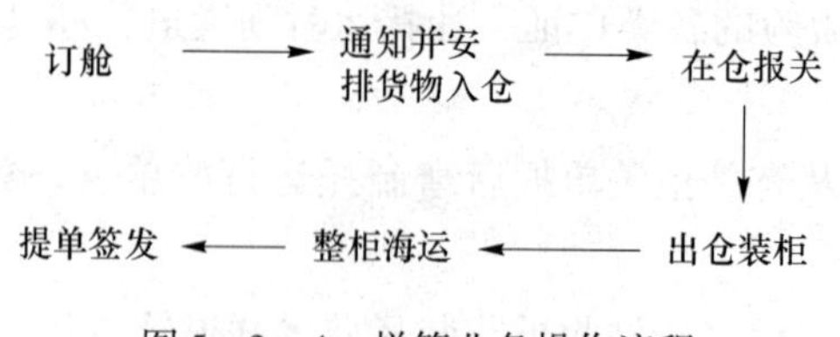

图 5－3－4　拼箱业务操作流程

(1) 订舱。

① 客户订舱。

发货人把托运单传给货运代理，写明拼箱。客户提供货名、包装类别、数量、重量、体积、目的港等资料。

② 货代订舱。

发货人根据贸易合同或信用证条款的规定，在货物托运之前一定时间（最迟在船舶到港前 5 天）内，填制集装箱货运订舱单，向船公司或其代理人，或经营运输的其他人申请订舱。见图 5－3－5。

集装箱货运订舱单（托运单）

<table>
<tr><td colspan="4">付货人 Shipper（英文）</td><td colspan="3" rowspan="3">中国远洋集装箱运输有限公司
COSCO CONTAINER LINES
TLX 33057 COSCON　FAX +86(021)6545 8984
托运单
SHIPPING ORDER</td></tr>
<tr><td colspan="4">收货人 Consignee（英文）</td></tr>
<tr><td colspan="4">通知人 Notify Address（英文）</td></tr>
<tr><td colspan="2">收货地点</td><td colspan="2">装货港</td><td colspan="3">B/L NO.</td></tr>
<tr><td colspan="2" rowspan="2">转运港(英文)</td><td colspan="2" rowspan="2">目的地(英文)</td><td colspan="3">CY—CY　CY—DOOR　CY—CFS</td></tr>
<tr><td colspan="2">可否分批</td><td>可否转船</td></tr>
<tr><td>标识、柜号</td><td colspan="4">件数、包装种类及货名（英文）</td><td>毛重（公斤）</td><td>尺码（立方米）</td></tr>
<tr><td rowspan="3"></td><td colspan="4"></td><td></td><td></td></tr>
<tr><td colspan="4">20'X　40'GPX　40'HQX</td><td colspan="2" rowspan="2">委托人签名及盖章：</td></tr>
<tr><td>船公司</td><td>截关日</td><td colspan="2">起运港</td></tr>
<tr><td rowspan="3">运费支付</td><td colspan="4">预付部分</td><td colspan="2">预付部分</td></tr>
<tr><td colspan="4"></td><td colspan="2"></td></tr>
<tr><td colspan="4">TOTAL:</td><td colspan="2">TOTAL:</td></tr>
<tr><td colspan="5">提单：</td><td colspan="2">发票：</td></tr>
<tr><td colspan="7">特别事项：</td></tr>
</table>

图 5－3－5　集装箱货运订舱单

③ 接受托运申请。

船公司或者船代接受托运申请后，编制订舱确认单给货运代理，货运代理依据此办理排载及提箱事宜。见图5－3－6。

<table>
<tr><td colspan="3">中国远洋集装箱运输有限公司
COSCON COSCO CONTAINER LINES CO.,LTD.</td><td>OUT 出场</td></tr>
<tr><td colspan="4">集装备箱发放/设备交接单</td></tr>
<tr><td colspan="4">EQUIPMENT INTERCHANGE RECEIPT</td></tr>
<tr><td colspan="4">NO.</td></tr>
<tr><td colspan="3">用箱人/运箱人（CONTAINER USER/HAULIER）</td><td>提箱地点（PLACE OF DELIVERY）</td></tr>
<tr><td colspan="3">Suzhou integrated international freight agency Co.,LTD</td><td></td></tr>
<tr><td colspan="2">发往地点（DELIVERED TO）</td><td colspan="2">返回/收箱地点（PLACE OF RETURN）</td></tr>
<tr><td colspan="2">VANCOUVER</td><td colspan="2"></td></tr>
<tr><td>船名/航次（VESSEL/VOYZGE NO.）</td><td>集装箱号（CONTAINER NO.）</td><td>尺寸/类型（SIZE/TYPE）</td><td>营运人（CNTR. OPTR.）</td></tr>
<tr><td>COSCO　0072E</td><td>COSU0100001</td><td>53×40GP</td><td></td></tr>
<tr><td>提单号（B/L NO.）</td><td>铅封号（SEAL NO.）</td><td>免费期限（FREE TIME PERIOD）</td><td>运载工具牌号（TRUCK,WAGON,BARGE NO.）</td></tr>
<tr><td>SCOISG7564</td><td>COSU0100001</td><td>60DAYS</td><td></td></tr>
</table>

图5－3－6　订舱确认单

（2）通知并安排货物入仓。

货代订下船舱位后，根据船泊港情况，制作拼箱货物“进仓单”（见图5－3－7），并传真一张入仓图给发货人，发货人再转交给发车司机。必须按照入仓图上注明的时间以前到达海关监管仓库（拼箱仓库、集装箱货运站）。

货物必须凭拼箱货物“进仓单”入仓，入仓前需交齐填写完整的报关资料，否则仓库不予收货。

注①：通知客人必须于截关日前一天到单到货。

注②：在截关日前一天去网上查询货物进仓信息。

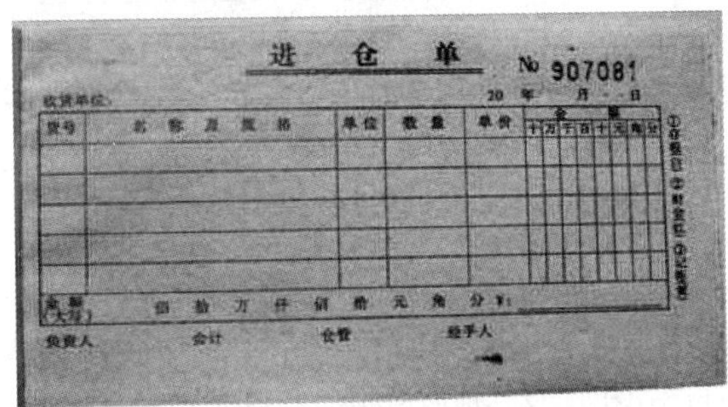

进仓单　№ 907081

20　年　月　日

货号	名称及规格	单位	数量	单价	金额（十 万 千 百 十 元 角 分）

金额（大写）　佰　拾　万　仟　佰　拾　元　角　分 ¥：

负责人　　会计　　仓管　　经手人

图5－3－7　进仓单

（3）在仓报关。

拼箱货入仓后安排报关。可以货主自报，也可以委托货代或拼箱公司代报。

① 一般情况下，发货人提供的报关资料包括发票、装箱清单、报关委托书和核销单等。

② 报关时间应在船开前2~3天。

③ 报关行凭发货人所提供的资料，先打出报关单，并进行报关单预录入。申报数据录入计算机，海关接收到后，才可以向海关正式递交相关报关单证。

④ 整个报关过程需要半个到一个工作日。如果出口商品为国家规定需要做商检的物品，则需要发货人提供有关报检换单的相关单证，需提供发货人的发票、装箱单、销售合同，以及柜检单、报检委托书和一份已盖完进场章的排载单复制文件，委托报关行办理换通关单手续。报关时，报关单必须与报关资料一起递交海关。遇到换通关单商检查验时（技术查验/随机查验），必须通过报关行到商检局预约查验。被查验的货物不需要进码头，只需货物装柜完毕，就可以在现场直接带商检局的验货人查验。查验通过后，就可以换出通关单据。相关单据见图5-3-8~5-3-12。

INVOICE
商业发票

TRACKING NUMBER运单号码

SHIPPER'S INFORMATION寄件人资料		CONSIGNEE'S INFORMATION收件人资料	
SENDER'S NAME姓名		RECIPIENT'S NAME姓名	
COMPANY NAME公司名称		COMPANY NAME公司名称	
TEL 电话		TEL 电话	
ADDRESS地址		ADDRESS地址	

Description 品名	No. of pieces 箱数	Quantity 数量	Weight 重量	Unit value 单价	Total value 小计
合计（USD）		0			0

SHIPPER'S寄货人　　　　DATE 日期

图5-3-8　发票

（4）出仓装柜。

所有货物均入库报关放行后，拼箱公司制作出仓单给仓库通知装柜。同时安排可转关车辆提柜，在指定的时间到仓库装柜，将司机本、司机纸等资料交到仓库。仓库按指示在配载装箱完毕后，打印出库装箱清单，连同司机本及其他所有报关资料交仓库直属海关申报后，拖车司机交柜到出口口岸码头，然后由拼箱公司或其指定的报关行向出口口岸直属海关进行转关申报。

装箱清单

ISSUER	明阳进出口公司 *PACKING · LIST*				
TO					
	NO.		DATE		
TRANSPORT DETAILS	S/C NO.		L/C NO.		
	TERMS OF PAYMENT	D/P			
MARKS & NO.	DESCRIPTION & SPECIFICATION	QUANTITY	G.W. (KGS)	N.W. (KGS)	MEAS (CBM)

图5－3－9　装箱清单

进出口货物代理报关委托书

编号：

委托单位			十位编码		
地　　址			联系电话		
经 办 人			身份证号		
我单位委托______________代理以下进出口货物的报关手续，保证提供的报关资料真实、合法、与实际货物相符，并愿意承担由此产生的法律责任。					
货物名称		商品编号		件　数	
重　　量		价　　值		币　制	USD
贸易性质	一般贸易	货物产地			
是否退税	是	船名/航次			
委托单位开户银行		账号			
随附单证名称、份数及编号： 1. 合同　份；　6. 机电证明　份、编号； 2. 发票　份；　7. 商检证　份； 3. 装箱清单　份；　8. 4. 登记手册　本、编号；　9. 5. 许可证　份、编号；　10.					
（以上内容由委托单位填写）					
被委托单位 地　　址 经 办 人			十位编码 联系电话 身份证号		
（以上内容由被委托单位填写）					
代理（专业） 报关企业章及 法人代表章：			委托单位章及 法人代表章：		

图5－3－10　报关委托书

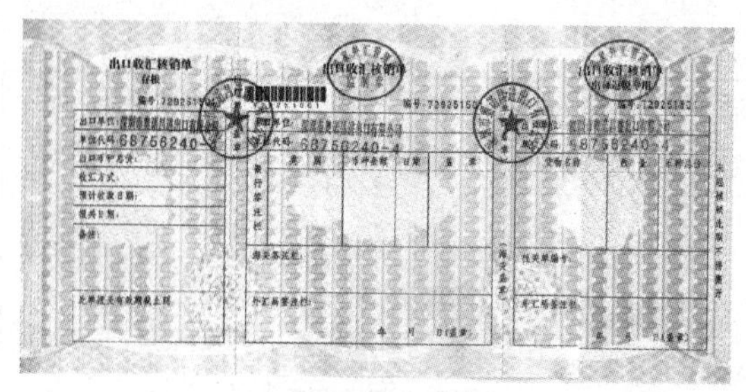

图 5－3－11　核销单

中华人民共和国出入境检验检疫
出境货物通关单

编号:

<table>
<tr><td colspan="3">1. 发货人</td><td rowspan="3">5. 标记及号码</td></tr>
<tr><td colspan="3">2. 收货人</td></tr>
<tr><td colspan="2">3. 合同/信用证号</td><td>4. 输往国家或地区</td></tr>
<tr><td colspan="2">6. 运输工具名称及号码</td><td>7. 发货日期</td><td>8. 集装箱规格及数量</td></tr>
<tr><td>9. 货物名称及规格</td><td>10. H.S.编码</td><td>11. 申报总值</td><td>12. 数/重量、包装数量及种类</td></tr>
<tr><td colspan="4">13. 证明
上述货物业经检验检疫，请海关予以放行。
本通关单有效期至　　年　　月　　日
签定:　　　　日期:　　年　　月　　日</td></tr>
<tr><td colspan="4">14. 备注</td></tr>
</table>

图 5－3－12　通关单

（5）整柜海运。

出口港海关放行后，码头根据装船计划将集装箱装船，通过海上运输将集装箱运至卸货港。货物出运后，货代应提供目的港代理资料、二程预配信息给托运人，托运人可根据相关资料联系目的港清关提货事宜。

（6）提单签发。

船公司签发提单给货代或拼箱公司，货代或拼箱公司根据发货人的装箱准单分别签发相对应的货代提单（House B/L，分提单，货代或拼箱公司自己的提单），交付给每一个发货人。出仓单见图 5－3－13。

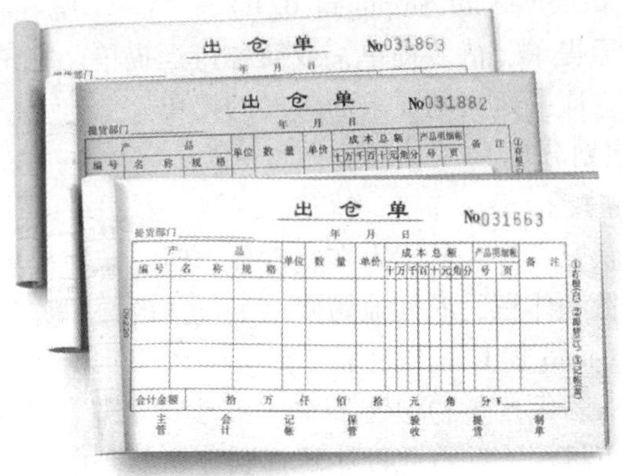

图5-3-13 出仓单

5.3.3 提单的分类及填制

1. 提单的分类

1）按提单收货人的抬头划分

（1）记名提单（Straight B/L）。

记名提单又称收货人抬头提单，是指提单上的收货人栏中已具体填写收货人名称的提单。

（2）不记名提单（Bearer B/L or Open B/L or Blank B/L）。

不记名提单是提单上收货人一栏内没有指明任何收货人，而注明“提单持有人”（Bearer）字样或将这一栏空白，不填写任何人名称的提单。这种提单不需要任何背书手续即可转让，或提取货物，极为简便。

（3）指示提单（Order B/L）。

在提单正面“收货人”一栏内填上“凭指示”（To Order）或“凭某人指示”（Order Of...）字样的提单。这种提单按照表示指示人的方法不同，又分为托运人指示提单、记名指示人提单和选择指示人提单。

指示提单是一种可转让提单。提单的持有人可以通过背书的方式把它转让给第三者，而无须经过承运人认可，所以这种提单为买方所欢迎。而不记名指示（托运人指示）提单与记名指示提单不同，它没有经提单指定的人背书才能转让的限制，所以其流通性更大。指示提单在国际海运业务中使用较广泛。

2）按货物是否已装船划分

（1）已装船提单（Shipped B/L or On Board B/L）。

已装船提单是指货物装船后由承运人或其授权代理人根据大副收据签发给托运人的提单。

(2) 收货待运提单 (Received for Shipment B/L)。

收货待运提单又称备运提单、待装提单，或简称待运提单。它是承运人在收到托运人交来的货物但还没有装船时，应托运人的要求而签发的提单。

3) 按提单上有无批注划分

(1) 清洁提单 (Clean B/L)。

在装船时，货物外表状况良好，承运人在签发提单时，未在提单上加注任何有关货物残损、包装不良、件数、重量和体积，或其他妨碍结汇批注的提单称为清洁提单。

(2) 不清洁提单 (Unclean B/L or Foul B/L)。

在货物装船时，承运人若发现货物包装不牢、破残、渗漏、玷污、标志不清等现象时，大副将在收货单上对此加以批注，并将此批注转移到提单上，这种提单称为不清洁提单。

4) 根据运输方式不同划分

(1) 直达提单 (Direct B/L)。

直达提单，又称直运提单，是指货物从装货港装船后，中途不经转船，直接运至目的港卸船交与收货人的提单。在贸易实务中，如信用证规定不准转船，则买方必须取得直达提单才能结汇。

(2) 转船提单 (Transhipment B/L)。

转船提单是指货物从起运港装载的船舶不直接驶往目的港，需要在中途港口换装其他船舶转运至目的港卸货，承运人签发这种提单称为转船提单。在提单上注明“转运”或在“××港转船”字样，转船提单往往由第一程船的承运人签发。

(3) 联运提单 (Through B/L)。

联运提单是指货物运输需经两段或两段以上的运输方式来完成，如海陆、海空或海海等联合运输所使用的提单。

(4) 多式联运提单 (Multimodal Transport B/L or Intermodal Transport B/L)。

这种提单主要用于集装箱运输，是指一批货物需要经过两种以上不同运输方式，其中一种是海上运输方式，由一个承运人负责全程运输，负责将货物从接收地运至目的地交付收货人，并收取全程运费所签发的提单。提单内的项目不仅包括起运港和目的港，而且列明一程二程等运输路线，以及收货地和交货地。

5) 按提单内容的简繁划分

(1) 全式提单 (Long Form B/L)。

全式提单是指提单除正面所印的提单格式所记载的事项外，背面还列有关于承运人与托运人及收货人之间权利、义务等详细条款的提单。

(2) 简式提单 (Short Form B/L or Simple B/L)。

简式提单，又称短式提单、略式提单，是相对于全式提单而言的，是指提单背面没有关于承运人与托运人及收货人之间的权利、义务等详细条款的提单。这种提单一般在正面印有“简式” (Short Form) 字样，以示区别。

6）按签发提单的时间划分

(1) 倒签提单（Anti－dated B/L）。

倒签提单是指承运人或其代理人应托运人的要求，在货物装船完毕后，以早于货物实际装船日期为签发日期的提单。

(2) 顺签提单（Post－date B/L）。

指在货物装船完毕后，应托运人的要求，由承运人或其代理人签发的提单。但是该提单上记载的签发日期晚于货物实际装船完毕的日期。即托运人从承运人处得到的以晚于货物实际装船完毕的日期作为提单签发日期的提单。由于顺填日期签发提单，所以称为“顺签提单”。

(3) 预借提单（Advanced B/L）。

预借提单是指货物尚未装船或尚未装船完毕的情况下，信用证规定的结汇期（即信用证的有效期）即将届满，托运人为了能及时结汇，而要求承运人或其代理人提前签发的已装船清洁提单，即托运人为了能及时结汇而从承运人那里借用的已装船清洁提单。

(4) 过期提单（Stale B/L）。

过期提单有两种含义，一是指出口商在装船后延滞过久才交到银行议付的提单；二是指提单晚于货物到达目的港，这种提单也称为过期提单。

2. 提单的填制

提单编号（B/L）位于提单右上角，此编号的结构由公司各航线根据计算机制单的要求相应制定。

(1) 托运人（SHIPPER）。

此栏填写托运人的名称和地址，可能的话还应填写电话号码。

(2) 收货人（CONSIGNEE）。

对记名提单，此栏填写收货人的全称和地址，可能的话应填写电话号码；对指示提单，可以填写“ORDER”或“ORDER OF ×××”，如果是“TO ORDER”通常作为“凭托运人指示”理解。

(3) 通知方（NOTIFY PARTY）。

此栏填写通知方的全称和地址，可能的话还应填写电话号码；当提单上收货人已有详细地址和名称时，通知方一栏可以填写位于任何一国的名称和地址。

在签发收货人为“TO ORDER”提单时，此栏必须填写通知方的全称和电话号码。如果托运人信用证有要求，此栏可再填写位于任何国家的第二通知方的名称、地址。

注：关于托运人对通知方一栏的申报应符合卸货港或交货地点的习惯要求，否则一切后果概由托运人负责。有些国家、地区要求通知方必须为当地，否则不允许货物进口，如巴基斯坦、印度。

(4) 前程运输方（PRE－CARRIAGE BY）。

此栏仅在货物被转运时填写，通常填写前程承运工具的名称。

（5）接货地（PLACE OF RECEIPT）。

此栏仅在货物被转运时填写，代表承运人开始对货物承担责任的地点。请注意此地点须有相应的代码以符合计算机制单的要求。

（6）船名及航次（OCEAN VESSEL VOY. NO.）。

此栏填写海运船的船名和航次号，但在货物被转运时填写此栏需注意：当二程海运船的船名不能确定，仅凭推算时请填写“TO BE NAMED”或者“×××（二程船名）OR HER SUBSTITUTE”。

（7）装货港（PORT OF LOADING）。

此栏填写货物实际装本公司船舶的港口，当货物被转运时填写货物装上干线海运船的港口；同时此栏的港口名称应与 OCEAN VESSEL 一栏的船名挂靠港口一致。

（8）卸货港（PORT OF DISCHARGE）。

此栏填写货物卸船的港口名称。

（9）交货地（PLACE OF DELIVERY）。

此栏仅在货物被转运时填写，表示承运人最终交货的地点。

如果托运人提供了拼写错误的卸货港名称或交货地点，切勿未经托运人核实自行更正，因为提单必须符合信用证的要求，必须与舱单相一致；应联系托运人书面确认，进行更改，否则不接受。

以下情况不得签发多式联运提单：①与托运人未签订联运合同或与其他区段承运人未就各自的权利与义务达成协议时；②不承担全程运输责任时。

（10）本栏主要在和无船承运人之间签有运输协议时或美国航线运输时部分或全部填写。

（11）货物栏（SHIPPING MARKS）。

① 标志和序号、箱号和铅封号（MARKS & NO. CONTAINER/SEAL NO.）。

在通常情况下，托运人会提供货物的识别标志和编号以填入此栏，同时此栏需填写装载货物的集装箱号和铅封号；如果托运人未能提供铅封号，建议加注“SEAL NUMBER NOT NOTED BY SHIPPER”；如果有海关铅封号还需要在此栏加注。

② 集装箱数量或件数（NO. OF CONTAINERS OR PACKAGES）。

在整箱货运输中此栏通常填写集装箱数量和型号，如果信用证有要求可在 DESCRIPTION OF GOODS 项下加注托运人提供的件数，但应在 DESCRIPTION OF GOODS 加注 STC 字样，其中 STC 表示“SAID TO CONTAIN”即“据称内装”，为保护承运人利益此术语必须被采用。例如：一个内装 6 箱机械的 10 英尺干货箱可被表示为 IX20RDC，在 DESCRIPTION OF GOODS 栏中加注 STC 6 CASES MACHINERY。

在拼箱货运输中此栏填写货物件数。

③ 货物情况（DESCRIPTION OF GOODS）。

此栏填写的情况，如内容过多、空间不够，可以添加附件，在这种情况下请注明

“QUANTITY AND DESCRIPTION OF GOODS AS PER ATTACHED SCHEDULE”。

④ 毛重（GROSS WEIGHT）。

此栏填写装入集装箱内货物的毛重（kg）。

⑤ 体积（MEASUREMENT）。

此栏填写装入集装箱内货物的总体积（m^3）。

(12) 集装箱总数或件数总数（TOTAL NO. OF PACKAGES OR CONTAINERS）。

在整箱货运输的情况下，此栏填写收到集装箱的总数，例如“Five Containers”；在拼箱货运输的情况下，此栏填写收到货物的件数，例如“Fifteen Packages Only”。

(13) 运费和其他费用（FREIGHT & CHARGES）。

此栏标明下列①~⑤的全部或部分内容：①各种费用的类别，如海运费、内陆拖车费、燃油附加费等，其中申报货价附加费（DECLARED VALUE CHARGES）专指托运人要求在提单此栏重新标明货物价值后应支付的附加运费；②运费计收的计算依据，计费单位通常有重量单位（MT 重量吨）、体积单位（CBM 立方米）、件数单位（PC 件）和整箱单位（TEU/FEU 20英尺/40 英尺标箱），其中 TEU/FEU 也可以以 20FT/40FT 表示，例如 10×10FT DC 代表应收取 10 个 10 英尺干货箱的运费；③各种费用的费率，包括 OCEAN FREIGHT 海运运费、BAF 燃油附加费、CAF 货币附加费、THC 码头操作费、INLAND HAULAGE 内陆拖运费等；④各种费用的计费单位，如箱 UNIT、重量吨 MT、立方米 CBM；⑤货物宣称价值（OPTIONAL DECLARED VALUE），在客户为逃避承运人责任限制而愿意多支付运费的情况下填写，填写的货值应与货物实际价值相接近。

(14) 预付和到付（PREPAID/COLLECT）。

此栏表明运费支付的地点是起点还是终点，其中“PREPAID”表示预付，“COLLECT”表示到付。对非托运人、收货人的第三方支付运费，也可在提单上打印预付或到付，但必须事先得到第三方同意付费的书面确认。

(15) 预付地点（PREPAID AT）。

此栏填写提单填制和运费支付地点（仅在运费预付情况下填写）。

(16) 到付地点（PAYABLE AT）。

此栏填写到付运费付费地点。

(17) 总计预付（TOTAL PREPAID）。

此栏填入以美元为单位的所有预付运费和所有按当地货币支付的其他预付费用。

(18) 装船日期（DATE）。

此栏通常填写承运船舶离开提单项下装港的日期并在日期上签章，也可填写货物实际装船日期。

(19) 正本提单数量（NO. OF ORIGINAL B/L）。

此栏填写根据托运人要求签发的正本提单的数量，通常为三份。

(20) 签发地点和日期（PLACE AND DATE OF ISSUE）。

此栏填写提单填制和签发的地点和日期。

(21) 承运人签章（SIGNED FOR THE CARRIER）。

此栏按公司的要求加盖签章。

注：第（11）~（21）栏分别对应于欧洲地区格式提单的第（10）~（20）栏。

海运提单见表5－3－1。

表5－3－1　海运提单

<table>
<tr><td colspan="2">(1) SHIPPER（托运人）一般为出口商</td><td rowspan="5">B/L NO.
COSCO
中国远洋运输（集团）总公司
CHINA OCEAN SHIPPING（GROUP）CO.

ORIGINAL
Combined Transport Bill of Lading</td></tr>
<tr><td colspan="2">(2) CONSIGNEE（收货人）“ORDER”或“ORDER OF SHIPPER”或“ORDER OF ××× BANK”</td></tr>
<tr><td colspan="2">(3) NOTIFY PARTY（通知方）通常为进口方或其代理人</td></tr>
<tr><td>(4) PRE－CARRIAGE BY（前程运输方）
填驳船名</td><td>(5) PLACE OF RECEIPT（接货地）
填 Huangpu</td></tr>
<tr><td>(6) OCEAN VESSEL VOY. NO.（船名及航次）
填大船名</td><td>(7) PORT OF LOADING（装货港）
填 HKG</td></tr>
<tr><td>(8) PORT OF DISCHARGE（卸货港）填 LAX</td><td>(9) PLACE OF DELIVERY（交货地）若大船公司负责至 NYC 则填 NYC；若负责至 LAX 则填 LAX</td><td>(10) FINAL DESTINATION FOR THE MERCHANT'S REFERENCE（目的地）
仅当该 B/L 被用作全程转运时才填此栏（填 NYC）</td></tr>
<tr><td colspan="3">(11) SHIPPING MARKS（货物栏）</td></tr>
<tr><td colspan="3">MARKS & NO. CONTAINER/SEAL NO.（标志和序号、箱号和铅封号）</td></tr>
<tr><td colspan="3">NO. OF CONTAINERS OR PACKAGES（集装箱数量或件数）</td></tr>
<tr><td colspan="3">DESCRIPTION OF GOODS（货物情况）</td></tr>
</table>

续表

<table>
<tr><td colspan="5">GROSS WEIGHT（毛重 kg）</td></tr>
<tr><td colspan="5">MEASUREMENT（体积 m^3）</td></tr>
<tr><td colspan="5">（12）TOTAL NO. OF PACKAGES OR CONTAINERS（集装箱总数或件数总数）</td></tr>
<tr><td>（13）FREIGHT & CHARGES（运费和其他费用）
PREPAID（运费预付）或
COLLECT（运费到付）</td><td>REVENUE TONS
（运费吨）</td><td>RATE
（费率）</td><td>PER
（计费单位）</td><td>（14）PREPAID/COL-LECT
（预付和到付）</td></tr>
<tr><td>（15）PREPAID AT
（预付地点）</td><td>（16）PAYABLE AT
（到付地点）</td><td colspan="3">（17）TOTAL PREPAID
（总计预付）</td></tr>
<tr><td>（18）DATE（装船日期）</td><td>（19）NO. OF ORIGINAL B/L
（正本提单数量）</td><td colspan="3" rowspan="2">（21）SIGNED FOR THE CARRIER
（承运人签章）

中国远洋运输（集团）总公司
CHINA OCEAN SHIPPING（GROUP）CO.
×××</td></tr>
<tr><td colspan="2">（20）PLACE AND DATE OF ISSUE
（签发地点和时间）一般与装船日一致</td></tr>
</table>

【任务实施】

步骤一：知道海运进出口流程

通过知识点的图表了解进出口流程

刘一在这个过程中完成签订水路货运合同，根据客户要求在合同中注明装船及在途作业要求，货物发出时通知收货人及时取货。

步骤二：能够描述水路运输集装箱整箱和拼箱的托运程序

天津绮华服装有限公司这批晚礼服，采用整箱托运。刘一负责填写运单，交由审核员审核，并通知调度安排托运。

如果是拼箱托运，刘一负责填写运单，并提交审单，通知配货员配货以及相关人员进行托运。

步骤三：掌握提单的分类及提单的填制

根据任务描述中的详细资料填制海运提单，刘一完成货物提单后，托运人须在相应位置签字、盖章确认。

根据任务描述中的详细资料填制提单：

SHIPPER TIANJIN QIHUA GARMENTS CO.,LTD. 地址：5 Xinmei Road，Huayuan Zone, Nankai District, Tianjin, China		BILL OF LADING B/L No.
CONSIGNEE TO ORDER		MCS
NOTIFY PARTY AMERICAN MANHATTAN OTTO DRESS CO., LTD. 地址：46, 22113 Manhattan 20457，New York，USA		
*PRE-CARRIAGE BY （不填给分，填了就是错误）	*PLACE OF RECEIPT （不配分）	ORIGINAL
OCEAN VESSEL VOY. NO. MCS BOSTON 102E	PORT OF LOADING XINGANG	
PORT OF DISCHARGE NEW YORK	*FINAL DESTINATION	

MARKS & NO.	DESCRIPTION OF GOODS	GROSS WEIGHT	MEASUREMENT
N/M	207 CARTONS 1656 PECS WOMEN'S EVENING DRESS	3 500 kg	27.945 m^3

*Applicable only when document used as a Through Bill of Loading

Total number of containers and/or packages(in words)	SAY TWO HUNDRED AND SEVEN CARTONS ONLY

FREIGHT & CHARGES	REVENUE TONS	RATE	PER	PREPAID	COLLECT
Prepaid	（不填）	（不填）	（不填）	（不填）	（不填）

EX. RATE	PREPAID AT	PAYABLE AT	PLACE AND DATE OF ISSUE
	（不填）	（不填）	Feb 3,2010
	TOTAL PREPAID	NO. OF ORIGINAL B/L	SIGNED FOR THE CARRIER
	（不填）	（不填）	（不填）

LADEN ON BOARD THE VESSEL

DATE Feb 3,2010 BY

(COSCON STANDARD FORM 9801)

【应用训练】

我国启明星贸易公司向日本三明物产株式会社出口 2002 年产的东北大豆 200 t，220 美

元/t CIF 东京，单层新麻袋装，每袋净重 50 kg。

唛头：S. M. TOKYO。

NO.：1 ~4 000。

PORT OF LOADING：Voy. 368 S/O No. 898 B/L No. 567。

货物于 2003 年 2 月 15 日在大连港装“东风”号货轮运往日本东京。

请根据上述条件填制一份提单。

结合所学知识练习提单的填写；要求填制符合规定，正确无误，不漏填，填写清楚规范。

【任务评价】

任务评价表

项目	内容	该项目满分	实际得分
步骤一	知道海运进出口流程	20	
步骤二	能够描述水路运输集装箱整箱和拼箱的托运程序	10	
步骤三	掌握提单的分类及提单的填制	40	
完成时间		20	
安全操作		10	
合计		100	

【拓展提升】

比较班轮运输方式与租船运输方式的异同

	班轮运输	租船运输
异：		
1. 含义	又称定期船运输，是指船舶在特定航线上和固定港口之间，按事先公布的船期表进行有规律的、反复的航行	又称不定期租船运输，是根据双方协商的条件，船舶所有人（船东）将船舶的全部或一部分出租给租船人使用，以完成特定的货物运输任务，租船人按约定的运价或租金支付运费的商业行为
2. 特点	有固定的航线、港口、船期、费率	没有固定的航线、港口、船期、费率
3. 服务对象	非特定的分散的众多货主	特定的大宗货物
4. 适用范围	有利于一般货物和不是整船的小额货物运输	低值的大宗货物，而且一般是租用整船装运

续表

	班轮运输	租船运输
5. 灵活性	较差，按船期表出船	较强，可避免停船损失
6. 确定权利、义务依据	以签发提单条款为依据，并受统一的国际公约制约	以租船合同的形式加以确定
7. 费用	运价合理，但较高	受供求关系影响较大，属竞争价格，比班轮运价低
8. 付费方式	按相对固定的运价费率付费	受市场需求变化影响
同： 都具有海洋货物运输的特点，运速慢、运量大、风险高，适用于各种大宗型货物，运输能力强。同时这两种运输方式都有利于促进我国海洋货物运输业的发展，促进国际贸易，发展我国对外贸易和完成进出口货物运输任务		

任务5.4　水路货物运输费用计算

【任务目标】

1. 能够描述水路运输费用的构成
2. 能说出运费的计算公式
3. 学会计算运费

【任务描述】

物流总成本的节约离不开运输，运输在物流总成本中起到决定性的作用。

环发货运公司接到一批业务，装载5万t煤炭的一艘货船于2003年2月20日进广州港卸货，2月23日空载出港北上。已知该船净吨为2万t，业务员刘一需要预算该船在广州港所需的船舶费用。

【知识准备】

5.4.1　水路运输费用的构成

1. 运费、运价与水运运价

运费就是运输产品价值的货币表现，即创造客货位移价值的货币表现形式。

运价指单位运输产品的运费。

水路运输价格简称为水运运价，包括水路货物运输价格和水路旅客运输价格两大类。通常水运运价由船舶货物运费和港口使用费两部分组成。

2. 水运运价的种类

1）船舶货物运输

（1）按运价管理形式分：有国家定价、国家指导价、市场调节价。

（2）按运价的适用范围分：交通部直属水运企业运价、各省、市、自治区地方企业水运运价、远洋运价、国内水运运价。

（3）按运输组织形式分：直达运价、联运运价等。

（4）按货种分：普通货物运价、危险货物运价、散油运价。

（5）按使用船舶方式分：包船运价、包舱运价、租船运价等。

（6）按国际航运运价适用范围不同分：不定期船运价、班轮运价和国际集装箱运价等。

（7）按运价的制定方式分：

① 单一运价：对同一货种而言，不论其运输距离长短，都采用相同的单位运价。

② 均衡里程运价：对同一货种而言，货物运价率的增加同运输距离的增加成正比关系。

③ 递远递减运价：对同一货种而言，单位运价随运输距离的增加而逐步降低。

④ 航线运价：是指适用于某两个港口之间直达货物的运价。

⑤ 季节性运价：是指随着季节的变化而变化的运价。

2）港口使用

港口费率是指港口企业对货物进行装卸作业和各项服务工作，或为船舶提供港口设备和劳务，而向货主或船方收取各种费用的标准。

（1）按港口劳务对象分，港口费率可分为两大类：

一类是与货物有关的港口费率，包括货物装卸费率、货物保管费率、货物驳运费率、货物换装包干费率、货物港务费率等；另一类是与船舶有关的港口费率，包括船舶引水费率、船舶系解缆费率、船舶停泊费率、船舶开关舱费率、船舶港务费率等。

（2）按港口费用的性质，可把港口费用分为港口劳务费和港口规费两大类。

港口劳务费是港口企业或服务单位向船舶或货物提供劳务和服务所收取的费用，包括货物装卸费、货物保管费、货物驳运费、拖轮费、开关舱费等。

港口规费则是政府规定的船舶和货物必须要缴纳的费用，包括船舶港务费、货物港务费、港口建设费等。

5.4.2　水路运输费用的计价方式

1. 水运运价价格

1）成本

（1）资本成本。资本成本是企业投资通过折旧和利息的方式计入成本。资本成本是运输经营企业的固定成本支出。无论是社会资金还是企业自有资金，都存在资本成本。

（2）船舶费用。船舶费用成本为船舶的固定费用支出，基本与船舶营运情况无关。船舶费用主要有：船员工资、维修费、备品备件、润滑油、进坞检验费、管理费等。

（3）营运成本。船舶载货运输而产生的费用支出，属于船舶的变动成本。营运成本有：燃料费、港口使用费、船闸费、引航费、货物装卸费、佣金代理费等。

（4）企业管理费。包括企业日常管理开支、员工工资及工资附加费（包括奖金、福利、交通）、宣传广告费、交易成本、行政成本、员工培训等。

（5）风险成本。为避免船舶、企业经营、财务等风险的支出。风险成本包括船舶保险费、保赔费、坏账准备等。

2）利润与税金

利润水平一般有以下几种方法确定：成本利润率、工资利润率、资金利润率、综合利润率等。

2. 船舶货物运价的制定

1）确定基价

基价亦称基本运价率，单位为元/（t·km）或元/（t·n mile），它是衡量运价总水平的重要标志，是确定各种运价的基准。为了对不同货物、不同运输距离制定出不同的运价，首先要确定基本运价率，然后在此基础上，按照一定程序合理确定各不同等级（运价号）的运价率。

$$基本运价率=\frac{运输成本+利润+税金}{换算周转量}$$

式中：运输成本——企业或线路、航线的平均运输成本；

利润——按所确定的利润率计算方法所得的利润额；

税金——按国家规定的税率计算出的税金总额；

换算周转量——不同货物的周转量换算成可比的周转量。

（1）综合基价。

是指以综合运输成本为基础进行测算的货运基本价格，单位为元/（t·km）。它是制定均衡里程运价的基础。

$$综合基价=\frac{运输成本+利润+税金}{计划期换算货物周转量}$$

式中：

计划期换算货物周转量——以基本货类、基本船型为基础，各货类、船型按运输生产效率的一定比例换算而得的货物周转量。

$$运价率=综合基价\times里程\times级别系数$$

（2）组合基价。

是指由航行基价（单位为元/（t·km））和停泊基价（单位为元/t）组合而成的货运基本价格。它是递远递减运价的基础。两种航行基价表见表5-4-1、5-4-2。

$$组合基价=航行基价\times里程+停泊基价$$

$$航行基价=\frac{航行成本+利润+税金}{计划期换算货物周转量}$$

$$停泊基价=\frac{停泊成本+利润+税金}{计划期换算货物周转量}$$

$$运价率=(航行基价\times里程+停泊基价)\times级别系数$$

表5-4-1　北方沿海航行基价表　　单位：元/（t·n mile）

运输距离	1~200 n mile	201~400 n mile	400 n mile 以上
航行基价	0.007 5	0.007 0	0.006 5

表5-4-2　长江航区航行基价表　　单位：元/（t·km）

运输区段	重庆—宜昌	宜昌—武汉	武汉—上海
航行基价	W（重量吨）0.028 0 M（体积吨）0.019 6	0.013 6	0.007 0

2）确定分级与级差

（1）货物类别的分级和分级数的确定。

分级就是先按照货物的自然属性和经济属性划将货物分为若干类别，然后对每一类别制定出一个运价率。

（2）货类级差的确定。

级差就是各级运价率的差异程度。

级差一般可有两种方法表示，即级差率和级别系数。

① 级差率：是指同一航线不同级别货物运价率之间的递增（递减）率。

$$级差率=\frac{后级运价率-前级运价率}{前级运价率}\times100\%$$

② 级别系数：是指各级货物运价率对基级货物运价率（基价）的比例系数。

3）运价里程与计算里程的确定

在制定运价率表时，为简化起见，往往将运价里程划分为若干区段。每区段是从某一里程起至下一里程止的特定范围。若两港间的运价里程落在某一里程区段内，则按统一规定的里程计算，这一里程称为计算里程。见表5-4-3。

表5-4-3　我国沿海里程区段划分表

里程区段/n mile	区段数	每段里程/n mile	里程区段/n mile	区段数	每段里程/n mile
1~50	1	50	201~400	5	40
51~100	5	10	401~1 000	10	60
101~200	5	20	1 000 以上		100

5.4.3 水路货物运输费用计算

1. 协议运价下的货物运输费用计算

协议运价是托运人（承租人）和承运人（出租人）经过协商方式达成的协议。运费直接按照协议的运价和计费方式计算。

（1）达成总运费协议时，该总运费即为所要支付的运费。

（2）达成运费率和货物重量协议时，则要确定货物的计费吨。

（3）达成运费、货物重量和亏舱费协议时，货物运费为：

货物运费 = 运费率 × 实运货物计费吨 +（协议重量 − 实际重量）× 亏舱费率

2. 船舶港口费用

1）船舶港口费

船舶港口费 = 相应港口费率 × 船舶净吨

2）其他费用

根据《港口收费计费办法》的规定，计收相应的费用。按船舶净吨分级，根据操作次数进行征收。特殊情况不收。

（1）引航费与移泊费。

（2）解、系缆费。

（3）停泊费。4 小时后收取。

（4）开、关舱费。

（5）航道养护费。由船籍、长期营业、营业起运港省、自治区、直辖市负责征收，但不得重复征收。属港口规费。

【任务实施】

步骤一：能够描述水路运输费用的构成

业务员刘一对水路运输费用的构成有了明确的了解，确定了费用构成中需要重点掌握的内容，为最终核算费用做了准备。

步骤二：能说出运费的计算公式

业务员刘一根据这单业务中所涉及的内容，结合所学知识点中的计算公式，很方便地得出了运费的计算公式。

步骤三：学会计算运费

根据任务中的描述，结合所学知识，预算该船在广州港所需的船舶费用。

（1）船舶港务费。该船净吨为 20 000 t，因出港未载货，仅需支付进港港务费。

船舶港务费：20 000 × 0.25 = 5 000 元

（2）引航包干费。广州港采取引航和拖船包干费的方式计费。已知该船船长 180 m。此外该船进港需要拖船护航，需一艘 2 250 kW 拖船护航 4 h，拖船护航费 0.67 元/（kW · h）。

出港无须护航。

进出港引航、拖船包干费：30 000 元

拖船护航费：2 250 ×0.67 ×4 =6 030 元

(3) 解系缆、开关舱费。包干费用为82 元/次，预计该船仅一次靠离泊和开关舱。

解系缆、开关舱包干费：82 ×2 =164 元

(4) 通信费。包括甚高频、有线电话等港内通信费，每次靠港包干费150 元。

通信费包干费：150 元

(5) 垃圾费：每天60 元，共3 天。

垃圾费：60 ×3 =180 元

(6) 船舶代理费。船舶代理费包括船舶业务代理费，按每吨货物收取0.2 元，以及船舶服务代理费，按每净吨收取0.4 元。

船舶业务代理费：50 000 ×0.2 =10 000 元

船舶服务代理费：20 000 ×0.4 =8 000 元

(7) 航道养护费：因无载货起运，无须支付航道养护费。

(8) 预计总费用。根据以上项目，预计该次进广州港的船舶港口费用为：59 524 元。

【应用训练】

某轮船从上海港装载1.5 m^3 丝线经亚历山大港转船运至拉塔基亚港（Lattakia），请计算应收取的全程运费是多少？

【任务评价】

任务评价表

项目	内容	该项目满分	实际得分
步骤一	能够描述水路运输费用的构成	20	
步骤二	能说出运费的计算公式	10	
步骤三	学会计算运费	40	
完成时间		20	
安全操作		10	
合计		100	

【拓展提升】

货物运输费用计算

运价本是水路运输企业根据经营成本和经营策略、竞争需要、国家政策制定的运价表及

其计算文件的汇集。完整的运价本由货物分级表、运价里程表、里程分级运价（航线分级运价）、换算重量表、附加费率表等构成。

1. 确定货物的运价等级

根据货物的名称或概括名称、形式，在货物分级表中查定货物的运价等级。表中未列名的，则按列名外的等级确定。

2. 起价里程

根据货物运输要求，根据运价里程表确定从起运港到目的港的运价里程，或者确定货物的运输航线。

3. 货物运费率确定

根据货物运价等级、运价里程（航线），查里程分级运价（航线分组运价）确定货物单位运价率。

4. 确定货物的计费重量

根据货物在货物分组表、换算重量表所确定的计费重量确定方式计算。

（1）按重量吨（W）计费：指按托运人申报的货物重量，或者承运人确定的货物重量计算：每 1 000 kg 为 1 计费吨。

（2）按体积吨（M）计费：指按托运人申报的货物体积，或者承运人确定的货物体积计算运费：每 1 m^3 为 1 计费吨，货物体积丈量采用“满尺丈量”的方式确定。

（3）按重量吨（W）和体积吨（M）择大计费的，则按货物的重量和体积择大计费。

（4）列入换算重量表的货物按该表所确定的计费重量计费。

5. 附加费

根据该运输货物或者运输航线，需要征收附加费的，如转港附加费、直航附加费、燃油附加费、作业附加费等，则相应计算附加费。计算附加费有相对附加费（百分比）和绝对附加费两种方式。绝对附加费就在基本费率上直接相加，相对附加费则为基本费率加上基本费率乘以相对附加率。

6. 货物运费计算

货物运费＝货物运费率×计费吨＋附加费。

任务 5.5　内河货物运输作业

【任务目标】

1. 知道内河运输的概念及航线
2. 能够描述内河航运作用及内河集装箱运输的特点
3. 掌握内河运输成本的核算内容

【任务描述】

在水路货物运输作业中，作为一种最为古老的交通方式，内河货运在人类文明历史长河中扮演了重要角色，也以其环保和资源节约优势拉动着经济社会发展。

2014年7月5日刘一接到公司客户光明粮油食品有限公司一批食用油须从天津运至上海的运单计划。此批托运货物及相关详细信息如下：

客户	光明粮油食品有限公司　天津市塘沽区庐山道60号　赵小静　13615148977
收货人	上海宏达连锁经销商　上海市闵行区中北路83号　李晨　13808756894
装货地点	天津市塘沽区庐山道60号
卸货地点	上海市闵行区中北路83号
货品信息	食用植物油、10 t、50箱、货物价值100 000元
运杂费标准	普通货物基础运价0.2/（t·km）、装卸费9.00元/t、单程空驶损失费为运费×50%、保价费为货物价值×3‰

刘一着手完成这单运输业务。

【知识准备】

5.5.1　内河运输的概念及航线

1. 概念

内河运输（inland water transportation）是指使用船舶通过江湖河川等天然或人工水道，运送货物和旅客的一种运输方式。它是水上运输的一个组成部分，是内陆腹地和沿海地区的纽带，也是边疆地区与邻国边境河流的连接线，在现代化的运输中起着重要的辅助作用。见图5-5-1。

图5-5-1　内河运输

2. 我国主要的内河

（1）长江。亚洲第一长河，全长6 397 km。它发源于青藏高原唐古拉山的主峰各拉丹冬雪山。长江是世界第三长河，仅次于非洲的尼罗河与南美洲的亚马孙河，水量也是世界第三。流域面积达180万 km^2（不包括淮河流域），约占全国土地总面积的1/5，和黄河一起并称为“母亲河”。见图5－5－2。

图5－5－2　长江

（2）黄河。中国第二长河，世界第五长河，是世界上含沙量最多的河流，被誉为中国的“母亲河”。见图5－5－3。

图5－5－3　黄河

（3）珠江。或叫珠江河，旧称粤江，是中国境内第三长河，按年流量为中国第二大河流。全长2 400 km。原指广州到入海口的一段河道，后来逐渐成为西江、北江、东江和珠江三角洲诸河的总称。珠江水系见图5－5－4。

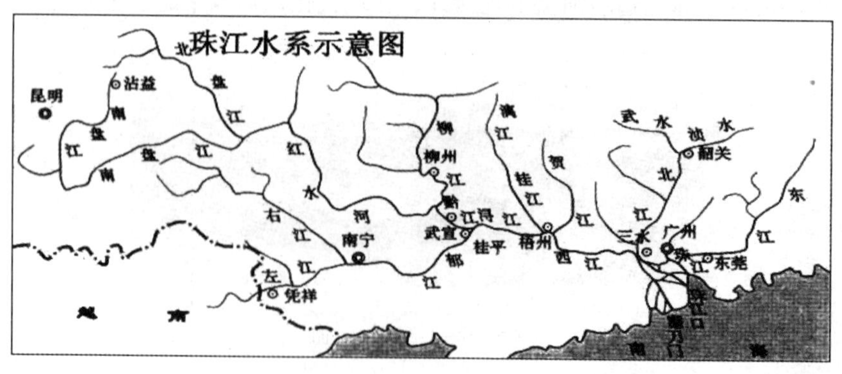

图5－5－4　珠江水系

(4) 京杭大运河。世界上里程最长、工程最大、最古老的运河之一。北起北京（涿郡），南到杭州（余杭），经北京、天津两市及河北、山东、江苏、浙江四省，贯通海河、黄河、淮河、长江、钱塘江五大水系，全长约1 794 km，开凿到现在已有2 500多年的历史。见图5－5－5。

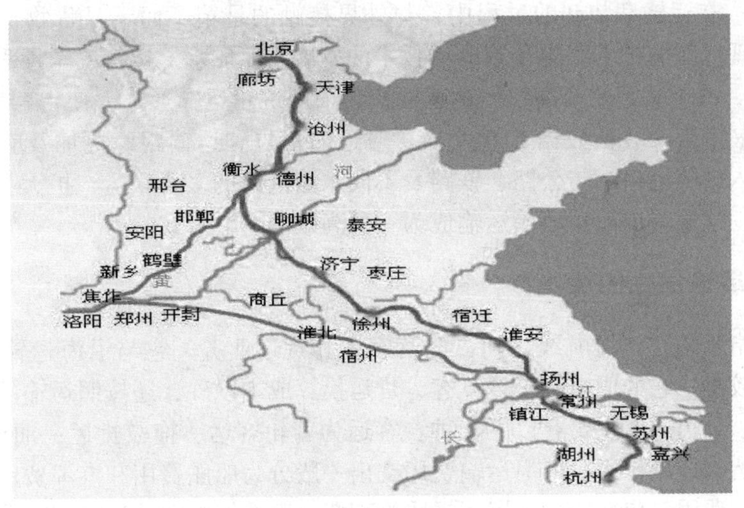

图5－5－5　京杭大运河

5.5.2　内河航运作用及内河集装箱运输的特点

1. 内河航运作用

内河航运是现代综合运输体系中重要组成部分，是水资源合理开发和综合利用的主要内容之一。近几年来，内河沿线的公路加快建设的步伐。内河沿线综合运输网将进一步完善，多种运输方式并存且相互竞争的局面正在形成。内河沿线铁路网、公路网的发展在一定时期内无疑会分流内河航运的货源。但是，现代经济对运输的需求是大量的，也是多种多样的，各种运输方式各有其优点和缺点，各有其存在和发展的货源基础。

2. 内河集装箱运输的特点

内河集装箱运输具有方便、快捷、安全、高效的优点，较好地适应贸易发展对运输的需求。

(1) 方便。集装箱运输是一种标准化的运输形式，在国际贸易中普遍适用，有一套世界范围通用的国际标准，使得装卸机械、堆场机械、沿场机械、运输工具实现专业化和标准化。内河集装箱港口深入腹地货源，接近客户，利用集装箱运输的标准化和内河运输承运量大的优势，可以为客户提供一站式服务，由Port to Port服务延伸到Door to Door。如整合陆地上的报关、报检、配送、仓储等服务，给客户提供整体解决方案的物流服务，有利于客户解决贸易发展对运输的需求问题。

（2）快捷。集装箱化为装卸机械的标准化、专业化和大型化创造了条件，大大提高了装卸作业的效率，集装箱作业受天气变化影响小，使得货物在港、站停留时间短。随着国际集装箱法规的完善，带来通关、检验、理货等手续的简化及集装箱船舶速度的提高，货物的送达速度有了较大的提高。

（3）安全。在运输和装卸的过程中，与外界接触的是箱子而不是货物，货物安全性大大提高。随着现代航海技术和集装箱船舶技术的发展，船舶水上运行安全性大大提高。

（4）高效。由于装卸效率高、运达速度快、采用班轮运输形式，使得船期航班有保障，信息化技术发展带来集装箱数据 EDI 交换，对运输报告和运输跟踪更加及时和准确；内河集装箱运输深入内陆港口，与公路、铁路及不同水路港口的多式联运，扩大了服务内容，提高了服务质量。这使得内河集装箱运输成为一种高效的运输形式。

5.5.3 内河运输发生的成本

内河运输指船舶在江河航线之间，经营客运和货运业务。它与沿海运输和远洋运输相比，船舶吨位较小。它的成本除了计算客、货运换算成本以外，还按照运输的不同种类计算运输分类成本。分类成本主要有以下几种：客运为客轮客运、拖驳货运；油运为油轮油运、拖驳油运；排运为拖轮排运。内河运输费用支出一般分为船舶费用和港埠费用。船舶费用指运输船舶的各项费用，包括船员工资、提取修理费、事故损失和其他费用。港埠费用指为分配由运输船舶负担的港埠费用，以及直接支付外单位的港口费用。内河运输成本以月、季、年为成本计算期。一般来说，船舶费用应按不同船舶类型归集，对于吨位较大的船舶也可单独进行单船归集。在计算运输分类成本时，应将按船舶类型归集的船舶费用在各运输种类之间进行分配。

【任务实施】

步骤一：知道内河运输的概念及航线

内河运输（inland water transportation）是指使用船舶通过江湖河川等天然或人工水道，运送货物和旅客的一种运输方式。

我国主要的内河包括长江、黄河、珠江、京杭大运河。

刘一在这个过程中完成对线路的选取，签订货运合同。

步骤二：能够描述内河航运的作用及内河集装箱运输的特点

内河航运是现代综合运输体系中重要组成部分，是水资源合理开发和综合利用的主要内容之一。

内河集装运输具有方便、快捷、安全、高效的优点，较好地适应贸易发展对运输的需求。

步骤三：掌握内河运输成本的核算内容

光明粮油食品有限公司这批食用油运送业务，经业务员刘一核算成本，填写运单，交由审核员审核，并通知调度安排托运，托运人须在相应位置签字、盖章确认。

【应用训练】

课后查阅资料了解世界主要的内河运输概况，可分组进行。

【任务评价】

任务评价表

项目	内容	该项目满分	实际得分
步骤一	知道内河运输的概念及航线	20	
步骤二	能够描述内河航运的作用及内河集装箱运输的特点	10	
步骤三	掌握内河运输成本的核算内容	40	
完成时间		20	
安全操作		10	
合计		100	

【拓展提升】

内河运输船舶标准化管理规定

第一条　为加强内河运输船舶标准化管理，提高内河运输船舶技术水平，优化内河运输船舶结构，防止船舶污染环境，提高运输效能，促进水路运输事业的发展，根据《国内水路运输管理条例》，制定本规定。

第二条　本规定适用于中华人民共和国境内江河、湖泊、水库及其他内河通航水域从事运输的船舶，但在与外界不通航的封闭性水域内从事运输的船舶除外。

第三条　交通运输部主管全国内河运输船舶标准化管理工作。

县级以上地方人民政府交通运输主管部门主管本行政区域的内河运输船舶标准化管理工作。县级以上地方人民政府交通运输主管部门或者负责水路运输管理的机构（以下统称负责水路运输管理的部门）具体实施内河运输船舶标准化管理工作。

海事管理机构根据有关法律、行政法规和本规定对内河运输船舶检验、交通安全及防止污染水域实行监督管理。

第四条　交通运输部运用经济、技术政策等措施，支持和鼓励采用先进适用的水路运输船舶和技术；对正在使用的不符合新标准的船舶、不符合安全环保新规范的船舶、限制过闸船舶和限制在特定通航水域航行的船舶，可以采取资金补贴等措施，引导和鼓励进行更新、改建；需要采取限期淘汰等措施的，应当对船舶所有人给予补偿。

第五条　禁止水泥质船舶、木质船舶、挂桨机船在京杭运河、川江和三峡库区水域从事内河运输。

任何组织和个人不得新建、改建挂桨机船在长江干线、珠江干线、黑龙江干线及太湖水域从事内河运输。

任何组织和个人不得新建、改建水泥质船舶、总长 5 米以上的木质船舶、总长 20 米以上的挂桨机船舶从事内河运输。

第六条　新建、改建内河运输船舶，应当符合交通运输部制定的内河运输船舶标准船型指标体系中的强制性要求。

第七条　新建、改建内河客船、危险品船增加运力的，应当按交通运输部有关规定向设区的市级人民政府水路运输管理部门提出申请，并报具有许可权限的部门批准。

新建、改建内河普通货船增加运力的，应当在船舶开工建造 15 个工作日内向所在地设区的市级人民政府水路运输管理部门备案。

对符合条件的内河运输船舶，由规定的发证机关配发《船舶营业运输证》，并注明船舶营运区域和船舶符合交通运输部制定的内河运输船舶标准船型指标体系中的强制性要求。

第八条　新建、改建内河运输船舶，应当按国家有关规定向海事管理机构认可的船舶检验机构申请建造检验，取得船舶检验证书。

船舶检验机构应当按照交通运输部制定的内河运输船舶标准船型指标体系和国家其他有关规定进行建造检验，对符合有关规定的，签发船舶检验证书。不符合内河运输船舶标准船型指标体系中强制性要求的，不予签发船舶检验证书。

第九条　新建、改建内河运输船舶取得船舶检验证书后，应当按国家有关规定向海事管理机构申请船舶登记，取得法定的船舶登记证书。不符合内河运输船舶标准船型指标体系中强制性要求、未取得船舶检验证书的，应当不予登记。

第十条　对按照国家规定要求应当改建而未改建的内河运输船舶，其《船舶营业运输证》的配发机关应当对其配发的《船舶营业运输证》予以收回。

第十一条　对不符合内河运输船舶标准船型指标体系中的强制性要求的新建、改建内河运输船舶，航道管理机构应当不予办理通过船闸、升船机等通航设施的手续，海事管理机构应当依据有关规定加强对船舶的现场监管。

第十二条　内河运输船舶所有人、船舶经营人应当按照国家有关规定，向海事管理机构认可的船舶检验机构对营运中的水泥质船舶、木质船舶和挂桨机船舶申请定期检验。经检验不合格的，不得从事内河运输。

第十三条　对已经投入营运的水泥质船舶、木质船舶、挂桨机船舶实行限期淘汰制度，具体时间、航区另行公布。

任何组织和个人不得使用交通运输部明文规定已经淘汰的水泥质船舶、木质船舶、挂桨机船舶从事内河运输。

第十四条　交通运输部和负责水路运输管理的部门应当依照有关法规、规章的规定，对内河运输船舶标准化进行监督检查。

第十五条　内河运输船舶所有人、船舶经营人、船舶管理人应当接受交通运输部和负责水路运输管理的部门依法进行的监督检查，如实提交有关证书、资料或者情况，不得拒绝、隐匿或者弄虚作假。

第十六条　违反本规定，由负责水路运输管理的部门按照《国内水路运输管理条例》的相关规定给予行政处罚。

违反有关内河船舶检验管理和安全监督管理的规定，由海事管理机构按有关法规、规章给予行政处罚。

第十七条　交通运输部和负责水路运输管理的部门、海事管理机构的工作人员玩忽职守、徇私舞弊、滥用职权的，由所在单位或者上级机关依法依规追究法律责任。

第十八条　本规定自2015年4月1日起施行。2001年10月11日以交通部令2001年第8号公布的《内河运输船舶标准化管理规定》同时废止。

项目 6

特殊货物运输

任务6.1　认识超长超限货物运输

【任务目标】

1. 了解超长超限货物运输相关概念
2. 分析确认超长超限货物运输
3. 能说出超长超限货物运输的条件及作业过程

【任务描述】

“十二五”时期，中国装备制造、能源、石化、冶金等行业的一批国家重点工程纷纷上马。特别是随着西部大开发、中部崛起等区域发展战略的实施，中西部地区重点建设项目规模迅速扩大，需要大件运输来承担关键设备的运输保障任务越来越重，如核电（水电、火电）机组、风力发电设备、变压器、大型锅炉、石油储罐等。这些设备具有价值高、超重、超长、超宽、超高、不可解体的特点。大件运输作为一个快速发展的行业，具有专业性、规范性、安全性的内在要求。与普通的超限运输相比，大件运输对企业的专业技能有更高的要求。企业需要具备相应的运输资质，拥有特种运输车辆和专业技术装备，能够进行线路勘测、方案设计、路桥加固、排障通行、联系协调等专业化服务和一体化运输能力。

先达货运公司接受了宏顺公司大型锅炉从太原运至天津港的运输业务，由运输部业务员张明来组织完成此单业务。张明接到任务后，根据运输时间、路线、运输地点、运输对象等业务信息，制订了可行的运输方案，得到审批后执行，顺利完成了任务。

张明能够成功地完成这项任务，凭借的是他丰富的专业知识和实践经验。

【知识准备】

6.1.1　超长超限货物

1. 超长超限货物的概念

外形尺寸有任一部分超过参加运送的任一铁路装载限界的货物，称为超限货物。长度超过18 m（经由越南为12 m）的货物属超长货物。重量超过60 t（在换装运送中经由越南为20 t）的货物为超重货物。

2. 超长超限货物运输的确定

（1）首先确定货物运输路径，然后根据货物经过国家铁路装载限界，只要货物装车后任一部分超过任一经由路径的铁路装载限界，就应按超限货物组织运输。

（2）在换装运输中，计算货物是否超限时车底板距轨面的高度定为 1 300 mm（经由越南米轨为 1 100 mm），车辆纵向中心线与铁路中心线重合。

（3）经由我国铁路的超限货物应按我国《铁路超限货物运输规则》的规定确定是否超限。

（4）超限货物确认表见表 6－1－1。

表 6－1－1　超限货物确认表

运输方式	应满足的条件
公路货运	长度在 14 m 以上，或宽度在 3. 5 m 以上，或高度在 3 m 以上的货物
	重量在 20 t 以上的单体货物或不可解体的成组（捆）货物
铁路货运	单件货物装车后，在平直线路上停留时，货物的高度和宽度有任何部位超过机车车辆限界或特定区段装载限界
	在平直线路上停留虽不超限，但行经半径为 300 m 的曲线线路时，货物的内侧或外侧的计算宽度（已经减去曲线水平加宽量 36 mm）仍然超限
	一件货物装车后，虽然在平直线路或行经在半径为 300 m 的曲线线路上均未超出货物装载限界，但当货车行经特定区段时，货物的高度或宽度超出特定区段的装载限界

（5）特定区段装载限界。

① 广九线：经深圳北运往九龙的货物，装载货物中心高度由轨面起 360～3 600 mm 处的半宽不得超过 1 550 mm。

② 丰沙线：沙城—三家店上行，装载货物中心高度由轨面起不得超过 4 600 mm。

③ 运往朝鲜的货物，最高不得超过 4 750 mm。

④ 京包线：南口—西拨子，最大半宽 1 600 mm。

6. 1. 2　超长超限货物运输的条件及作业过程

1. 超长超限货物运输的条件

1）基本运输条件

（1）原则规定：需由参加运送的各国铁路部门预先商定后才准许运送。

（2）但属以下情况之一的超长货物，除运往越南的以外，不经过预先商定即可运送：不换装运送中，装在一辆车上，长度超过 18 m，不超过 25 m 的货物；长度不超过 30 m（欧洲铁路为 36 m）的铁路铁轨和钢筋混凝土用的圆钢筋。

（3）国际联运中的超限、超长和超重货物在我国铁路区段的运输，应按我国铁路对阔大货物的运输要求进行组织。

2）特别要求和限制条件

（1）发货人必须在托运货物的一个月以前（需换装的须在两个月前）向发站提出每件

货物的容器或包装种类、重量、尺寸等有关资料。对于超限货物还应提出（超长、超重货物在必要时提出）装车示意图。

（2）各发站应将上述资料报主管铁路局，铁路局审核后报铁路总公司，以便同有关铁路部门进行协商。

（3）发站必须在接到主管铁路局的通知后才能承运装车。

（4）运送没有图册部位的长方形和圆柱形对称货物，商定时可以不附装车示意图。

（5）发运超限货物，发货人在转载时应用中、俄文（往朝鲜和越南可只用中文）在货物纵向两侧做下列字样标记，或附带红边的标识牌：注意！在 ×××（铁路简称）是超限货物。

3）超长超限货物装载、运输的基本要求

（1）货物必须紧密装载，捆绑牢固。

（2）水路运输中，阔大货物装载要注意对船舶稳定性的影响，并保持船舶平吃水。

（3）装载货物的重量不得超过运输工具的额定载重量。

（4）货物重心应位于车辆纵中心线上，并使各轴受力大致相同，必要时可采用配重措施。

（5）载重车辆重心高度不能超过规定标准，必要时要选用凹底平车，以降低重心。

（6）阔大货物运输，对行车路线、通行时间、行驶速度都有严格限制，有的还要报请交通主管部门审批。

2. 我国超长超限货物运输的相关管理规定

中华人民共和国交通部令 2000 年第 2 号《超限运输车辆行驶公路管理规定》第 4 条规定：超限运输车辆行驶公路的管理工作实行“统一管理、分级负责、方便运输、保障畅通”的原则。

在公路超限货物的运输车辆行驶前，其承运人应根据具体情况分别依照相关期限提出申请。

（1）承运人申请公路超限运输。

① 车辆行驶范围在设区的市辖区内的，应当向起运地设区的市交通主管部门提出申请，由设区的市交通主管部门审批；所经线路涉及高速公路的，审批部门应当征求省交通主管部门的意见。

② 车辆行驶范围跨设区的市或者起运地是高速公路的，应当向省交通主管部门提出申请，由省交通主管部门审批。

③ 由外省进入本省的车辆，以进入本省入口处所在地为起运地。

（2）提供资料和证件。

① 书面申请；

② 货物名称、重量、外廓尺寸及必要的总体轮廓图；

③ 运输车辆的厂牌型号、整备质量、轴载质量、轮数、载货时总的外廓尺寸等有关

资料；

④ 货物运输的起讫点、拟经过的路线和运输时间；

⑤ 车辆行驶证。

（3）承运公路超限货物的申请期限，见表6－1－2。

表6－1－2　超限货物申请期限表

序号	货物种类	申请期限
1	车货总质量在40 000 kg以下，但其车货总高度、长度及宽度超过第三条第（一）、（二）、（三）项规定的超限运输	承运人应在起运前15日提出书面申请
2	车货总质量在40 000 kg以上（不含40 000 kg）、集装箱车货总质量在46 000 kg（含46 000 kg）与100 000 kg之间的超限运输	承运人应在起运前1个月提出书面申请
3	对于车货总质量在100 000 kg（不含100 000 kg）以上的超限运输	承运人应在起运前3个月提出书面申请

（4）申请超限运输有下列情形之一的不予批准：

① 车辆装载的货物质量超过车辆行驶证核定载货质量；

② 车辆装载货物后的长、宽、高超过公路、公路桥梁技术标准的；

③ 行驶路线经过四级公路、等外公路和技术状况低于三类桥梁的。

（5）铁路运输超限货物的管理规定。

《铁路超限货物运输规则》第2章第5条规定，在超限货物的受理和承运中，发货人托运超限货物时，除按一般货运手续办理外，并应提出下列资料：

① 托运超限货物说明书、货物外形的三视图，并须以“＋”号标明货物重心位置。

② 自轮运转的超限货物，应有自重、轴数、轴距、固定轴距、长度、转向架中心销间距离、制动机形式，以及限制条件。

③ 必要时，应附有装载计划、加固计算根据的图样和说明。

④ 对超限的大型设备，发货人应在设计的同时考虑装载加固和运送条件。必要时，应采取改变包装和拆解货体等措施，尽可能地降低超限程度。

（6）超限货物运输作业的规范，见表6－1－3。

表6－1－3　超限货物运输作业的规范

序号	工作环节	有关规范
1	办理托运	托运人必须在（托）运单上如实填写大型物件的名称、规格、件数、件重、起运日期、收发货人详细地址及运输过程中的注意事项
2	理货	调查大型物件的几何形状和重量，调查大型物件的重心位置和质量分布情况，查明货物承载位置及装卸方式，查看特殊大型物件的有关技术经济资料，以及完成书面形式的理货报告

续表

序号	工作环节	有关规范
3	验道	查验运输沿线全部道路的路面、路基、纵向坡度、横向坡度及弯道超高处的横坡坡度等，然后根据上述查验结果预测作业时间，编制运行路线图，完成验道报告
4	制订运输方案	在充分研究、分析理货报告及验道报告的基础上，制订安全可靠、可行的运输方案
5	签订运输合同	根据托运方填写的委托运输文件及承运方进行理货分析、验道、制订运输方案的结果，承托双方签订书面形式的运输合同
6	线路运输工作组织	建立临时性的大件运输工作领导小组负责实施运输方案，执行运输合同和相应对外联系
7	运输统计与结算	运输统计指完成公路大型物件运输工作各项技术经济指标统计，运输结算即完成运输工作后按运输合同规定结算运费及相关费用

3. 超限超重货物运输作业

1）托运与承运

（1）超限超重货物的托运。

托运人应提供的资料包括：①超限超重货物托运说明书；②货物外形尺寸三视图（必要时应附有货物照片），并以“+”号标明货物重心位置；③申请装运超限超重货物的车种、车型及车数，计划装载加固方案（必要时应附相关说明）；④自轮运转超限货物，应有自重、轴数、轴距、固定轴距、长度、转向架中心销间距离、制动机型式及限制条件、安全运输应急预案和车辆过轨技术检查合格证等，必要时应提供相关车辆动力学性能试验报告。

（2）受理。

托运人提供的货物技术资料及相关证明文件齐全有效、符合规定，且货物发到站（含专用线、专用铁路）具备超限超重承运人资质的，发站应给予资料受理。

（3）选择装载方案。

拟订使用货车的车种、车型及车数，拟订货物装载加固方案。

内容：①货物装载加固定型方案示意图；②货物规格；③准用货车；④加固材料（装置）；⑤装载方法；⑥加固方法；⑦其他要求。

（4）超限超重货物运输请示电报。

方案拟订后，车站应向铁路局超限超重货物运输主管部门提报铁路特种车使用计划，拍发超限超重货物运输请示电报，见表6－1－4。

表 6-1-4　超限超重货物运输请示电报

铁路传真电报

签发：×××　　核稿：×××　　拟稿人：×××　　电话：×××

<table>
<tr><td>发报所名</td><td>电报号码</td><td>等级</td><td>受理日</td><td>时分</td><td>收到日</td><td>时分</td><td>值机员</td></tr>
<tr><td></td><td></td><td></td><td></td><td></td><td></td><td></td><td></td></tr>
<tr><td colspan="8">主送：丰台站、北京铁路局调度所、××车辆段、××站
抄送：铁通公司、北京铁路局运输处、工务、电务、车辆、机务处、郑州局运输处</td></tr>
<tr><td colspan="8">报文：</td></tr>
<tr><td colspan="8">丰台站发信阳站卧式锅炉一件，重 28 t，长 7 400 mm，货物本身重心高 1 630 mm，使用 N_{17} 型 60 t 平车一辆装载。装后中心高 4 729 mm 处，左右宽各 0 mm；第一侧高 4 289 mm 处，左右宽各 1 520 mm；第二侧高 2 409 mm 处，左右宽各 1 560 mm。中心高与第一侧高之间为 440 mm 半径的圆弧。
装运办法：（1）A 超级超限，（2）KNOM。
京超限超重 0025 号
××年××月××日</td></tr>
</table>

电报内容：

①发站、到局、到站；②货物概况：品名、件数、重量（货物重量含装载加固装置和材料等重量）；③货物外形（包括固定包装和加固装置）尺寸；④拟使用车种、车型及辆数；⑤装载方法；⑥预计装后尺寸；⑦其他特殊运输条件要求。

（5）审核运单等。

（6）进货验收。

2）装车组织

（1）装车前工作。

① 选择车辆；

② 车辆测量；

③ 确认加固材料；

④ 画中心线；

⑤ 在货物上标明重心位置、索点。

（2）装车后检查。

（3）标记。

（4）超限超重货物运输记录。

3）超限车的检查

（1）货运检查主要内容。

① 货物列车中货物装载、加固状态；

②《铁路超限货物运输规则》规定的事项；

③《铁路货车超偏载检测装置运用管理办法》规定的内容；

④ 铁路总公司规定的其他事项。

（2）重点检查、确认的内容。

① 超限超重货物运输记录资料是否齐全、填写是否完整。

② 超限超重货物两侧明显位置是否书写或印刷有超限、超重等级，或者拴挂有超限超重货物检查标识牌。

③ 负重车车地板上是否标画有明显的货物检查线。

④ 货物是否位移。

4）超限超重货物到达作业

超限超重货物到站应根据批示电报正确选择、确定卸车地点和货位，科学制订卸车方案，严格加强卸车组织，确保安全。

收货人组织自卸的，车站应与收货人签订自卸车协议，明确安全责任，并在卸车前与收货人办理完货物交付手续。

超限超重货物运输作业流程见图6－1－1。

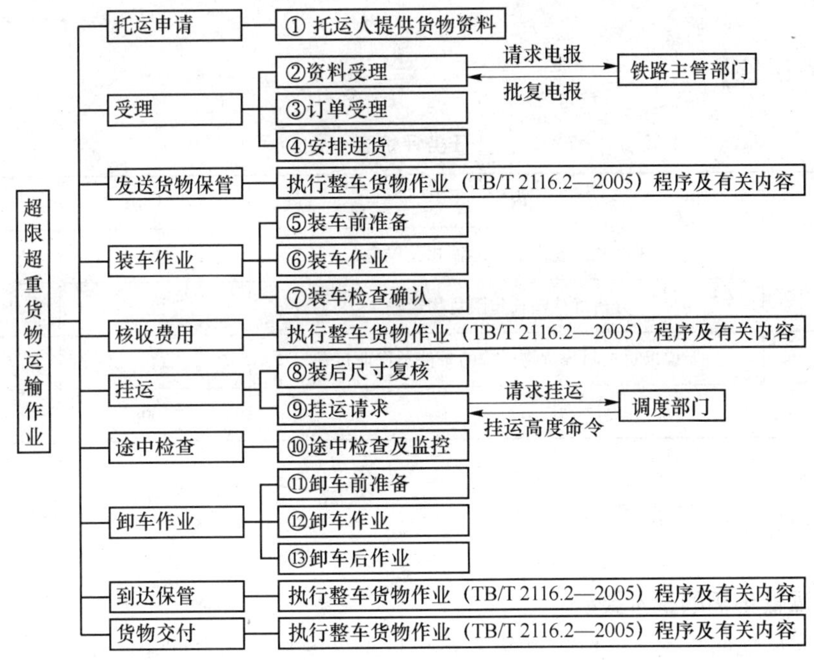

图6－1－1 超限超重货物运输作业流程

【任务实施】

步骤一：了解超长超限货物运输相关概念

张明的工作经验丰富，对超长超限货物运输有明确的认识。宏顺公司的大型锅炉从太原运至天津港，张明对完成此单业务有着充分的信心。

步骤二：分析确认超长超限货物运输

张明归纳了超长超限货物的特点和相关的管理规定，确认了此单业务为超长超限货物运输。

步骤三：能说出超长超限货物运输的条件及作业过程

张明根据我国相关超长超限货物运输的管理规定，分析相关的运输条件，设计运输方案，并完成此单大型锅炉的运输任务。

【应用训练】

根据项目任务所讲述的内容，利用互联网查找资料，归纳整理对超长超限货物运输的理解，形成总结文档。

【任务评价】

任务评价表

项目	内容	该项目满分	实际得分
步骤一	了解超长超限货物运输相关概念	20	
步骤二	分析确认超长超限货物运输	20	
步骤三	能说出超长超限货物运输的条件及作业过程	60	
合计		100	

【拓展提升】

1. 超限运输车辆的技术要求

（1）高度从地面算起 4 m 以上（集装箱车货总高度从地面算起 4.2 m 以上）。

（2）车货总长 18 m 以上。

（3）车货总宽度 2.5 m 以上。

（4）单车、半挂列车、全挂列车车货总质量 40 000 kg 以上；集装箱半挂列车车货总质

量 46 000 kg 以上。

(5) 车辆轴载质量在下列规定值以下：

单轴（每侧单轮胎）轴载质量 6 000 kg；

单轴（每侧双轮胎）轴载质量 10 000 kg；

双联轴（每侧单轮胎）轴载质量 10 000 kg；

双联轴（每侧各一单轮胎、双轮胎）轴载质量 14 000 kg；

双联轴（每侧双轮胎）轴载质量 18 000 kg；

三联轴（每侧单轮胎）轴载质量 12 000 kg；

三联轴（每侧双轮胎）轴载质量 22 000 kg。

图 6－1－2　超限运输车

超限运输车见图 6－1－2。

2. 公路超限货物等级

公路超限货物等级见表 6－1－5。

表 6－1－5　公路超限货物等级

大件级别	重量/t	长度/m	宽度/m	高度/m
一	40 ~ 100	14 ~ 20	3.5 ~ 4	3 ~ 3.5
二	100 ~ 180	20 ~ 25	4 ~ 4.5	3.5 ~ 4
三	180 ~ 300	25 ~ 40	4.5 ~ 5.5	4 ~ 5
四	300 以上	40 以上	5.5 以上	5 以上

3. 铁路超限货物类别

铁路超限货物类别见图 6－1－3。

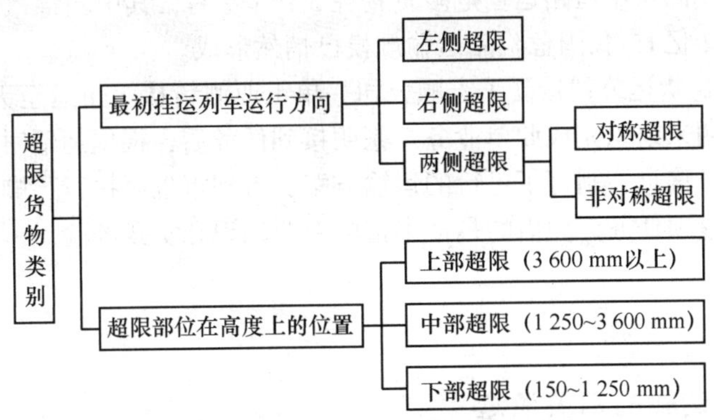

图 6－1－3　铁路超限货物类别

4. 超限运输的特殊性

超限运输的特殊性见表 6－1－6。

表 6－1－6 超限运输的特殊性

序号	特殊性的表现	特殊性概述
1	特殊装载要求	一般情况下超重货物装载在超重型挂车上，需用由高强度钢材和大负荷轮胎制成的超重型牵引车牵引
2	特殊运输条件	途经道路和空中设施必须满足所运货物车载和外形的通行需要，有时运前要对道路相关设施进行改造
3	特殊安全要求	超限货物一般均为国家重点工程的关键设备，因此运输组织需多部门配合，确保安全，万无一失

任务 6.2 认识危险货物运输

【任务目标】

1. 认识危险货物运输相关概念
2. 分析确认危险货物运输
3. 能说出危险货物运输的条件及作业过程

【任务描述】

据统计，近年我国每年道路运输危险货物在 3 亿 t 左右，其中剧毒氰化物就达几十万 t，易燃易爆油品类达 2 亿 t，我国危险品运输规模已悄然形成。

2015 年 4 月先达货运公司接受了宏顺公司一单工业酒精从兰州运至天津港的运输业务，由运输部业务员张明来组织完成此单业务。张明接到任务后，根据运输时间、路线、运输地点、运输对象等业务信息，制订了可行的运输方案，得到审批后执行，顺利完成了任务。张明能够成功地完成这项任务，凭借的是他丰富的专业知识和实践经验。

【知识准备】

6.2.1 危险货物运输的相关概念

危险货物运输是特种运输的一种，是指专门组织或技术人员对非常规物品使用特殊车辆进行的运输。一般只有经过国家相关职能部门严格审核，并且拥有能保证安全运输危险货物

的相应设施设备，才有资格进行危险货物运输。

危险货物是指有易燃、易爆、腐蚀性、毒性、放射性、污染性等性质，在运输、装卸和储存过程中容易造成人身伤亡和财产毁损而需要特别防护的货物。

（1）具有易燃、易爆、腐蚀性、毒性、放射性、污染性等性质。这是危险货物能造成火灾、中毒、灼伤、辐射伤害与污染等事故的基本条件。

（2）容易造成人身伤亡和财产损毁。这是指危险货物在运输、装卸和储存保管过程中，在一定外界因素作用下，如受热、明火、摩擦、震动、撞击、洒漏，以及与性质相抵触物品接触时，发生化学变化所产生的危险效应，不仅使危险货物本身遭到损失，而且危及人身安全和破坏周围环境。

（3）需要特别防护。主要指必须针对各类危险货物本身的物理化学特性所采取的特别防护措施，如对某种爆炸品必须添加抑制剂，对有机过氧化物必须控制环境温度等，这是危险货物安全运输的先决条件。因此，必须是上述三项要素同时具备的货物方可称为危险货物。

6.2.2　危险货物的分类与确认

1. 危险货物的分类

物质的理化性质决定其是否能燃烧、爆炸或产生危害性。危险货物尤其是化学危险物品种类繁多，性质各异，有的还相互抵触。为保证储运安全，方便运输，我国于 2012 年 12 月 1 日颁布实施了中华人民共和国国家标准《危险货物分类和品名编号》，将危险货物分成 9 类。

（1）爆炸品，包括爆炸性物质、爆炸性物品和为产生爆炸或烟火实际效果而制造的前两种中未提及的物质或物品三类。

（2）气体，指在 50 ℃时蒸气压力大于 300 kPa，或 20 ℃时在标准大气压下完全处于气态的物质。

（3）易燃液体，包括一般易燃液体和液态退敏爆炸品。

（4）易燃固体、易于自燃的物质、遇水放出易燃气体的物质。

（5）氧化性物质和有机过氧化物，这类物质因在运输过程中会放出氧气并产生大量的热，从而引起燃烧。

（6）毒性物质和感染性物质。毒性物质指经吞食、吸入或与皮肤接触后可能造成死亡或严重受伤或损害人体健康的物质。感染性物质指已知或有理由认为含有病原体的物质。

（7）放射性物质，指任何含有放射性核素并且其活度浓度和放射性总活度都超过 GB 11806 规定限值的物质。

（8）腐蚀性物质，指通过化学作用使生物组织接触时造成严重损伤，或在渗漏时会严重损害甚至毁坏其他货物或运载工具的物质。

（9）杂项危险物质和物品，包括危害环境物质，是指存在危险但不能满足其他类别定义的物质和物品。

2. 危险货物运输的标志

我国于2005年4月22日发布，2005年8月1日开始实施《道路运输危险货物车辆标志》。本标准规定了道路运输危险货物车辆标志的分类、规格尺寸、技术要求、试验方法、检验规则、包装、标志、装卸、运输和储存，以及安装悬挂和维护要求。危险货物运输标志见表6－2－1。

表6－2－1　危险货物运输标志

编号	名称	标志牌图形	危险货物类项号及特征
1	爆炸品	** * 1 符号（爆炸的炸弹）：黑色； 底色：橙黄色； 数字“1”写在底角	第1－1类，有整体爆炸危险的物质和物品； 第1－2类，有迸射危险，但无整体爆炸危险的物质和物品； 第1－3类，有燃烧危险并有局部爆炸危险或局部迸射危险或这两种危险都有，但无整体爆炸危险的物质和物品
2	爆炸品	1.4 * 1	第1－4类，不呈现重大危险的物质和物品
3	爆炸品	1.5 * 1	第1－5类，有整体爆炸危险的非常不敏感物质
4	爆炸品	1.6 * 1	第1－6类，无整体爆炸危险的极端不敏感物品

续表

编号	名称	标志牌图形	危险货物类项号及特征
5	易燃气体	符号（火焰）：黑色或白色； 底色：红色； 数字“2”写在底角	第2－1类，易燃气体 此类气体极易燃烧，与空气混合能形成爆炸性混合物。在常温常压下遇明火、高温即会发生燃烧、爆炸，或使接触者中毒
6	非易燃、无毒气体	符号（气瓶）：黑色或白色； 底色：绿色； 数字“2”写在底角	第2－2类，非易燃、无毒气体 该类气体包括助燃气体，高浓度时有窒息作用。助燃气体有强烈的氧化作用，遇油脂能发生燃烧或爆炸
7	有毒气体	符号（骷髅和交叉的骨头棒）：黑色； 底色：白色； 数字“2”写在底角	第2－3类，有毒气体 该类气体有毒，毒性指标与第6类毒性指标相同。对人畜有强烈的毒害、窒息、灼伤、刺激作用。其中有些还具有易燃、氧化、腐蚀等性质
8	易燃液体	符号（火焰）：黑色或白色； 底色：红色； 数字“3”写在底角	第3类，易燃液体 易散发出易燃蒸气的液体，或者液体混合物，或含有处于溶解或悬浮状态固体的液体（如油漆）均属易燃液体。具有受热膨胀性、易积聚静电、极易燃烧性、流动扩散性、有毒性、蒸气的易爆性等特性

续表

编号	名称	标志牌图形	危险货物类项号及特征
9	易燃固体	符号（火焰）：黑色； 底色：白色加上七条竖直红色带； 数字“4”写在底角	第4-1类，易燃固体 燃点低，易燃或自燃；在遇湿、遇水、遇酸、遇氧化物时，会发生剧烈化学反应；易与氧化剂形成混合物，具爆炸性、毒害性或腐蚀性
10	易于自燃的物质	符号（火焰）：黑色； 底色：上半部为白色，下半部为红色； 数字“4”写在底角	第4-2类，易于自燃的物质 自燃点低，在空气中易于发生氧化反应，放出热量，而自行燃烧的物质。该物质在化学结构上无规律性，因此就有各自不同的自燃特性
11	遇水放出易燃气体的物质	符号（火焰）：黑色或白色； 底色：蓝色； 数字“4”写在底角	第4-3类，遇水放出易燃气体的物质
12	氧化剂（物质）	符号（圆圈上带有火焰）：黑色； 底色：黄色； 数字“5.1”写在底角	第5-1类，氧化剂（物质） 易于放出氧气从而促使其他材料燃烧并助长火势的物质。本身未必燃烧，但一般因容易分解、放出氧气并产生大量的热可导致或促成其他物质的燃烧，甚至引起爆炸

续表

编号	名称	标志牌图形	危险货物类项号及特征
13	有机过氧化物	 符号（圆圈上带有火焰）：黑色； 底色：黄色； 数字“5.2”写在底角	第5-2类，有机过氧化物 分子组成中含有过氧基的有机物，其本身易燃易爆，极易分解，对热、震动和摩擦极为敏感
14	毒性物质	 符号（骷髅和交叉的骨头棒）：黑色； 底色：白色； 数字“6”写在底角	第6-1类，毒性物质 有毒的（毒性的）物质是指如误被吞咽、吸入或与皮肤接触易于造成人或动物死亡或严重损害人体健康的物质
15	感染性物质	 符号（三个新月形符号沿一个圆圈重叠在一起）：黑色； 底色：白色； 数字“6”写在底角	第6-2类，感染性物质
16	放射性物质	 Ⅰ级-白色 符号（三叶型）：黑色； 底色：白色； 文字：（强制性要求）在标志的下半部分用黑体标出	第7类Ⅰ级-白色，放射性物质 放射性物质放出的射线可分为四种：α射线，也叫甲种射线；β射线，也叫乙种射线；γ射线，也叫丙种射线；还有中子流。各种射线对人体的危害都很大

续表

编号	名称	标志牌图形	危险货物类项号及特征
17	放射性物质	Ⅱ级－黄色 Ⅲ级－黄色 符号（三叶型）：黑色； 底色：上半部黄色加白边，下半部白色； 文字：（强制性要求）在标志的下半部分用黑体标出	第7类Ⅱ级－黄色，放射性物质 Ⅲ级－黄色，放射性物质
18	腐蚀性物质	符号（液体，从两个玻璃容器流出来侵蚀到手和金属上）：黑色； 底色：上半部白色，下半部黑色带白边； 数字“8”写在底角	第8类，腐蚀性物质 能灼伤人体组织并对金属等物品造成损坏的固体或液体，如硫酸、硝酸、盐酸、氯磺酸、冰醋酸、氢氧化钠、水合肼、甲醛等
19	杂项危险物质和物品	符号（在上半部有7条竖直条带）：黑色； 底色：白色； 数字“9”写在底角	第9类，杂项危险物质和物品

6.2.3 危险货物运输的条件及作业

1. 装运危险货物的条件与要求

1）装运危险货物车辆的使用条件

装运危险货物车辆的使用条件见表6－2－2。

表6-2-2　装运危险货物车辆的使用条件

车辆种类	危险货物品名（举例）	备注
可使用敞车	氢氧化钠、氢氧化钾、氨水、生石灰、硫化钠、硫化钾、煤焦油、油制品及棉、麻制品、煤焦沥青	①要求加盖篷布； ②装运生石灰的车体要干燥； ③棚车不足时，采用安全措施后也可使用敞车
限用内木底棚车	爆炸品、氯酸钾、氯酸钠、一级易燃液体	①使用铁底棚车应采取安全措施； ②未限定“停止制动作用”的爆炸品应选用有防火板的棚车
限用停止制动作用的棚车	导爆索、雷管、环三次甲基三硝胺、季戊四醇四硝酸酯、硝基胍、硝化甘油混合炸药、三硝基甲苯、三硝基苯甲硝胺、硝化纤维素	
限用冷藏车	乙醚	①铁桶包装，4—9月装运； ②夏季最好早晚运输，运输时所用的槽（罐）车应有接地链，槽内可设孔隔板以减少震荡产生静电
毒性物质专用车	农药、低水平放射性物品	
自备专用车	表面辐射水平或运输指数超过Ⅲ级的放射性物品	
危险货物专用车	隔离配装有困难的零担危险货物或其他货物	
自备罐车	原油及液体石油燃料和溶剂油以外的液体、化工品	

2）危险货物运输的注意事项

（1）危险货物托运人应当委托具有公路危险货物运输资质的企业承运，严格按照国家有关规定包装货物，并向承运人说明危险货物的品名、数量、危害、应急措施等情况。

（2）不得使用罐式专用车辆或者运输有毒、腐蚀、放射性危险货物的专用车辆运输普通货物。

（3）专用车辆应当按照国家标准《道路运输危险货物车辆标志》的要求悬挂标志，并根据所运危险货物的性质配备必需的应急处理器材和安全防护设施设备。

（4）危险货物不得与普通货物混装。

（5）公路危险货物运输企业应采取必要措施防止危险货物脱落、撒漏、丢失，以及燃烧、爆炸、辐射、泄漏等。

（6）在公路危险货物运输过程中，除驾驶人员外，专用车辆上还须另外配备押运人员，对运输全过程进行监管。

（7）危险货物的装卸作业应当在装卸管理人员的现场指挥下进行。

（8）危险货物运输过程中发生燃烧、爆炸、污染、中毒或被盗、丢失、流散、泄漏等事故时，驾驶人员、押运人员应立即向当地公安部门和本运输企业报告，说明事故情况、危险货物品名、危害和应急措施，并积极配合有关部门进行处置。

（9）在危险货物保管和储存过程中，应根据其性质和保管要求分区存放，堆码整齐，防止混杂、撒漏和破损。

3）危险货物装卸要求

（1）危险货物要按要求在货物包装上醒目的位置粘贴危险品标志，否则不得装运。

（2）危险品包装必须符合国家标准，并提供“危险品包装证明书”。

（3）严格按照《国际海上危险货物运输规则》《铁路危险货物运输规则》和《道路危险货物运输管理规定》组织货物积载，并提供“危险货物装箱证明书”。

（4）危险货物装运过程中要做到轻拿轻放，避免冲撞、摩擦，严禁接触火源。

（5）托运人要提供详细、正确的托运资料及联系方式。

（6）危险货物的承运人和运输工具必须具备相应资质。

（7）危险货物装运必须要向有关管理部门申报，批准后才可以运输。

2. 危险货物运输作业

1）受理托运

（1）了解货物；

（2）检查包装；

（3）核对证件。

受理托运时的规范要求见表6－2－3。

表6－2－3　受理托运时的规范要求

工作环节	规范要点
受理托运	①在受理前必须对货物名称、性质等情况进行详细了解并注明
	② 问清包装、规格和标志是否符合国家规定要求，必要时现场了解
	③ 新产品应检查随附的“技术鉴定书”是否有效
	④ 按规定检查需要的准运证件是否齐全
	⑤ 做好运输前准备工作，装卸现场、环境要符合安全运输条件
	⑥ 在受理前应赴现场检查包装等情况，查看是否符合安全运输要求

2）货物运送

（1）审核运单；

（2）合理安排；

（3）实时监控。

货物运送时的规范要求见表6－2－4。

表6－2－4 货物运送时的规范要求

工作环节	规范要点
货物运送	① 详细审核托运单内容，发现问题及时弄清情况，再安排运送作业
	② 必须按照货物性质和托运人的要求安排车班、车次
	③ 要注意气象预报，掌握雨雪和气温的变化
	④ 遇大批量烈性易燃、易爆、剧毒和放射性物质时，须做重点安排
	⑤ 安排大批量危险物品跨省市运输时，应安排有关负责人员带队
	⑥ 遇有特殊注意事项，应在行车单上注明

3）交接保管

（1）点收点交；

（2）待卸看管；

（3）应急处理。

交接保管时的规范要求见表6－2－5。

表6－2－5 交接保管时的规范要求

工作环节	规范要点
交接保管	① 承运单位及驾驶人员、装卸人员、押运人员应明确各自应负的责任
	② 严格货物交接，危险货物必须点收点交，签证手续完善
	③ 装货时发现包装不良或不符合安全要求，应拒绝装运，改善后再运
	④ 因故不能及时卸货，在待卸期间行车人员应负责对所运危险货物的看管
	⑤ 如所装货物危及安全，承运人应立即报请当地有关部门进行处理

【任务实施】

步骤一：认识危险货物运输相关概念

张明作为公司一名经验丰富的业务员，对危险货物运输有明确的认识。宏顺公司的工业酒精从兰州运至天津港，张明对完成此单业务有着充分的信心。

步骤二：分析确认危险货物运输

张明归纳了危险货物的特点和相关的国家标准，确认了此单业务为危险货物运输。

步骤三：能说出危险货物运输的条件及作业过程

张明根据我国相关危险货物运输的相关管理规定，分析相关的运输条件，设计运输方案，并完成此单工业酒精的运输任务。

【应用训练】

根据项目任务所讲述的内容，利用互联网查找资料，归纳整理对危险货物运输的理解，形成总结文档。

【任务评价】

任务评价表

项目	内容	该项目满分	实际得分
步骤一	认识危险货物运输相关概念	20	
步骤二	分析确认危险货物运输	20	
步骤三	能说出危险货物运输的条件及作业过程	60	
合计		100	

【拓展提升】

1. 危险货物运输托运人注意事项

（1）须经具有危险货物运输经营资质的运输单位办理托运。

（2）托运单须填写危险货物品名、规格、件重、件数、包装方法、起运日期、运输过程中的注意事项等。

（3）货物性质或灭火方法相抵触的危险货物，须分别托运。

（4）对有特殊要求或凭证运输的危险货物，须附有相关单证，并在托运单备注栏内注明。

（5）危险货物新品种，必须提交“危险货物鉴定表”。

2. 危险货物运输车辆上路须带齐的证件

1）车辆

（1）道路运输证（须加盖道路危险货物运输专用章）。

（2）行驶证。

（3）槽罐质量检测合格证。

（4）剧毒化学品公路运输通行证（运输剧毒化学品）。

（5）按要求悬挂交通部门核发的危运标志灯、牌。

2）从业人员

（1）驾驶员。有效驾驶证及道路运输驾驶员（危险货物运输）从业资格证。

（2）押运员。道路危险货物操作证（押运员证）。

任务6.3　认识鲜活易腐货物运输

【任务目标】

1. 认识鲜活易腐货物运输相关概念
2. 分析确认鲜活易腐货物运输
3. 能说出鲜活易腐货物运输的条件及作业过程

【任务描述】

近年来我国消费市场中预制食品销售额占冷冻食品销售总额的42.44%，冷冻肉制品和鱼类的销售额也强劲增长。在我国收入较高的发达城市，冷冻肉已占到人均年消费肉量的10%～15%。冷藏蔬菜、活海鲜等生鲜类运输业的发展也很快，随着保鲜技术水平和产品质量的提高，我国的冷链物流业将进入快速增长时期。

2015年4月先达货运公司接受了宏顺公司一单活海鲜从广州运至天津的运输业务，由运输部业务员张明来组织完成此单业务。张明接到任务后，根据运输时间、路线、运输地点、运输对象等业务信息，制订了可行的运输方案，得到审批后执行，顺利完成了任务。张明能够成功地完成这项任务，凭借的是他丰富的专业知识和实践经验。

【知识准备】

6.3.1　鲜活易腐货物运输的相关概念及特点

1. 鲜活易腐货物运输的相关概念

鲜活易腐货物是指在运输过程中，需要采取一定措施，以防止死亡和腐烂变质的货物，公路运输的鲜活易腐货物主要有鲜鱼虾、鲜肉、瓜果、蔬菜、牲畜、观赏野生动物、花木秧苗、蜜蜂等。铁路运输的鲜活易腐货物主要有肉及某些肉制品、鱼及某些鱼制品、奶及某些奶制品、蛋及某些蛋制品、油脂、水果和蔬菜、酵母、水、鲜活植物、部分罐头食品、活鱼等。

鲜活易腐货物运输是指在运输过程中需要使用专门的运输工具，或采用特殊措施，以便保持一定温度、湿度或供应一定的饲料、上水、换水，以防止死亡和腐烂变质的货物的运输。

2. 鲜活易腐货物运输的特点

（1）需有人随车押运照料。如运输兽、畜、蜜蜂、鱼、虾，以及鱼苗、鳗苗等活动物，需有人在运输途中添加饲料、上水、换水、注氧气等，可用一般敞式货车（装运耕牛或生猪时，不能使用全铁底板车厢的货车），或经适当改装的专用车、高栏板车等运输。

（2）对温度要求不同。运送肉类的温度要低，蛋类温度要适中，水果、蔬菜或鲜花均怕热又怕冷，如苹果和梨要保持 -4 ℃，香蕉和菠萝要保持 10 ~ 15 ℃等。运输此类货物适宜使用冷藏车、保温车。对于要保持 0 ℃以上温度的货物，可采取加盖保温材料和封闭车厢车辆运输。

（3）季节性强、货流波动幅度大。如水果主要产于夏季与秋季，海洋水产有冬汛和春汛期，鲜蛋的运输旺季在 4—6 月，蔬菜运输旺季在 11 月至次年的 5 月等。由于各地自然条件和气候变化不同，往往影响产量，使货流产生波动。

6.3.2 鲜活易腐货物的性质与分类

1. 鲜活易腐货物的性质

鲜活易腐货物含有各种营养丰富的物质，这些物质包括蛋白质、脂肪、糖类、维生素等有机物质，以及水和矿物质等无机物质。这些有机物质，在一定条件下会发生分解变化，失去食用价值，这个过程称为腐败。引起鲜活易腐货物腐败的原因主要是微生物的作用、呼吸作用和化学作用。所谓微生物的作用是指动物性食品由于微生物在食品内滋生繁殖，使食品腐败；呼吸作用是指由于水果、蔬菜的呼吸，逐渐消耗体内的养分使食品腐败；化学作用是指由于食品碰伤、擦伤后发生氧化而使食品变色、变味、腐败。这三种腐败原因各有特点，相互影响，并且有时是同时进行的。

2. 鲜活易腐货物的分类

鲜活易腐货物分为易腐货物和活动物两大类，其中占比例最大的是易腐货物。易腐货物是指在一般条件下保管和运输时，极易受到外界气温及湿度的影响而腐坏变质的货物。易腐货物主要包括肉、鱼、蛋、水果、蔬菜、冰鲜活植物等，活动物包括禽、畜、兽、蜜蜂、活鱼、鱼苗等。

易腐货物按其温度状况（热状态）的不同，又可分为三个类别。

（1）冻结货物，是指经过冷冻加工成为冻结状态的易腐货物。《铁路鲜活货物运输规则》（以下简称《鲜规》）规定，冻结货物的承运温度（除冰外）应在 -10 ℃以下。

（2）冷却货物，是指经过预冷处理后货物温度达到承运温度范围之内的易腐货物。《鲜规》规定，冷却货物的承运温度，除香蕉、菠萝为 10 ~ 15 ℃外，其他冷却货物的承运温度为 0 ~ 7 ℃。

（3）未冷却货物，是指未经过任何冷冻工艺处理，完全处于自然状态的易腐货物。例如采收后以初始状态提交运输的瓜果、鲜蔬菜等。

按照热状态来划分易腐货物种类的目的，是便于正确确定易腐货物的运输条件（如车种、车型的选用，装载方法的选取，以及运输方式、控温范围、冰盐比例、途中服务的确定等），合理制定运价，提高综合经济效益。

6.3.3　鲜活易腐货物运输的条件及运输作业

1. 鲜活易腐货物运输条件

1）保持适宜的温度条件

在鲜活易腐货物运输过程中，为了防止货物变质，需要保持一定的温度。该温度一般称为运输温度。温度的大小应根据具体的货种而定。即使是同一货物，由于运输时间、冻结状态和货物成熟度的不同，对运输温度的要求也不相同。

温度对微生物的生存和繁殖及鲜活易腐货物的呼吸作用都有较大的影响。温度降低，减弱了微生物的繁殖能力，降低到一定温度，可使微生物停止繁殖，使物品长时间不会腐坏。降低温度，果蔬的呼吸作用也随之减弱，其营养物的消耗与分解也相应减慢，从而延长了它们的保鲜时间。

运输中，当外界气温大大高于物品所要求的运输温度时，就应使用冷藏运输。冷藏货大致分为冷冻货和低温货两种。冷冻货是指货物在冻结状态下进行运输的货物，运输温度的范围一般在 -20 ~ -10 ℃；低温货是指货物在还未冻结或货物表面有一层薄薄的冻结层的状态下进行运输的货物，一般允许的温度调整范围在 -1 ~16 ℃。两种货物的运输温度见表6-3-1、6-3-2。

表6-3-1　冷冻货物的运输温度

货名	运输温度/℃	货名	运输温度/℃
鱼	-17.8 ~ -15.0	虾	-17.8 ~ -15.0
肉	-15.0 ~ -13.3	黄油	-12.2 ~ -11.1
蛋	-15.0 ~ -13.3	浓缩果汁	-20

表6-3-2　低温货物的运输温度

货名	运输温度/℃	货名	运输温度/℃
肉	-5 ~ -1	葡萄	6 ~8
腊肠	-5 ~ -1	菠萝	10 ~15
黄油	-0.6 ~0.6	橘子	2 ~10
带壳鸡蛋	-1.7 ~15	柚子	8 ~15
苹果	-1.1 ~16	红葱	-1 ~15
白兰瓜	1.1 ~2.2	土豆	3.3 ~15
梨	0 ~5		

2）提供合适的湿度

用冷藏方法来储藏和运输鲜活易腐货物时，温度固然是主要的条件，但湿度的高低、通风的强弱和卫生条件的好坏对货物的质量也会产生直接的影响。

湿度对食品质量影响很大，湿度增大会使食物表面“发汗”，利于微生物滋生；湿度过低则食品蒸发加强，食品易于干缩枯萎，失去新鲜状态，而且破坏维生素和其他营养物质，降低食品的质量。

在实际运输过程中，温、湿度可以相互配合，冷冻食品为减少干耗，湿度可以大些；水果、蔬菜温度不能太低，湿度可适当小些。

3）需要适当的通风

蔬菜、水果、动物性食品在运输过程中，都需要通风，目的是排除呼吸作用放出的二氧化碳、水蒸气和热量，同时换入新鲜空气。但通风对温、湿度又有直接影响，如外界温度高，通风会提高车内温度；反之，车内温度就会下降。通风的时间也要适当，时间过短达不到换气目的，时间过长则会影响车内的温、湿度。

4）保持良好的卫生条件

卫生条件不好，微生物太多，鲜活易腐货物沾染的机会就会提高，即使温、湿度适合，食品也易于腐烂。

总之，温度、湿度、通风、卫生四个条件之间既有互相配合，又有互相矛盾的关系，只有充分了解其内部规律，妥善处理好它们相互之间的关系，才能保证鲜活易腐货物的运输质量。

2. 鲜活易腐货物运输设备

1）冷藏车

冷藏车是运输鲜活易腐货物的主要工具，其特点是车体隔热性、气密性好，车内有冷却装置，在温热季节能在车内保持比外界气温低的温度。在寒冷季节还可用来不加冷保温运送或用电热器（机械冷藏车）加温运送。但由于它的主要设备和主要用途是“冷藏”，所以称为冷藏车。我国铁路冷藏车分为冰冷藏车和机械冷藏车两大类。冷藏性能方面，机械冷藏车优于冰冷藏车。见图6－3－1。

图6－3－1　冷藏车

（1）冰冷藏车车内设有冰箱、排水设备及通风循环设备。冰冷藏车由于受冷源的限制，不能保持－8℃以下的温度，同时降温比较缓慢，车内温度不能灵活控制，运行途中还需要加冰加盐，因此运送速度较慢。

（2）机械冷藏车由于使用制冷机，在外界气温较高的条件下，在车内可以获得与冷库相同水平的低温，能够在更广泛的范围内调节温度并可在车内保持更均匀的温度，因而能更好地保持易腐货物的质量。由于备有电源，便于实现制冷、加温、通风、循环的自动化，因此不需要在途中停留补充冷源，可以缩短运输时间，加速货物送达。机械冷藏车与冰冷藏车相比，也存在造价高、维修复杂、需要配备专业乘务人员等缺点，由于是成组运行，一次装卸货物批量较大，因此在使用上不够灵活。见图6－3－2。

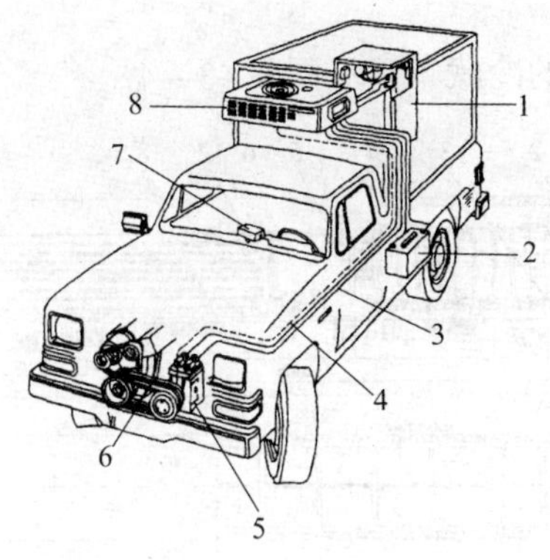

图6－3－2　机械冷藏车

1—冷风机；2—蓄电池箱；3—制冷管路；4—电气线路；
5—制冷压缩机；6—传动带；7—控制盒；8—风冷式冷凝器

2）铁路加冰所

为冰冷藏车加冰作业服务的基层单位，其任务是对冰冷藏车进行加冰、加盐、通风、清洗等作业。加冰所使用的冰由铁路制冰厂提供，或由加冰所自备天然水制成，加冰所为完成加冰、加盐作业，应具有制冰、储冰和加冰设备（包括加冰台与加冰机械）。加冰所按其工作性质可分为：

（1）地方加冰所：其任务是专给本站和邻站装车的冰冷藏车加冰、加盐。

（2）中途加冰所：其任务是专给通过重冷藏车加冰、加盐。

（3）混合加冰所：既为本站或邻站装车的冷藏车服务，又为通过重冷藏车服务。

3）铁路冷藏车

具有隔热功能，并设有制冷装置列车车厢。

(1) 加冰冷藏车。

以冰或冰盐作为冷源的冷藏车，见图6－3－3。

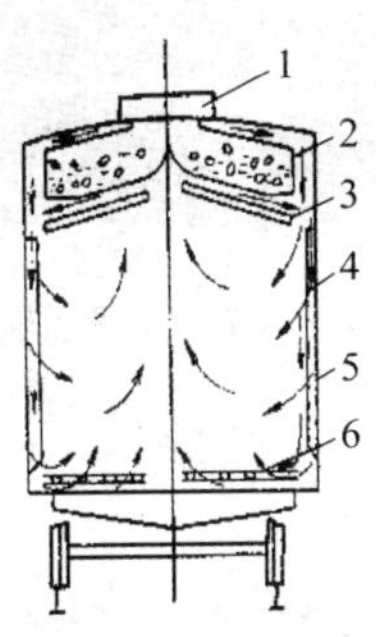

图6－3－3　加冰冷藏车

1—加冰盖；2—冰箱；3—空气循环挡板；4—通风槽；5—车体；6—离水格栅

（2）机械冷藏车。

以机械式制冷装置为冷源的冷藏车，见图6-3-4。

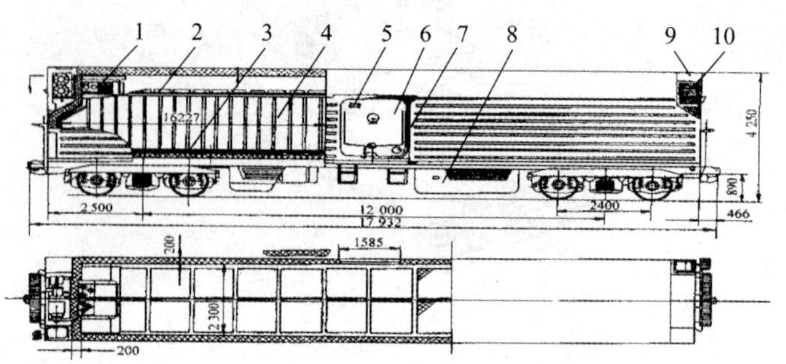

图6-3-4　机械冷藏车

1—制冷机组；2—车顶通风风道；3—地板离水格栅；
4—垂直气流格墙；5—车门排气口；6—车门；7—车门温度计；
8—独立柴油发电机组；9—制冷机组外壳；10—冷凝器通风格栅

（3）冷冻板式冷藏车。

以冷冻板（内充注低温共晶溶液）为冷源的冷藏车。

（4）无冷源保温车。

具有良好的隔热性能，起保温作用。

（5）液氮和干冰冷藏车。

液氮从罐中喷出，气化吸热，对周围环境降温而制冷。

4）冷藏运输船

冷藏运输船是一种用于港口与港口之间对冷冻、冷却货物（如肉类、水果、蔬菜）进行水上冷藏运输的专用性船舶。见图6-3-5。

图6-3-5　冷藏运输船

冷藏货物的船舶种类有：

（1）专用冷藏运输船；

（2）商业冷藏运输船；

（3）冷藏集装箱船；

（4）特殊货物冷藏船。

冷藏运输船的结构见图6-3-6。

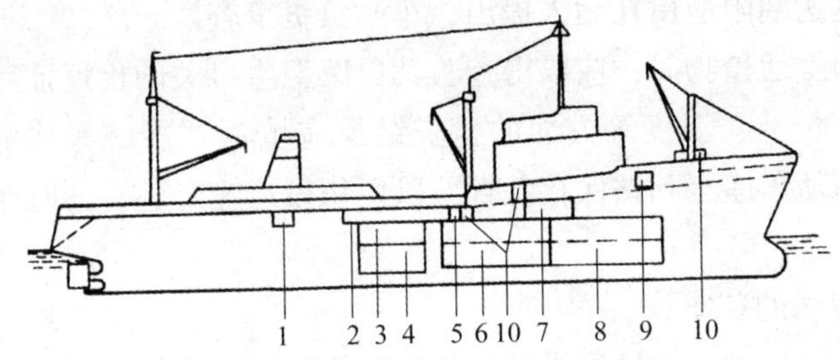

图6-3-6　冷藏运输船的结构

1—平板冻结装置；2—带式冻结装置；3—中心控制室；4—机房；

5—发电机组；6、8—货舱；7—空气冷却器室；9—厨房制冷装置；10—空调中心

5）冷藏集装箱

具有良好隔热性、气密性，且能维持一定低温要求，适用于各类易腐食品运送、贮存的特殊集装箱。

（1）冷藏集装箱的类型。

保温集装箱、外置式冷藏集装箱、内藏式冷藏集装箱、液氮和干冰冷藏集装箱、冷冻板冷藏集装箱、气调冷藏集装箱。

（2）冷藏集装箱的基本属性。

采用镀锌钢结构，箱内壁、底板、顶板和门由金属复合板、铝板、不锈钢板或聚酯制造。适用温度范围为-30～12℃，更通用的范围是-30～20℃。见图6-3-7。

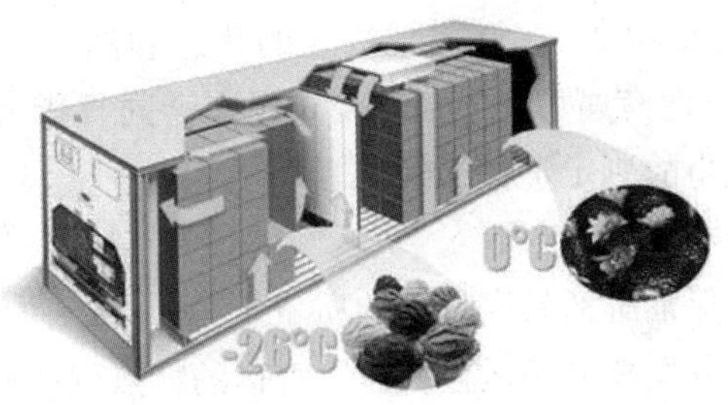

图6-3-7　冷藏集装箱

3. 鲜活易腐货物运输作业

1）铁路鲜活易腐货物运输作业

（1）鲜活易腐货物的承运。

承运鲜活易腐货物时，车站货运员要根据《铁路鲜活货物运输规则》对鲜活易腐货物的质量、包装和热状态进行检查。在承运时应注意鲜活易腐货物的运到期限和容许运送期

限。容许运送期限是根据货物的品种、成熟度、热状态，在规定的运送条件下，能保持货物质量的期限。容许运送期限应由托运人提出，车站负责审查。

承运畜禽产品和鲜活植物时，应取得查验其兽医卫生机关的检疫证后才能承运。

对于货物质量、包装、温度等方面的检查结果应填写“冷藏车作业单”，每车填写一份，与货物运单一起随车递至到站保存备查，以便积累运输经验，同时作为分析处理货运事故的依据。

（2）鲜活易腐货物的装车。

在装运鲜活易腐货物时，应根据货物的种类、数量、热状态、外界温度和运送距离选择适宜的车辆。在装车后要认真对车辆进行技术检查和货运检查。冷藏车在装车前应进行预冷，最好将其预冷到货物所要求的运输温度。此外，应根据不同的鲜活易腐货物进行货物装载，以保证货物的完好。

（3）装运鲜活易腐货物车辆的运输组织。

鲜活易腐货物具有容易腐败变质的特点，即使在规定的条件下保管和运输也仍然没有停止其腐坏的过程。因此，在铁路运输过程中除技术上需要采取特殊措施外，凡进行装车、取送、编解、挂运、加冰、加盐等作业，都应该密切配合，实行快速作业。根据我国铁路运输条件，为了保证冷藏车快速运行，除了必须建立和健全取送、预确报、编挂等制度外，还应对冷藏车的运行实行监督制度。除车站监督外，铁路分局、铁路局调度应按车号掌握冷藏车的运行，使每辆冷藏车从装车开始直到卸车为止，都处在集中监督之下，以便提高冷藏车运用效率。我国铁路组织鲜活易腐货物和活口车合编的快运货物列车，实行定停站点、定运行线、定编组顺序和定在站停车轨道等“四固定”制度，为加速冷藏车的运行提供了值得借鉴的经验。鲜活易腐货物卸车时，车站应把货物的状态和温度情况、卸车时间等记入“冷藏车作业单”，存站备查。遇有腐坏变质情况，车站应会同收货人检查确认腐损程度，并编制货运记录，以作为调查事故判定责任的根据。

2）公路鲜活易腐货物的运输组织

良好的运输组织，对保证鲜活易腐货物的质量十分重要。鲜活易腐货物运输的特殊性，要求保证及时运输，应充分发挥公路运输快速、直达的特点，协调好仓储、配载、运送各环节，及时送达。

配载运送时，应对货物的质量、包装和温度要求进行认真的检查，包装要合乎要求，温度要符合规定。应根据货物的种类、运送季节、运送距离和运送地点确定相应的运输服务方法，及时地组织适宜车辆予以装运。鲜活易腐货物装车前，必须认真检查车辆及设备的完好状态，应注意清洗和消毒。装车时应根据不同货物的特点，确定其装载方法。如为保持冷冻货物的冷藏温度，可紧密堆码；水果、蔬菜等需要通风散热的货物，必须在货件之间保留一定的空隙；怕压的货物必须在车内加隔板，分层装载。

【任务实施】

步骤一：认识鲜活易腐货物运输相关概念

张明作为公司一名经验丰富的业务员，对鲜活易腐货物运输有明确的认识。宏顺公司一单活海鲜从广州运至天津的业务，张明对完成此单业务有着充分的信心。

步骤二：分析确认鲜活易腐货物运输

张明归纳了鲜活易腐货物的特点和相关的运输条件，确认了此单业务为鲜活易腐货物运输。

步骤三：能说出鲜活易腐货物运输的条件及作业过程

张明根据我国相关鲜活易腐货物运输的管理规定，分析相关的运输条件，设计运输方案，并完成此单活海鲜的运输任务。

【应用训练】

根据项目任务所讲述的内容，利用互联网查找资料，归纳整理对鲜活易腐货物运输的理解，形成总结文档。

【任务评价】

任务评价表

项目	内容	该项目满分	实际得分
步骤一	认识鲜活易腐货物运输相关概念	20	
步骤二	分析确认鲜活易腐货物运输	20	
步骤三	能说出鲜活易腐货物运输的条件及作业过程	60	
合计		100	

【拓展提升】

冷链物流

1. 冷链物流的概念

冷链物流（cold chain logistics）泛指冷藏冷冻类食品在生产、贮藏运输、销售，到消费前的各个环节中始终处于规定的低温环境下，以保证食品质量，减少食品损耗的一项系统工程。它是随着科学技术的进步、制冷技术的发展而建立起来的，是以冷冻工艺学为基础、以制冷技术为手段的低温物流过程。中国农产品冷链物流业发展快速，因此国家必须尽早制定和实施科学、有效的宏观政策。冷链物流各方面的要求比较高，相应的管理和资金方面的投入也比普通的常温物流要大。

2. 冷链物流的“3T 原则”

“3T 原则”：产品最终质量取决于载冷链的储藏与流通的时间（time）、温度（temperature）和产品耐藏性（tolerance）。

“3T 原则”指出了冷藏食品品质保持所允许的时间和产品温度之间存在的关系。由于冷藏食品在流通中存在因时间—温度的经历而引起品质降低的累积和不可逆性，因此对不同的产品品种和不同的品质要求都有相应的产品控制和储藏时间的技术经济指标。

3. 冷链物流设备

冷链物流设备是从供应链的角度来定义的。各类产品有其独特性，产品的供应链也具有独特性。冷冻类产品，由于产品要求所处的环境通常为低温或低湿，所以称为冷冻产品。冷冻产品的供应链称为冷链。用于制造低温、低湿环境的设备，称为冷链物流设备。

具体的冷链物流设备有：低温冷库、常温冷库、低温冰箱、普通冰箱、冷藏车、冷藏箱、疫苗运输车、备用冰排等。

4. 冷链物流的构成

冷链物流由冷冻加工、冷冻贮藏、冷藏运输、冷冻销售四个方面构成。

（1）冷冻加工：包括肉禽类、鱼类和蛋类的冷却与冻结，以及在低温状态下的加工作业过程，也包括果蔬的预冷及各种速冻食品和奶制品的低温加工等。在这个环节上主要涉及的冷链装备有冷却、冻结装置和速冻装置。

（2）冷冻贮藏：包括食品的冷却储藏和冻结储藏，以及水果蔬菜等食品的气调储藏，它是保证食品在储存和加工过程中的低温保鲜环境。在此环节主要涉及各类冷藏库、加工间、冷藏柜、冻结柜及家用冰箱等。

（3）冷藏运输：包括食品的中、长途运输及短途配送等物流环节的低温状态。它主要涉及铁路冷藏车、冷藏汽车、冷藏船、冷藏集装箱等低温运输工具。在冷藏运输过程中，温度波动是引起食品品质下降的主要原因之一，所以运输工具应具有良好的性能，在保持规定低温的同时，更要保持稳定的温度，远途运输尤其重要。

（4）冷冻销售：包括各种冷链食品进入批发零售环节的冷冻储藏和销售，它由生产厂家、批发商和零售商共同完成。随着大中城市各类连锁超市的快速发展，各种连锁超市正在成为冷链食品的主要销售渠道。在这些零售终端中，大量使用了冷藏、冷冻陈列柜和储藏库，由此逐渐成为完整的食品冷链中不可或缺的重要环节。

冷链物流模型见图 6－3－8。

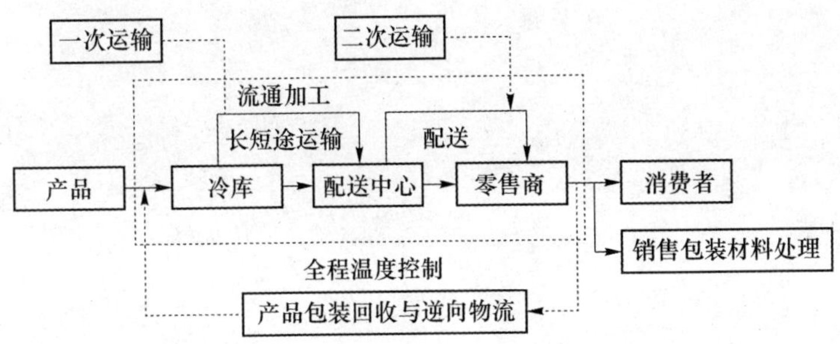

图6－3－8　冷链物流模型

【专项法规拓展】

国际海运危险货物运输规则
铁路危险货物运输管理规则
道路危险货物运输管理规定
铁路超限货物运输规则
铁路货车超偏载检测装置运用管理办法
超限运输车辆行驶公路管理规定
危险货物品名表 GB 12268—2012
道路运输危险货物车辆标志 GB 13392—2005
建议：可上网查询细则，应用学习。

项 目 7

多式联运业务

任务7.1　认识多式联运

【任务目标】

1. 掌握多式联运的概念和特点
2. 清楚多式联运经营人及相关人员的组成结构
3. 明确多式联运经营人的法律地位

【任务描述】

多式联运是在集装箱运输的基础上发展起来的，这种运输方式并没有新的通道和工具，而是利用现代化的组织手段，将各种单一运输方式有机地结合起来，打破了各个运输区域的界限，是现代管理在运输业中运用的结果。

长安汽车有限公司有一批轿车出口伊朗，轿车的发货地为河南省郑州市，交货地为伊朗的德黑兰市。这批轿车如果采用传统的单一运输方式，由长安公司分别与铁路、航运或汽车运输公司签订合同进行运输，将会耗费大量的人力和物力。如果委托一家多式联运企业运输，享受“门到门”的服务，就会使这项工作变得简单、快捷。

多式联运是将不同的运输方式有机地结合在一起所构成的连续的、综合性的一体化货物运输方式。多式联运的运输合理组织、运输方式的选择是涉及全程运输成本、运输时间、运输可靠性和安全性，实现多式联运综合效率与效益最大化的关键问题。

【知识准备】

随着国际贸易的不断发展和国内产品的快速流通，货主对运输服务的要求也越来越高，不再满足单一运输方式提供的不连贯运输。在这样的需求背景下，多式联运便迅速发展起来。多式联运是将多种运输工具有机地结合在一起，最合理、最有效地实现货物位移的一种运输方式。因此，多式联运是一种高级的运输组织形式，它不仅可以最大限度地方便货主，加速货物运输过程，而且对于充分发挥各种运输方式的优势，提高交通运输工作效率，促进国民经济发展具有明显的实效，可以进一步实现物流合理化、运输合理化，从而提高交通运输的社会效益。随着我国综合运输条件的逐步改善、交通运输结构的优化、现代物流的兴起和推动，发展多式联运已经成为国民经济发展的一项重要内容。

7.1.1　多式联运的概念和特点

1. 多式联运的概念

由两种及其以上的交通工具相互衔接、转运而共同完成的运输过程统称为复合运输，我国习惯上称之多式联运。如图 7－1－1 所示。

图 7－1－1　多式联运作业

《中华人民共和国海商法》（以下简称《海商法》）规定："本法所称多式联运合同，是指多式联运经营人以两种以上的不同运输方式，其中一种是海上运输方式，负责将货物从接收地运至目的地交付收货人，并收取全程运费的合同。"《中华人民共和国合同法》（以下简称《合同法》）规定："本法所称的多式联运合同，是指多式联运经营人以两种以上的不同运输方式，负责将货物从接收地运至目的地交付收货人，并收取全程运费的合同。"可见，多式联运是指以两种以上的不同运输方式进行的运输。《合同法》并不要求有一种必须是海运方式，而《海商法》所指的多式联运其中必须有一种是海运方式。如图 7－1－2 所示。

图 7－1－2《海商法》及《合同法》

多式联运在国际上的规定，根据欧洲交通部长会议上的定义具有狭义和广义之分。狭义的多式联运定义：使用连续的运输方式进行且在运输方式转换时不对货物本身进行单独处理的货物移动。广义的多式联运定义：使用至少两种不同的运输方式进行的货物移动。联合国在《国际货物多式联运公约》中把多式联运定义为：按照多式联运合同，以至少两种不同

的运输方式，由多式联运经营人将货物从一国境内接管货物的地点运到另一国境内指定交付货物的地点。

2. 多式联运的特点

多式联运是综合性的运输组织工作，是组织两种以上的运输方式或两程以上的衔接运输，以接力运输来实现全程运输，也是各种运输方式的综合组织与合理运用。在多式联运工作中，不仅要考虑各种运输方式的特点和优势，合理地选择各区段的运输方式，而且还要考虑各种运输方式的组成。

只有综合利用各种运输方式的技术和经济特性，扬长避短，相互补充，才能提供优质、方便、高效、快捷的运输服务，实现以最小的社会劳动消耗、最好的服务质量、最合理的运输组织，来满足社会对运输的需要。

多式联运的基本特征如下。

（1）全程性。多式联运是由联运经营人完成和组织的全程运输。无论运输中包含几个运输段，包含几种运输方式，有多少个中转环节，多式联运经营人均要对运输的全程负责，完成或组织完成全程运输中所有的运输及相关的服务业务。

（2）简单性。多式联运实行一次托运、一份合同、一张单证、一次保险、一次结算费用、一票到底。比传统分段运输手续简便，大大方便了货主，还可以提前结汇，缩短货主资金占用时间，提高社会效益和经济效益。

（3）通用性。多式联运涉及两种以上运输方式的运输和衔接配合，与按单一运输方式的货运法规来办理业务不同，所使用的运输单证、商务规定、货运合同、协议、法律、规章等必须要适用于两种以上的运输方式。

（4）多式联运经营人具有双重身份。多式联运经营人在完成或组织全程运输过程中，首先要以本人身份与托运人订立联运合同，在该合同中多式联运经营人是承运人。然后又要与各区段不同方式的承运人分别订立各区段的分运合同，在这些合同中，多式联运经营人是以托运人和收货人的身份出现的。这种做法使多式联运经营人具有了双重身份。就其业务内容和性质来看，多式联运经营人的运输组织业务主要是各区段运输的衔接组织，是服务性工作，这又与传统的货运代理人业务较为相似。

多式联运是货物运输的一种较高组织形式，它集中了各种运输方式的优点，扬长避短，组成连贯运输，达到简化货运环节、加速货运周转、减少货损货差、降低运输成本、实现合理运输的目的。

多式联运比传统单一运输方式具有无可比拟的优越性，主要表现在以下几个方面。

（1）责任统一，手续简便。

在多式联运方式下，不论全程运输距离多么遥远，也不论需要使用多少种不同的运输工具，更不论途中要经过多少次转换，一切运输事宜统一由多式联运经营人负责办理，而货主只要办理一次托运、订立一份运输合同、一次保险。一旦在运输过程中发生货物的损坏时，由多式联运经营人对全程负责。货方只需要与多式联运经营人打交道就可以了。与单一运输方式的分段托运相比，不仅手续简便，而且责任更加明确。

（2）减少中间环节，缩短货运时间，降低货损货差，提高货运质量。

多式联运通常以集装箱为运输单元，实现“门到门”运输。货物从发货人仓库装箱验关铅封后直接运至收货人仓库交货，中途无须拆箱倒载，减少很多中间环节。即使经多次换装，也都是使用机械装卸，丝毫不触及箱内货物，货损货差和偷窃丢失事故就大为减少，从而较好地保证货物安全和货运质量。此外，由于是连贯运输，各个运输环节和各种运输工具之间配合密切，衔接紧凑。货物所到之处中转迅速及时，减少在途中停留时间，能较好地保证货物安全、迅速、准确、及时运抵目的地。

（3）降低运输成本，节省运输费用。

多式联运是实现“门到门”运输的有效方法。对货方来说，货物装箱或装上第一程运输工具后就可取得联运单据进行结汇，结汇时间提早，有利于加速货物资金周转，减少利息支出。采用集装箱运输，还可以节省货物包装费用和保险费用。此外，多式联运全程使用的是一份联运单据和单一运费，这就大大简化了制单和结算手续，节省大量人力物力，尤其是便于货方事先核算运输成本，选择合理运输路线，为开展贸易提供了有利条件。

（4）扩大运输经营人业务范围，提高运输组织水平，实现合理运输。

在开展多式联运以前，各种方式的运输经营人都是自成体系，各自为政，只能经营自己运输工具能够涉及的运输业务，因而其经营业务的范围和货运量受到很大限制。一旦发展成为多式联运经营人或作为多式联运的参与者，其经营的业务范围可大大扩展，各种运输方式的优势得到充分发挥，其他与运输有关的行业及机构如仓储、代理、保险等都可通过参加多式联运扩大业务。

7.1.2 多式联运经营人及相关人员

1. 多式联运经营人

1980 年《联合国国际货物多式联运公约》（以下简称《公约》）和 1991 年《联合国贸易和发展会议/国际商会多式联运单证规则》（以下简称《规则》）采用 multimodal transport operator（MTO）作为多式联运经营人的名称。1980 年《公约》规定：“多式联运经营人是指本人或通过其代表订立多式联运合同的任何人，他是事主，而不是发货人的代理人或代表或参加多式联运的承运人的代理人或代表，并且负有履行合同的责任。”1991 年《规则》规定：“多式联运经营人是指签订一项多式运输合同，并以承运人身份承担完成此项合同责任的任何人。”我国《海商法》规定：“前款所称多式联运经营人，是指本人或者委托他人以本人名义与托运人订立多式联运合同的人。”可见，《海商法》对多式联运经营人所下的定义与上述公约和规则基本一致。通常根据多式联运经营人是否参加海上运输，把多式联运经营人分为：

（1）以船舶运输经营为主的多式联运经营人，或称有船多式联运经营人，他们通常承担海运区段的运输，而通过与有关承运人订立分合同来安排公路、铁路、航空等其他方式的货物运输。

（2）无船多式联运经营人，无船多式联运经营人可以是除海上承运人以外的运输经营人，也可以是没有任何运输工具的货运代理人、报关经纪人或装卸公司。

无论是有船多式联运经营人还是无船多式联运经营人，其法律地位并无差异。

2. 区段承运人

我国《海商法》和《合同法》没有对区段承运人作明确定义，从它们的有关规定来看，区段承运人是指与多式联运经营人签订合同，履行多式联运某一区段运输的人，其与托运人并无直接的合同关系，只参与多式联运合同的履行。

3. 履行辅助人

多式联运规则和公约均提及代理人、受雇人、经营人和为履行多式运输合同而提供服务的任何其他人都属于履行辅助人。履行辅助人具体指下列辅助多式联运经营人履行多式运输的人：多式联运经营人的受雇人、代理人和独立的订约人（包括区段承运人、港站经营人、货运代理人等）。

7.1.3　多式联运经营人的法律地位

多式联运是由单一运输组合而成的独立的运输方式，它比单一运输更加复杂。在多式联运中，至少产生如下几种法律关系：多式联运经营人与货方（包括发货人、收货人）的法律关系；多式联运经营人与海上运输承运人、公路运输承运人、铁路运输承运人或航空运输承运人等区段承运人的法律关系；多式联运经营人与其他履行辅助人如装卸公司等第三方的法律关系。在众多复杂的关系中认清多式联运经营人的法律地位，具有非常重要的意义。

多式联运经营人的法律特点如下。

（1）多式联运经营人是多式运输合同的主体。

多式联运经营人一般不包揽全部运输，而是仅履行其中一部分运输。有的多式联运经营人甚至不参与实际运输，仅负责组织运输。因此，多式联运经营人一方面要与托运人订立多式运输合同，负责全程运输，收取全程运费；另一方面要与各区段承运人订立各区段运输合同，组织运输，向各区段承运人支付运费。但是，必须明确，与托运人或发货人订立多式运输合同的只有多式联运经营人，托运人与区段承运人并不存在任何合同关系，而只有多式联运经营人才是多式运输合同法律关系的相对人。因此，多式联运经营人的本质特征在于其是多式运输合同中与托运人相对的合同主体。

（2）多式联运经营人负责完成多式运输合同或组织完成多式运输合同。

我国《合同法》规定，多式联运经营人负责履行或者组织履行多式运输合同，对全程运输享有承运人的权利，承担承运人的义务。虽然《海商法》和《合同法》对多式联运的定义不同，但两者关于多式联运经营人的职能的规定是一致的：多式联运经营人有负责完成多式运输合同或组织完成多式运输合同的职能。

（3）多式联运经营人负有履行多式运输合同的义务。

一般而言，多式联运经营人的合同义务包括两个方面。第一，多式联运经营人负有合理谨慎选择和监督区段承运人的责任。第二，多式联运经营人负有照管运输期间的货物的责任。多式联运经营人对多式联运货物的责任期间，自接收货物时起至交付货物时止。在此期间，多式联运经营人的义务主要体现在：多式联运经营人有义务了解所接管货物的性质并对货物予以必要的照管，依据托运人的指示履行合同的义务。

（4）多式联运经营人对责任期间所发生的货物的损失、损坏或迟延交付承担责任。

多式联运经营人的本质特征在于其是多式联运合同的主体，应对运输妥善负责，还应对在整个多式运输过程中，无论在任何地方发生的损失、损坏或迟延交付负责。因为多式联运的特点使得在发生货物损失、损坏或迟延交付的情况下，货方只能起诉多式联运经营人要求赔偿，或者起诉其他直接责任方要求承担侵权责任。在司法实践中，也有货方起诉多式联运经营人和区段承运人要求其承担连带责任，但这在法律上没有依据。因为托运人和区段承运人之间不存在合同关系，而且法律也没有赋予多式联运下的货方对区段承运人像海运的货方对实际承运人那样直接起诉的法定权利。

从上述对多式联运经营人法律特征的论述可对其法律地位得出如下结论：多式联运经营人是与托运人或发货人订立多式运输合同，且对多式运输全程承担责任的自成一类的货物多式运输合同主体。

【任务实施】

步骤一：掌握多式联运的概念和特点

知道多式联运是在集装箱运输的基础上发展起来的，利用现代化的组织手段，将各种单一运输方式有机地结合起来，打破了各个运输区域的界限，是现代管理在运输业中运用的结果。长安汽车有限公司有一批轿车从河南省出口伊朗，根据路程和运量适宜选择委托一家多式联运企业运输，享受“门到门”的服务，通过多式联合运输实现。

步骤二：清楚多式联运经营人及相关人员的组成结构

多式联运是综合性的运输组织工作，组织两种以上的运输方式或两程以上的衔接运输，以接力运输来实现全程运输，也是各种运输方式的综合组织与合理运用。其中承担多式联运业务的人员主要由多式联运经营人、区段承运人、履行辅助人组成。

步骤三：明确多式联运经营人的法律地位

多式联运是由单一运输组合而成的独立的运输方式，它比单一运输更加复杂。在多式联运中，至少产生如下几种法律关系：多式联运经营人与货方（包括发货人、收货人）的法律关系；多式联运经营人与海上运输承运人、公路运输承运人、铁路运输承运人或航空运输承运人等区段承运人的法律关系；多式联运经营人与其他履行辅助人如装卸公司等第三方的法律关系。在众多复杂的关系中认清多式联运经营人的法律地位，具有非常重要的意义。

【应用训练】

根据项目任务所讲述的内容，利用互联网查找资料，归纳整理对多式联运的理解，形成总结文档。

【任务评价】

任务评价表

项目	任务内容	该项目满分	实际得分
步骤一	掌握多式联运的概念和特点	30	
步骤二	清楚多式联运经营人及相关人员的组成结构	40	
步骤三	明确多式联运经营人的法律地位	30	
合计		100	
教师签字：			年　月　日

【拓展提升】

1. 国内多式联运的发展近况

我国幅员辽阔，公路网、铁路网四通八达、江河湖海纵横交错，为多式联运提供了先天有利条件。改革开放以来，我国经济特别是工业制造业发展迅速，原有的运输模式难以满足发展迅速的物流需求，大力发展多式联运有极大必要性和可行性。随着物流运输行业增值税发票从上海开始试点，预示着物流行业从国家税收方面给予规范。逐步打破各个物流环节发票不能抵扣的旧的规定，能有效减少重复纳税的问题。虽然目前推高了运输业的税务成本，但对整个国内物流业，特别是多式联运业来讲是个好的开始。国内多式联运作业如图 7－1－3 所示。

图 7－1－3　国内多式联运作业

1）国内多式联运的优势

（1）节省成本。合理的联运方式能最有效地降低运输成本。

（2）提高效率，特别是大宗物资，通过公铁水联运，能大批量、及时地运抵目的地。

（3）最大限度发挥各种运输方式的长处，能合理利用现有运输资源，减少资源浪费。

2）国内多式联运的不足之处

多式联运通常以集装箱为运输单元，将不同的运输方式有机地组合在一起，构成连续的、综合的一体化货物运输链。由于该运输链通常是集装箱化的，因此，对船舶、港口、铁路、公路、机场、集装箱分拨中心等基础设备设施，都提出了比较高的要求。然而，我国尤其是长江流域内陆地区的集装箱装卸设备技术水平低，致使集装箱港、站的作业效率低、能力难以发挥。而且，集装箱运输工具也比较落后，铁路、公路专用车辆和内河专用船舶较少，特别是长江干线的集装箱船舶多为旧船改造和部分通用驳船，吨位偏小，运输效率和效益都难以提高，所以基础设备设施尚需改进和完善。

当前在我国国际物流业务中，存在分段运输、国际联运、国际多式联运三种运输组织形式。由于受一些条件的制约，分段运输的运量占我国国际物流总运量的90%以上，国际多式联运所占份额很少。分段运输业务由远洋、沿海、内河、铁路、港、站等运输、装卸及货代企业分营，其经营范围受到一定限制。国内市场格局、部门间条块分割和在国外缺乏竞争力的弊端，也无形中为多式联运增加了障碍。虽然当前运输企业已经出现了横向联合的趋势，但整体实力雄厚的集约化多式联运企业还很少，多式联运在我国尚处于刚刚起步状态。

2. 国际多式联运概述

国际多式联运（international multimodal transport），简称多式联运，是在集装箱运输的基础上产生和发展起来的，是指按照国际多式联运合同，以至少两种不同的运输方式，由多式联运经营人将货物从一国境内的接管地点运至另一国境内指定交付地点的货物运输。通常是以集装箱为运输单元，将不同的运输方式有机地组合在一起，构成连续的、综合性的一体化货物运输。

国际多式联运的优点：

（1）责任统一，手续简便；

（2）节省费用，降低运输成本；

（3）减少中间环节，缩短时间，提高运输质量；

（4）提高运输组织水平，运输更加合理化；

（5）实现“门到门”运输。

从政府角度来看，发展国际多式联运具有以下重要意义：利于加强政府对整个货物运输链的监督与管理；保证本国在整个货物运输过程中获得较大的运费收入比例；有助于引进新的先进运输技术；减少外汇支出；改善本国基础设施的利用状态；通过国家的宏观调控与指导职能保证使用对环境破坏最小的运输方式达到保护本国生态环境的目的。国际多式联运作业如图7－1－4所示。

图7－1－4　国际多式联运作业

国际多式联运是一种比区段运输高级的运输组织形式，20世纪60年代末美国首先试办多式联运业务，受到货主的欢迎。随后，国际多式联运在北美、欧洲和远东地区开始采用；20世纪80年代，国际多式联运已逐步在发展中国家实行。目前，国际多式联运已成为一种新型的重要的国际集装箱运输方式，受到国际航运界的普遍重视。1980年5月在日内瓦召开的联合国国际多式联运公约会议上产生了《联合国国际多式联运公约》。该公约将在30个国家批准和加入一年后生效。它的生效对之后国际多式联运的发展产生积极的影响。

国际多式联运是今后国际运输发展的方向，这是因为，开展国际集装箱多式联运具有许多优越性，主要表现在以下几个方面。

（1）简化托运、结算及理赔手续，节省人力、物力和有关费用。在国际多式联运方式下）无论货物运输距离有多远，由几种运输方式共同完成，且无论运输途中货物经过多少次转换，所有一切运输事项均由多式联运经营人负责办理。而托运人只需办理一次托运，订立一份运输合同，支付一次费用、一次保险，从而省去托运人办理托运手续的许多不便。同时，由于多式联运采用一份货运单证，统一计费，因而也可简化制单和结算手续，节省人力和物力。此外，一旦运输过程中发生货损货差，由多式联运经营人对全程运输负责，从而也可简化理赔手续，减少理赔费用。

（2）缩短货物运输时间，减少库存，降低货损货差事故，提高货运质量。在国际多式联运方式下，各个运输环节和各种运输工具之间配合密切，衔接紧凑，货物所到之处中转迅速及时，大大减少货物的在途停留时间，从而从根本上保证了货物安全、迅速、准确、及时地运抵目的地，因而也相应地降低了货物的库存量和库存成本。同时，多式联运系通过集装箱为运输单元进行直达运输，尽管货运途中须经多次转换，但由于使用专业机械装卸，且不涉及槽内货物，因而货损货差事故大为减少，从而在很大程度上提高了货物的运输质量。

（3）降低运输成本，节省各种支出。由于多式联运可实行“门到门”运输，因此对货主来说，在货物交由第一承运人以后即可取得货运单证，并据以结汇，从而提前了结汇时间。这不仅有助于加快货物占用资金的周转，而且可以减少利息的支出。此外，由于货物是在集装箱内进行运输的，因此从某种意义上来看，可相应地节省货物的包装、理货和保险等费用的支出。

（4）提高运输管理水平，实现运输合理化。对于区段运输而言，由于各种运输方式的经营人各自为政，自成体系，因而其经营业务范围受到限制，货运量相应也有限。而一旦由不同的经营人共同参与多式联运，经营的范围可以大大扩展，同时可以最大限度地发挥其现有设备作用，选择最佳运输线路组织合理化运输。

◆任务 7.2　多式联运作业◆

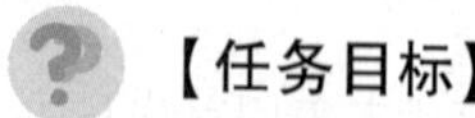

【任务目标】

1. 理解多式联运主要业务程序
2. 掌握多式联运的运输组织形式
3. 熟悉多式联运单据

【任务描述】

宏大运输公司准备拓展业务，进军多式联运市场，决定让杜伟开展这项新业务。作为一名多式联运经营人，杜伟需要掌握多式联运作业的相关知识。

【知识准备】

多式联运作业是由专业人员组织的全程运输，他们对交通运输网、各类承运人、代理人、相关行业和机构都有较深的了解和较为紧密的联系，能够选择最优运输路线，使用合理的运输方式，选择合适的承运人，实现最佳的运输衔接与配合，从而大大提高运输组织水平，充分发挥现有设施和设备的作用，实现合理运输。

7.2.1　多式联运主要业务程序

多式联运经营人是全程运输的组织者，在多式联运中，其业务程序主要有以下几个环节。

（1）接受托运申请，订立多式联运合同。

多式联运经营人根据货主提出的托运申请和自己的运输路线等情况，判断是否接受该托运申请。如果能够接受，则双方议定有关事项后，在交给发货人或其代理人的场站收据副本上签章，证明接受托运申请，多式联运合同已经订立并开始执行。

发货人或其代理人根据双方就货物交接方式、时间、地点、付费方式等达成协议，填写场站收据，并把其送至多式联运经营人处编号。多式联运经营人编号后留下货物托运联，将其他联交还给发货人或其代理人。

(2) 集装箱的发放、提取及运送。

多式联运中使用的集装箱一般应由多式联运经营人提供。这些集装箱来源可能有三个：一是经营人自己购置使用的集装箱；二是由公司租用的集装箱，这类集装箱一般在货物的起运地附近提箱而在交付货物地点附近还箱；三是由全程运输中的某一区段承运人提供，这类集装箱一般需要在多式联运经营人为完成合同运输与该分运人订立分运合同后获得使用权。

如果双方协议由发货人自行装箱，则多式联运经营人应签发提箱单，或者将租箱公司或区段承运人签发的提箱单交给发货人或其代理人，由他们在规定日期到指定的堆场提箱并自行将空箱拖运到货物装箱地点准备装货。如发货人委托亦可由经营人办理从堆场装箱地点的空箱拖运。如是拼箱货或整箱货但发货人无装箱条件不能自装时，则由多式联运经营人将所用空箱调运至接收货物集装箱货运站，做好装箱准备。

(3) 出口报关。

若联运从港口开始，则在港口报关；若从内陆地区开始，应在附近的海关办理报关。出口报关事宜一般由发货人或其代理人办理，也可委托多式联运经营人代为办理。报关时应提供场站收据、装箱单、出口许可证等有关单据和文件。

(4) 货物装箱及接收货物。

若是发货人自行装箱，发货人或其代理人提取空箱后在自己的工厂和仓库组织装箱，装箱工作一般要在报关后进行，并请海关派员到装箱地点监装和办理加封事宜。如需理货，还应请理货人员现场理货并与之共同制作装箱单。若是发货人不具备装箱条件，可委托多式联运经营人或货运站装箱，发货人应将货物以原来形态运至指定的货运站由其代为装箱。如是拼箱货物，发货人应负责将货物运至指定的集装箱货运站，由货运站按多式联运经营人的指示装箱。无论装箱工作由谁负责，装箱人均需制作装箱单，并办理海关监装与加封事宜。

对于由货主自装箱的整箱货物，发货人应负责将货物运至双方协议规定的地点，多式联运经营人或其代理人在指定地点接收货物。如是拼箱货，经营人在指定的货运站接收货物。验收货物后，代表联运经营人接收货物的人应在场站收据正本上签章并将其交给发货人或其代理人。

(5) 订舱及安排货物运送。

经营人在合同订立之后，即应制订货物的运输计划，该计划包括货物的运输路线、区段的划分、各区段实际承运人的选择确定，以及各区段衔接地点的到达、起运时间等内容。这里所说的订舱泛指多式联运经营人要按照运输计划安排确定各区段的运输工具，与选定的各实际承运人订立各区段的分运合同。这些合同的订立由经营人本人或委托的代理人办理，也可请前一区段的实际承运人作为代表向后一区段的实际承运人订舱。

（6）办理保险。

在发货人方面，应投保货物运输险。该保险由发货人自行办理，或由发货人承担费用，由多式联运经营人代为办理。货物运输保险可以是全程，也可分段投保。在多式联运经营人方面，应投保货物责任险和集装箱保险，由经营人或其代理人向保险公司或以其他形式办理。

（7）签发多式联运提单，组织完成货物的全程运输。

多式联运经营人的代表收取货物后，经营人应向发货人签发多式联运提单。在把提单交给发货人前，应注意按双方议定的付费方式及内容、数量向发货人收取全部应付费用。

多式联运经营人有完成或组织完成全程运输的责任和义务。在接收货物后，要组织各区段实际承运人、各派出机构及代表人共同协调工作，完成全程中各区段的运输及各区段之间的衔接工作，以及运输过程中所涉及的各种服务性工作和运输单据、文件及有关信息等组织和协调工作。

（8）运输过程中的海关业务。

按惯例国际多式联运的全程运输均应视为国际货物运输。因此该环节工作主要包括货物及集装箱进口国的通关手续，以及进口国内陆段保税运输手续及结关等内容。如果陆上运输要通过其他国家海关和内陆运输线路时，还应包括这些海关的通关及保税运输手续。

这些涉及海关的手续一般由多式联运经营人的派出机构或代理人办理，也可由各区段的实际承运人作为多式联运经营人的代表办理，由此产生的全部费用应由发货人或收货人负担。

如果货物在目的港交付，则结关应在港口所在地海关进行。如在内陆地已交货，则应在口岸办理保税运输手续，海关加封后方可运往内陆目的地，然后在内陆海关办理结关手续。

（9）货物交付。

当货物运至目的地后，由目的地代理通知收货人提货。收货人需凭多式联运提单提货，经营人或其代理人需按合同规定，收取收货人应付的全部费用。收回提单后签发提货单，提货人凭提货单到指定堆场和集装箱货运站提取货物。如果整箱提货，则收货人要负责至掏箱地点的运输，并在货物掏出后将集装箱运回指定的堆场，运输合同终止。

（10）货运事故处理。

如果全程运输中发生了货物灭失、损坏和运输延误，无论是否能确定发生的区段，发（收）货人均可向多式联运经营人提出索赔。多式联运经营人根据提单条款及双方协议确定责任并做出赔偿。如果已对货物及责任投保，则存在要求保险公司赔偿和向保险公司进一步追索问题。如果受损人和责任人之间不能取得一致，则需在诉讼时效内通过提起诉讼和仲裁来解决。

7.2.2 多式联运的运输组织形式

在传统的分段运输情况下，货物从最初的起运地到最终目的地的运输要经过多个环节，

由多个承运人采用接力的方式完成。货方通过与各段的承运人订立运输合同来实现各段的运输，从全程运输和各区段运输组织来讲，各段的承运人仅负责自己承担区段的组织工作，而货方要负责大部分的组织工作，包括运输线路的确定、运输区段划分、中转地点的选择、各区段运输方式的选择及承运人的选择、各区段的衔接和所需的各种服务及手续的办理等。这种做法使得货方不仅要在准备货物方面花费精力，而且还需在运输问题上花费更多的精力。如果他们无精力或能力完成这些工作，则需要通过支付佣金委托代理人完成各项工作，这种做法给货方带来了许多不便。由于各货方对各种运输难以有较充分的了解，在运输组织和实施过程中，不可避免地会发生费时、费力，甚至多花费用等问题。

多式联运的产生和发展，为货主提供了最大程度的便利。作为一种新的、综合性的一体化运输，提供了理想的“门到门”方式，多式联运经营人履行多式联运合同所规定的运输责任的同时，可将全部或部分运输委托区段交由承运人完成，并订立分运合同。多式联运经营人通过承担货物全程运输组织工作，提供全面服务，使货主只要订立多式联运合同并在自己认为合适的地点将货物交给经营人，就可以完成货物的全程运输。发展货物多式联运不仅可为货主提供方便，也可以促进交通运输业的发展。

1. 多式联运运输组织方法

货物多式联运的全过程就其工作性质的不同，可划分为实际运输过程和全程运输业务过程两部分。实际运输过程是由参加多式联运的各种运输方式的实际承运人完成，其运输组织工作属于各方式运输企业内部的技术、业务组织。全程运输业务过程是由多式联运全程运输的组织者——多式联运经营人完成的，主要包括全程运输所涉及的所有商务性事务和衔接服务性工作的组织实施。其运输组织方法可以有很多种，但就其组织体制来说，基本上分为协作式多式联运和衔接式多式联运两大类。

（1）协作式多式联运的运输组织方法。

协作式多式联运的组织者是在各级政府主管部门协调下，由参加多式联运的运输企业和中转港站共同组成的联运办公室（或其他名称）。货物全程运输计划由该机构制订。这种联运组织下的货物运输过程如图 7-2-1 所示。

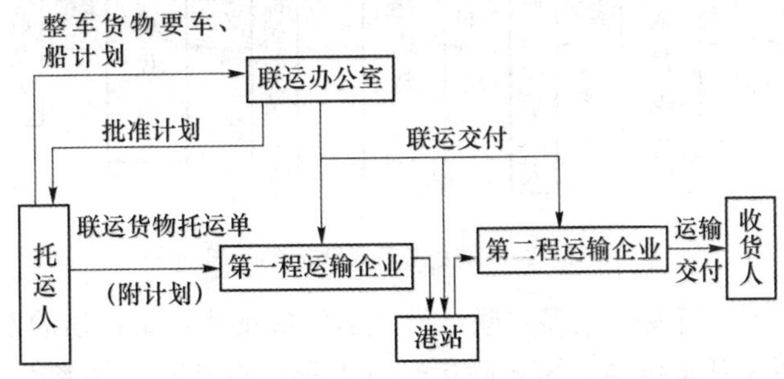

图 7-2-1 协作式多式联运货物运输过程

在这种机制下需要使用多式联运形式，运输整批货物的发货人根据运输货物的实际需要，向联运办公室提出托运申请，并按月申报整批货物要车、要船计划。联运办公室根据多式联运线路及各运输企业的实际情况制订该托运货物的运输计划，并把该计划批复给托运人及转发给各运输企业和中转港站。发货人根据计划安排向多式联运第一程的运输企业提出托运申请并填写联运货物托运委托书。第一程运输企业接收货物后经双方签字，联运合同即告生效。第一程运输企业组织并完成自己承担区段的货物运输至与后一区段衔接地，直接将货物交给中转港站，经换装由后一程运输企业继续运输，直到最终目的地由最后一程运输企业向收货人直接交付。在前后程运输企业之间和港站与运输交接货物时，需填写货物运输交接单和中转交接单。联运办公室或第一程企业负责按全程费率向托运人收取运费，然后按各企业之间商定的比例向各运输企业及港站分配。

在这种组织体制下，全程运输组织是建立在统一计划、统一技术作业标准、统一运行图和统一考核标准基础上的，而且在接收货物运输、中转换装、货物交付等业务中使用的技术标准、衔接条件等也需要在统一协调下同步建设或协议解决，并配套运行以保证全程运输的协同性。对这种多式联运的组织体制，在有的资料中称为“货主直接托运制”。协作式联运是计划经济体制下特有的一种形式，一般指为保证指令性计划的货物运输、重点物资和国防、抢险、救灾等急需物资的运输而开展的在国家和地区计划指导下的合同运输。这种联运最显著的特点是在国家统一计划下的全程性运输协作。随着计划经济体制向市场经济体制的转变，这种联运方式正在逐渐减少。

（2）衔接式多式联运的运输组织方法。

衔接式多式联运的运输组织业务是由多式联运经营人完成的。运输过程如图 7－2－2 所示。

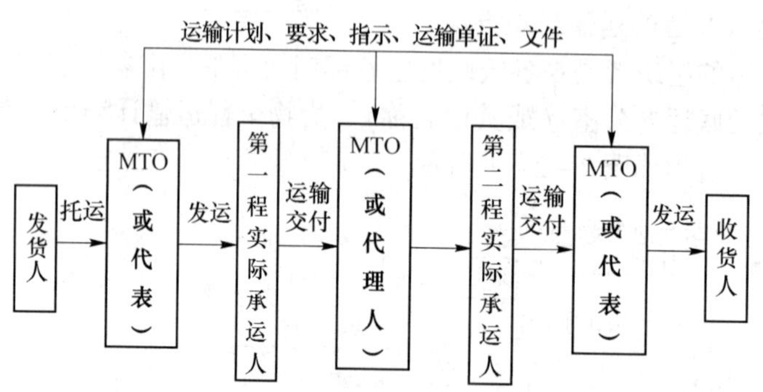

图 7－2－2　衔接式多式联运的运输过程

在这种组织体制下，需要使用多式联运形式运输成批或零星货物的发货人首先向多式联运经营人（MTO）提出托运申请，多式联运经营人根据自己的条件考虑是否接受，如接受，双方订立货物全程运输的多式联运合同，并在合同指定的地点办理货物的交接，联运经营人签发多式联运单据。接受托运后，多式联运经营人首先要选择货物的运输路线，划分运输区

段，确定中转、换装地点，选择各区段的实际承运人，确定零星货物集运方案，制订货物全程运输计划并把计划转达发给各中转衔接地点的分支机构或委托的代理人，然后根据计划与第一程、第二程至最后一程的实际承运人分别订立各区段的货物合同，通过这些实际承运人来完成货物全程运输。全程各区段之间的衔接，由多式联运经营人（或其代表或其代理人）采用从前一程实际承运人手中接收货物再向后一程承运人发运方式完成，在最终目的地从最后一程实际承运人手中接收货物后再向收货人交付货物。在与发货人订立运输合同后，多式联运经营人根据双方协议费率收取全程运费和各类服务费、保险费等费用。多式联运经营人在与各区段实际承运人订立各分运合同时，需向各实际承运人支付运费及其他必要费用；在各衔接地点委托代理人完成衔接服务时，也需向代理人支付委托代理费用。

在这种多式联运组织体制下，承担各区段运输的运输企业的业务与传统分段运输形式下完全相同，这与协作式体制下还要承担运输衔接工作是有很大区别的。这种联运组织体制，在有些资料中称为“运输承包发运制”。目前在国际货物多式联运中主要采用这种组织体制，在国内多式联运中采用这种体制的也越来越多。随着我国经济体制的改革，这种组织体制将成为国内多式联运的主要组织方式。

2. 多式联运的运输组织业务

多式联运的运输组织业务主要包括以下几个方面。

（1）货源组织。主要包括搜集和掌握货源信息，加强市场调查和预测，建立与货主联系机制，组织货物按期发运、均衡发运及合理运输。

（2）制订运输计划。主要包括选择各票货物运输路线、运输方式、各区段的实际承运人及代理人，确定运输批量，编制定舱计划、集装箱调运计划、装箱计划、接货计划及各批货物的运输日程计划等。

（3）组织各项计划的实施。主要包括与各区段选择的实际承运人签订分运合同，将计划下达给有关人员或机构，监督其按计划进行工作，及时了解执行情况，并组织相关信息传递工作。

（4）计划执行情况监督及计划的调整。根据计划及执行反馈信息检查、督促各区段、各转接点的工作，如出现问题则对计划进行必要调整，并把有关信息及时传给有关人员与机构，以便执行新的指令。

（5）组织货物交付、事故处理及集装箱回运工作。

7.2.3　多式联运单据

在多式联运中，大多数情况下使用的运输单证为多式联运单据。它是货物多式联运的证明，也是多式联运经营人接收货物和在目的地交付货物的凭证。多式联运单据是在多式联运经营人接管货物后，经托运人要求，由多式联运经营人或经其授权的人签发。当国际货运多式联运的运输方式之一是海运，尤其第一程运输是海运时，国际货运多式联运单据多表现为多式联运提单。

多式联运单据记载的主要内容有：

（1）多式联运经营人的名称和营业处所；

（2）托运人和收货人；

（3）货物的品名、件数、重量或数量、外表状态和主标志；

（4）单证的签发日期、地点和签发人的签字；

（5）多式联运经营人接管货物的日期与地点；

（6）多式联运经营人交付货物的期限和地点；

（7）运费及其支付方式；

（8）预期运输经由路线、运输方式及换装地点；

（9）履行合同的法律依据等。

【任务实施】

步骤一：理解多式联运主要业务程序

多式联运作业是由专业人员组织的全程运输，选择最优运输路线，使用合理的运输方式，选择合适的承运人，实现最佳的运输衔接与配合，从而大大提高运输组织水平，充分发挥现有设施和设备的作用，实现合理运输。

步骤二：掌握多式联运的运输组织形式

作为一种新的、综合性的一体化运输，多式联运的运输组织形式提供了理想的“门到门”方式，归纳多式联运经营人履行多式联运合同所规定的运输责任，可将全部或部分运输委托区段承运人完成，并订立分运合同。

步骤三：熟悉多式联运单据

货运多式联运单据是在多式联运经营人接管货物后，经托运人要求，由多式联运经营人或经其授权的人签发。

【应用训练】

根据项目任务所讲述的内容，利用互联网查找资料，归纳整理对多式联运业务的理解，形成总结文档。

【任务评价】

任务评价表

项目	任务内容	该项目满分	实际得分
步骤一	理解多式联运主要业务程序	30	
步骤二	掌握多式联运的运输组织形式	30	

续表

项目	任务内容	该项目满分	实际得分
步骤三	熟悉多式联运单据	40	
合计		100	
教师签字：			年　月　日

【拓展提升】

集装化与多式联运

集装化的概念源于装卸搬运方式的演进，古已有之。近代，特别是20世纪50年代以来，运输业的迅速发展，运输工具的大型化、高速化，使高效运输与一件一件的低效率装卸成为物流过程中的突出矛盾。集装化是解决这一矛盾的最有效途径，因而使其得到稳定、快速发展。目前，集装化已运用到物流全过程的各个环节，发展成为包括集装箱化在内的多种方式的一种物流形式。

1. 集装化的概念

集装化是指将两个以上重量轻、体积小的同种或异种货物组成重量和外形都一致的组合体，也称单元化或成组化。货物集装化的过程可通过集装器具或采用捆扎方法来完成，通过货物的集装化以加快装卸、搬运、储存、运输等物流活动的速度，提高作业效率。

2. 集装化的经济意义

集装化是物流技术进步和结构创新的一项重大举措，具有重要的经济意义。

（1）为装卸作业机械化、自动化创造了条件，加快了运输工具的周转，缩短了货物送达时间，从总体上提高了运输工具载重量和容积利用率。

（2）节约包装材料，减少包装费用，同时减少物流过程的货损、货差，保证货物安全。

（3）便于堆码，提高了仓库、货场单位面积的储存能力。

（4）便于清点货件，简化物流过程中各个环节间及不同运输方式间的交接手续，促进不同运输方式之间的联合运输，实现“门到门”的一条龙服务。

（5）减轻或完全避免污秽货物对运输工具和作业场所的污染，改善了环境状况。

集装化的方式多种多样，集装箱化是其中的主要方式。集装箱化是以集装箱作为货物单元的一种集装化方式，集装箱是复合一贯制运输中的重要媒介。可以说，在现代运输体系中，没有集装箱的存在，就没有发达的复合一贯制运输。集装箱既是一种包装容器，又是一种有效的运输工具。集装箱的运用和发展是运输业的一场革命，极大地促进了国际货物联运。集装箱化多式联运如图7－2－3所示。

图7－2－3　集装箱化多式联运

项目 8

货物运输风险与控制

任务8.1　货物运输的事故、纠纷与处理

【任务目标】

1. 了解各类货运事故的具体处理程序
2. 掌握货运事故的处理方法
3. 熟悉各类运输方式事故处理的内容

【任务描述】

随着运输方式的多样、运输速度的加快、时间的缩短，随之而来也会面临相应的问题。

某外贸公司与荷兰进口商签订一份皮手套合同，价格条件为CIF鹿特丹，向中国人民保险公司投保了一切险，生产厂家在生产的最后一道工序将温度降到了最低程度，然后用牛皮纸包好装入双层瓦楞纸箱，再装入20英尺的集装箱。货物到达鹿特丹后检验结果表明：全部货物湿、霉、变色、沾污，损失价值达80 000美元。据分析，该批货物的出口地无异常高温，进口地鹿特丹无异常低温，运输途中无异常，完全属于正常运输。环发货运公司承接了这单业务，由业务员刘一进行沟通处理货物的损失应由谁来承担。

【知识准备】

8.1.1　货运事故的具体处理程序

1. 国际海洋货运事故的确定

通常，货运单证的批注是区分或确定货运事故责任方的原始依据。特别是在装货或卸货时，单证上的批注除确定承运人对货物负责的程度外，有时还直接影响到货主的利益，如能否持提单结汇、能否提出索赔等。

货运事故发生后，收货人与承运人之间未能通过协商对事故的性质和程度取得一致意见时，则应在一致同意的基础上，指定检验人对所有应检验的项目进行检验，检验人签发的检验报告是确定货损责任的依据。

2. 国际海洋货运事故处理的一般程序

（1）货运事故调查。

调查货运各个环节上的有关文字记载、交接清单、配积载图，以及有关货运方面的票据、单证和发货人声明栏批注。查询从国内港到中转港再到国外港，从目的港到起运港认真追寻。在判定事故原因和损失程度方面，还可借助于技术手段，进行化验测定、试验等。

（2）认真审核证明文件。

收货人向承运人等责任人提出货运事故索赔书及相关证明文件。承运人主要审核：赔偿要求时效、赔偿要求人的要求权利、应附的单证。经审查，赔偿要求在法定时效之内，赔偿要求人有权提出要求，而且所附单证完备，应予受理，并开始接受赔偿的索赔收据，进行立案处理。受理的条件应在赔偿要求登记簿内编写登记。

（3）确定赔偿金额。

货运事故的赔偿金额，原则上按实际损失金额确定。货物灭失时，按灭失货物的价值赔偿；货物损坏时，按损坏所降低的价值或为修复损坏所需的修理费赔偿。凡已向保险公司投保的货物发生责任事故，承运人应负责限额内的赔偿，其余由保险公司按承保范围给予经济补偿。

8.1.2 货运事故的处理——国际海洋货运事故的索赔与理赔

1. 索赔与理赔的含义

（1）索赔：即货主对因货运事故造成的损失，向承运人或船东或其代理人提出赔偿要求的行为。根据法律规定或习惯做法，货主应按照一定的程序提出索赔，并提出能证明事故的原因、责任和损失的单证。

（2）理赔：即索赔的受理与审核，也就是说承运人或其代理人受理索赔案件后，即须对这一索赔进行审核。通过举证与反举证，明确责任，确定损失金额的标准。如果在赔偿上未能达成一致意见，则根据法院判决或决议支付索赔金。

2. 进口索赔

（1）进口索赔产生的原因。

① 卖方原因；

② 承运人原因；

③ 向保险公司索赔；

④ 托运人的责任造成的损失；

⑤ 第三方责任。

（2）进口索赔应注意的问题。

① 索赔证据；

② 准确判定货损原因及索赔对象；

③ 索赔金额；

④ 妥善保管；

⑤ 防止国外发货人推卸理赔；

⑥ 索赔期限。

3. 货运代理在集装箱运输货损货差处理上的责任

（1）货运代理人应按委托人的指示处理货物损坏事故。

（2）在日常业务操作中应注意的问题。

① 做好箱体交接记录；

② 检查铅封；

③ 拆箱验货；

④ 检查冷藏箱；

⑤ 交接记录。

（3）货运代理人替客户安排运输保险。

① 核实灭损程度；

② 裁定是否要停运，并通知货主；

③ 征得货主同意，安排检验；

④ 提出索赔函和索赔清单；

⑤ 提供短损报告、损害估价、检验报告；

⑥ 提供有关票据；

⑦ 提供必要的往来函电。

4. 保险索赔操作

（1）损失通知。

（2）报损时间。

（3）保险人接到损失通知后采取的措施。

（4）立即向第三者责任方提出索赔。

（5）申请检验。

（6）采取合理的施救措施。

（7）提交索赔的必要单证。

（8）及时理赔给付赔款。

（9）保险索赔单证。

① 保险单或保险凭证正本；

② 运输契约；

③ 发票；

④ 装箱单、磅码单；

⑤ 向承运人等第三者责任方请求赔偿的函电或其他单证和文件；

⑥ 检验报告；

⑦ 海事报告摘录或海事申请书；

⑧ 货损、货差证明；

⑨ 索赔清单，这是被保险人要求保险公司给付赔款的详细清单；

⑩ 保险其他相关单证。

（a）进口公证报告正副本各一份，以及事故证明文件；

（b）供应商发票无受损物品的单价证明文件，或修理费估价单的剩余价值估计表；

（c）供应商签发的重量证明文件、品质证明文件、包装单副本；

（d）出口检验报告；

（e）保险人可根据损失情况和理赔需要，要求被保险人提供保险标的及海损事故有关的资料和证明；

（f）如果损失涉及第三者责任，被保险人有时还应提交向责任方索赔的函电等文件的存根，以证明其已向责任方追偿，维护了保险人的代位求偿权。

8.1.3 各类运输方式事故处理

1. 国际公路运输事故的处理

1）货损事故记录的编制

（1）事故发生后，由发现事故的运送站或就近站前往现场编制商务记录。

（2）如发现货物被盗，应尽可能保持现场。

（3）对于在运输途中发生的货运事故，由车站编制一式三份的商务事故记录。

（4）如货损事故发生于货物到达站，则应根据当时情况，会同司机、业务人员、装卸人员编制商务记录。

2）货损事故的赔偿

受损方在提出赔偿要求时，首先应办妥赔偿处理手续，具体做法如下：

（1）向货物的发站或到站提出赔偿申请书。

（2）提出赔偿申请的人必须持有有关票据，如行李票、运单、货票、提货联等。

（3）在得到责任方给予赔偿的签章后，赔偿申请人还应填写"赔偿要求书"，连同有关货物的价格票证，如发票、保单、货物清单等，送交责任方。

2. 国际铁路运输事故的处理

1）货运事故记录的编制

（1）商务记录；

（2）普通记录与技术记录。

2）货运事故的处理与赔偿

（1）赔偿请求；

（2）索赔的依据及随附文件；

（3）索赔请求时效。

凡根据运输合同向铁路部门提出索赔，以及铁路对发货人、收货人关于支付运费、罚款的赔偿要求应在9个月内提出，有关货物运输延误的赔偿，则应在2个月内提出。

索赔请求时效的计算方法如下：

① 关于货物损坏或部分灭失，以及运输延误的赔偿，自货物交付之日或应付之日起计算。

② 关于货物全部灭失的赔偿，自货物按期运到后 30 天内提出。

③ 关于补充支付运费、杂费、罚款的要求，或关于退还此项款额的赔偿要求，则应自付款之日起计算；如未付款时，从货物交付之日起计算。

④ 关于支付变卖货物的货款要求，则自变卖货物之日起计算。

3. 国际航空运输事故的处理

1）索赔

（1）索赔地点。

始发站、目的站或损失事故发生的中间站均可。

（2）索赔时限。

货物损坏或短缺：最迟收到货物之日起 14 天内。

货物运输延误的赔偿：货由收货人支配之日起 21 天内。

货物毁灭或遗失：自填开运单之日起 120 天内。

（3）索赔手续。

上述规定时限内索赔人应开具“索赔清单”。

2）理赔

（1）理赔的最高限额。

以不超过声明价值为限；没有办理声明价值，按实际损失的价值进行赔偿，最高赔偿限额为 20 美元/kg；对已使用航段的运费不退还，但对未使用航段的运费应退还索赔人。

（2）理赔程序。

① 货物运输事故签证；

② 提出索赔申请书；

③ 航空公司审核所有的资料和文件；

④ 填写航空货物索赔单；

⑤ 货物索赔审批单；

⑥ 责任解除协议书；

⑦ 诉讼地点及时限。

诉讼应在航空器到达目的地之日起，或应该到达之日起，或运输停止之日起 2 年内提出，否则便丧失追诉权。

4. 国际多式联运事故的处理

1）多式联运中的主要事故种类

国际多式联运中的主要事故有：货物破损，水渍损，汗渍损，污损，盗损，气温变化引起的腐烂变质、冻结，或解冻损及其他原因引起的货物全损和灭失。

2）多式联运中货损事故处理的主要特点

（1）索赔与理赔的多重性。

多式联运经营人根据合同向受损人承担责任后，向保险人索赔，保险人理赔后，再根据分运合同向责任人索赔。

(2) 多式联运经营人采用的责任形式对货损事故的影响。

责任分担制——也称分段责任制，是多式联运经营人对货主并不承担全程运输责任，仅对自己完成的区段货物运输负责，各区段的责任原则按该区段适用的法律予以确定。由于这种责任形式与多式联运的基本特征相矛盾，因此，只要多式联运经营人签发了全程多式联运单据，即使在多式联运单据中声称采取这种形式，也可能会被法院判定此种约定无效而要求其承担全程运输责任。

网状责任制——是指多式联运经营人尽管对全程运输负责，但对货运事故的赔偿原则仍按不同运输区段所适用的法律规定，当无法确定货运事故发生区段时则按海运法规或双方约定原则加以赔偿。目前，几乎所有的多式联运单据均采取这种赔偿责任形式。

统一责任制——是指多式联运经营人对货主赔偿时不考虑各区段运输方式的种类及其所适用的法律，而是对全程运输按一个统一的原则并一律按一个约定的责任限额进行赔偿。由于现阶段各种运输方式采用不同的责任基础和责任限额，因而目前多式联运经营人签发的提单均未能采取此种责任形式。

3）国际多式联运中的索赔

(1) 根据货损原因确定索赔对象；

(2) 索赔时应具备相关单证；

(3) 索赔金额必须合理；

(4) 索赔与诉讼必须在规定的时限内提出；

(5) 诉讼与仲裁应在规定的地点提出。

【任务实施】

步骤一：了解各类货运事故的具体处理程序

刘一运用自己所学的知识，进行事故的分析。货运单证的批注是区分或确定货运事故责任方的原始依据。事故发生后，如收货人与承运人之间未能通过协商对事故的性质和程度取得一致意见时，则应在一致同意的基础上，指定检验人对所有应检验的项目进行检验，检验人签发的检验报告是确定货损责任的依据。

事故处理的一般程序包括：货运事故调查，审核证明文件，确定赔偿金额。

步骤二：掌握货运事故的处理方法

刘一按照事故处理的方法来划分事故的责任范围。

步骤三：熟悉各类运输方式事故处理的内容

最后结合事故的具体情况得出下列处理结果。

一切险，负责保险条件中规定的除外责任以外的一切外来原因所造成的意外损失。海上保险合同保险人不负赔偿责任。对于被保险人故意造成的损失，保险人不负赔偿责任。除合同另有约定外，因下列原因之一造成货物损失的，保险人不负赔偿责任：

(1) 航行迟延、交货迟延或者行市变化;

(2) 货物的自然损耗、本身的缺陷和自然特性;

(3) 包装不当。

除合同另有约定外，因下列原因之一造成保险船舶损失的，保险人不负赔偿责任:

船舶开航时不适航，但是在船舶定期保险中被保险人不知道的除外。例如说货物要在 -10 ~ 50 ℃内存放，而两地的温差超过这个范围的话，那就不保了，因为属于货物的自然属性造成的损失。

① 保险公司不赔。因是商品本身的内在缺陷，属除外责任，保险人对此不负责。

② 进口商应支付货款。因为 CIF 条件是凭单付款，本案的进口商付款后可凭检验证书向出口商提出索赔。

③ 出口商对此负赔偿之责任。

【应用训练】

案例：某出口公司出口白报纸 5 000 令，按《中国人民保险公司海洋运输货物保险条款》投保水渍险，货到目的港时，发现有 200 令纸被水管漏水浸泡有水渍，问：保险公司是否予以赔偿?

根据项目任务所讲述的内容，结合案例进行分析，并利用互联网查找资料，归纳整理所学知识。

【任务评价】

任务评价表

项目	内容	该项目满分	实际得分
步骤一	了解各类货运事故的具体处理程序	20	
步骤二	掌握货运事故的处理方法	10	
步骤三	熟悉各类运输方式事故处理的内容	40	
完成时间		20	
安全操作		10	
合计		100	

【拓展提升】

国际货运代理的主要风险及简要对策

1. 身份错置

混淆托运人、代理、独立经营人的概念

防范对策：根据具体业务的情况，分析自己的身份和法律地位，知道自己该干什么，不该干什么。

2. 未尽代理职责

（1）选择承运人不当；

（2）选择集装箱不当；

（3）未能及时搜集、掌握相关信息并采取有效措施；

（4）对特殊货物未尽特殊义务；

（5）遗失单据；

（6）单据缮制错误。

防范对策：建立健全内部规章，制定标准业务流程，对可能或极有可能出现因疏忽造成风险的业务环节进行科学、全面的分析，使业务环节程序化、制度化，并不断完善，同时加强检查力度，使疏忽大意产生的概率降到最低。

3. 货主欺诈

货主虚报、假报进出口货物的品名及数量。当货运代理代其报关可能会首先遭受海关的调查和处罚。在集装箱运输方式中，货主申报高价值的货物，伪造出具假发票、假信用证、假合同。然后，发货人凭正本提单向货运代理索要高于出运货物实际价值的赔偿。

防范对策：对货主实行资信等级考察制度，对不同等级的货主实行不同的对待策略；同时，注意保护自身权益。

任务 8.2　货物运输的保险与理赔

【任务目标】

1. 了解货物运输保险的相关知识
2. 知道货物理赔的原因及方式
3. 掌握货物理赔的程序

【任务描述】

保险同运输一样，已经成为国际贸易的必要组成部分。货物从卖方送到买方手中，要通过运输来完成，在这一过程中如遭遇意外损失，则由保险人进行经济补偿，以保证贸易的正常进行。各种对外贸易价格条件，都需明确保险和运输由谁办理。

2014 年 2 月，中国某纺织进出口公司与大连某海运公司签订了运输 1 000 件丝绸衬衫到马赛的协议。合同签订后，进出口公司又向保险公司就该批货物的运输投保了平安险。2 月

20 日，该批货物装船完毕后启航。2 月 25 日，装载该批货物的轮船在海上突遇罕见大风暴，船体严重受损，于 2 月 26 日沉没。3 月 20 日，进出口公司向保险公司就该批货物索赔，保险公司以该批货物由自然灾害造成损失为由拒绝赔偿。于是，进出口公司向法院起诉，要求保险公司偿付保险金。环发货运公司承接了这单业务，由业务员刘一进行沟通处理货物的损失是否由保险公司负赔偿责任。

【知识准备】

8.2.1 货物运输保险的相关知识

1. 货物运输保险的概念

投保人/被保险人对即将通过物流承运方（物流运输公司）采用海运、空运、陆运等运输方式，对所运输的货物向保险公司进行投保，并获得保险公司签发的正本保单、发票。在货物运输过程中，若出现保单承保范围内的自然灾害或意外事故，使货物受到损失难以避免，保险公司按照保单给予相应的经济赔偿。

2. 货物运输保险保障范围

主要包括货物从货舱至货舱的运输过程中因自然灾害、交通工具发生意外事故或外部原因导致货物灭失、损坏，为避免或减轻损失而产生的诉讼和施救费用；因受风险导致的卸货费、仓储费和转运费，投保范围可以扩展至货舱风险，以及战争、罢工、暴乱、内乱（恐怖袭击）、偷盗、劫持短缺及提货不着等。

3. 货物运输保险中涉及的义务

1）被保险人的义务

（1）缴纳保险费。

（2）如实告知。

（3）保证货物包装符合国家和主管部门规定的标准。

（4）遵守国家及交通运输部门关于安全运输的各种规章制度，接受并协助保险人对保险货物进行的查验防损工作，以消除货物在运输途中的不安全因素。

（5）通知和救助。

2）承运人的义务

（1）出险通知。

（2）调查协助。

（3）限额赔偿。

4. 货物运输保险中涉及的责任

国内水路、陆路货物运输保险分为基本险和综合险两种。

1）基本险的保险责任

保险人负责赔偿保险货物遭受的下列损失：

（1）因火灾、爆炸、雷电、冰雹、暴雨、洪水、地震、海啸、地陷、崖崩、滑坡、泥石流所造成的损失。

（2）由于运输工具发生碰撞、搁浅、触礁、倾覆、沉没、出轨，或隧道、码头坍塌所造成的损失。

（3）在装货、卸货或转载时，因遭受不属于包装质量不善或装卸人员违反操作规程所造成的损失。

（4）按国家规定或一般惯例应分摊的共同海损的费用。

（5）在发生上述灾害、事故时，因纷乱而造成货物的散失及因施救或保护货物所支付的直接、合理的费用。

2）综合险的保险责任

保险人除承担基本险的责任外，还负责赔偿保险货物遭受的下列损失：

（1）因受震动、碰撞、挤压而造成破碎、弯曲、凹瘪、折断、开裂或包装破裂致使货物散失的损失。

（2）液体货物因受震动、碰撞或挤压致使所用容器（包括封口）损坏而渗漏的损失，或用液体保藏的货物因液体渗漏而造成保藏货物腐烂变质的损失。

（3）遭受盗窃或整件提货不着的损失。

（4）符合安全运输规定而遭受雨淋所致的损失。

5. 保险金额和保险费率

所谓保险金额，是指一个保险合同项下保险公司承担赔偿或给付保险金责任的最高限额，即投保人对保险标的的实际投保金额；同时又是保险公司收取保险费的计算基础。

保险费率，是应缴纳保险费与保险金额的比例。保险费率＝保险费/保险金额，保险费率是保险人按单位保险金额向投保人收取保险费的标准。保险人承保一笔保险业务，用保险金额乘以保险费率就得出该笔业务应收取的保险费。

保险费（元）＝保险金额（元）×保险费率（‰）

8.2.2 货物运输保险的理赔

保险理赔是指被保险人就保险合同承保的危险而产生的损害要求保险人支付保险金的行为。因此，被保险人在理赔时需要履行理赔手续。

1. 理赔原因

（1）被保险人得知运输工具在途中遭遇意外事故。

（2）货物运抵目的港后，被保险人提货时发现货物损失。

2. 理赔方式

1）直接理赔

被保险人直接以书面形式提出，可分为两种情况。

（1）直接责任理赔。

被保险人向保险人直接提出理赔。

(2) 转位责任理赔。

被保险人首先向第三者提出理赔，然后向保险人、代理人理赔不足部分。

2）间接理赔

被保险人委托其代理人（保险经纪人）以书面形式向保险人或其代理人提出理赔。

8.2.3　货物运输保险的理赔程序

(1) 损失通知。

(2) 申请检验。

(3) 向第三者责任方索赔。

(4) 合理施救。

(5) 理赔准备。

① 保险单或保险凭证正本；

② 运输合同；

③ 发票；

④ 重量单；

⑤ 向承运人等第三者请求赔偿的函电或其他单证；

⑥ 检验报告；

⑦ 海事报告或海事申明书；

⑧ 货损货差证明；

⑨ 理赔清单；

⑩ 理赔授权书。

(6) 等候结案。

被保险人在办妥有关索赔手续后，即可等待保险人最后审定责任，领取赔款。

【任务实施】

步骤一：了解货物运输保险的相关知识

刘一首先对货物运输保险的有关知识进行分析，如货物运输保险保障范围、货物运输保险中的义务、货物运输保险所承担的责任等进行分析排除。

步骤二：知道货物理赔的原因及方式

刘一通过自己的知识分析理赔原因并确定理赔方式。

步骤三：掌握货物理赔的程序

最终确定了理赔程序及赔偿责任人为保险公司。

根据《中国人民保险公司海洋运输货物保险条款》的规定，海运货物保险的险别分为基本险和附加险两大类。基本险是可以单独投保的险种，主要承保海上风险造成的货物损失，包括平安险、水渍险与一般险。平安险对由于自然灾害造成的部分损失一般不负赔偿责任，除非运输途中曾发生搁浅、触礁、沉没及焚毁等意外事故。

平安险虽然对自然灾害造成的部分损失不负赔偿责任，但对自然灾害造成的全部损失应负赔偿责任。本案中，进出口公司投保的是平安险，而所保的货物在船因风暴沉没时全部灭失，发生了实际全损，故保险公司应负赔偿责任。保险公司提出的理由是不能成立的。

【应用训练】

案例：我国某外贸公司向日、英两国商人分别以 CIF 和 CFR 价格出售蘑菇罐头，有关被保险人均办理了保险手续。这两批货物自起运地仓库运往装运港的途中均遭受损失，问这两笔交易中各由谁办理货运保险手续？该货物损失的风险与责任各由谁承担？保险公司是否给予赔偿？

根据项目任务所讲述的内容，结合案例进行分析，并利用互联网查找资料，加深对所学知识的理解。

【任务评价】

任务评价表

项目	内容	该项目满分	实际得分
步骤一	了解货物运输保险的相关知识	20	
步骤二	知道货物理赔的原因及方式	20	
步骤三	掌握货物理赔的程序	60	
合计		100	

【拓展提升】

货物保险单的内容

（1）正本保险单的份数。

全套保险单包括三份正本和两份副本。在正本保险单上写有“The First Original”“The Second Original”和“ The Third Original”。

（2）发票号码。

填写“As per invoice”或实际的发票号码。

（3）保单号次。

填写由保险公司编制的保单号码。

（4）被保险人。

通常为出口商。如果信用证规定被保险人为凭指示抬头，填写“To order”。

(5) 标记。

填写唛头或"As per invoice No. ×××";如无唛头,填写"N/M"。

(6) 数量。

填写最大包装的总件数。

(7) 被保险货物项目。

填写商品名称,如果所有的单据要求指明信用证号码,应在此栏中标明。

(8) 保险金额。

可小写,一般按发票金额的 110% 投保。

(9) 总保险金额。

用大写的英语字母填写,用 only 结尾。

(10) 保费/费率。

通常不注明具体数字而分别印就"As arranged"(按协商)。有时保费栏可按信用证要求填写"Paid""Prepaid"。

(11) 装载运输工具

填写"As per B/L"。海运方式下填写船名,最好再加航次,例如 FENG NING V. 9103。如由两次运输完成时,应分别填写一程船名及二程船名,中间用"/"隔开。此处可参考提单内容填制。例如,提单中一程船名为"Mayflower",二程船名为"Dongfeng"则填写"Mayflower/ Dongfeng"。

(12) 开航日期。

填写"As per B/L";如果需要转船,填写" Via ×××"。也可根据提单签发日具体填写。按照跟单信用证(UCP 500)规定,也允许填写提单签发前 5 天之内的任何一天的日期。也可暂时不填,待签发提单后再填。

(13) 承保险别。

至少填写一种基本险,如有附加险,也应填明。投保的险别除注明险别名称外,还应注明险别适用的文本和日期。

(14) 勘查理赔代理人。

由保险公司选定,代理人的地址应详细填写。发生损失时,收货人通知其代理人进行勘查和赔款事宜。

(15) 赔款偿付地点。

根据合同或信用证填写,应标明偿付货币名称,如 At London in USD。有个别信用证要求,如发生货损,赔款付给×××公司(Loss if any, pay to ×××Co.),则在保险单赔款偿付地点栏后加注"Pay to ×××Co."。

(16) 日期和地点。

保险单签发的日期应早于提单日期。签发地点一般在受益人所在地点。

货物保险单示例见图8-2-1。

中 保 财 产 保 险 有 限 公 司

The people's insurance (property) company of China, Ltd

发票号码

保险单号次

海 洋 货 物 运 输 保 险 单

MARINE CARGO TRANSPORTATION INSURANCE POLICY

被保险人:

Insured:

中保财产保险有限公司(以下简称本公司)根据被保险人的要求,及其所缴付约定的保险费,按照本保险单承担险别和背面所载条款与下列特别条款承保下列货物运输保险,特签发本保险单。

This policy of insurance withnesses that the people's insurance (property) company of China, Ltd. (hereinafter called "the company"), at the request of the insured and in consideration of the agreed premium paid by the insured, undertakes to insure the under-mentioned goods in transportation subject to the conditions of the policy as per the clauses printed overleaf and other special clauses attached hereon.

保险货物项目 Discripition of Goods	包装 单位 数量 Packing Unit Quantity	保险金额 Amount Insured

承保险别

Condition

货物标记

Marks of Goods:

总保险金额:

Total Amount Insured: ______

保费 运输工具 开航日期

Premium ___As arranged___ Per conveyance S. S. ______ Sig. on or abt. ______

起运港 目的港

From ______ To ______

所保货物,如发生本保险单项下可能引起索赔的损失或损坏,应立即通知本公司下述代理人查勘。如有索赔,应向本公司提交保险单正本(本保险单共有2份正本)及有关文件。如一份正本已用于索赔,其余正本则自动失效。

In the event of loss or damage which may result in a claim under this policy, immediate notice must be given to the company agent as mentioned hereunder. Claims, if any, one of the original policy wich has been insured in 2 original (s) together with the relevant documents shall be surrendered to the company. If one of the original policy has been accomplished, the others to be void.

中保财产保险有限公司

赔款偿付地点

Claim payable at ______

日期 在

Date ______ at ______

地址:

Address:

保险单背书:

图8-2-1 货物保险单示例

参考文献

[1] 张贤伟. 海上货物运输保险赔偿制度研究［D］. 大连：大连海事大学，2008.

[2] 张继业. 国际货运代理实务［M］. 北京：对外经济贸易大学出版社，2011.

[3] 李文翎. 物流运输管理［M］. 北京：科学出版社，2014.

[4] 编委会. 危险货物运输规则技术指南［M］. 北京：人民交通出版社，2014.

[5] 王淑荣，刘学颖. 运输实务［M］. 北京：中国财政经济出版社，2015.

[6] 严作人. 运输经济学［M］. 北京：人民交通出版社，2009.

[7] 许淑君，尹君. 运输管理［M］. 上海：复旦大学出版社，2011.

[8] 马华. 物流运输管理实务［M］. 北京：中国轻工业出版社，2011.

[9] 叶梅，黄敬阳. 国际运输与保险［M］. 北京：中国人民大学出版社，2005.

[10] 李永生. 水路运输与港口商务管理学［M］. 北京：人民交通出版社，2007.

[11] 魏巧云. 物流运输管理与技术［M］. 北京：中国发展出版社，2009.

[12] 闵德权. 水运商务管理［M］. 大连：大连海事大学出版社，2008.

[13] 郭建军. 国际货物贸易实务教程［M］. 北京：科学出版社，2007.

参考文献